DIE KIRCHEN GOTLANDS

Erland Lagerlöf
Gunnar Svahnström

DIE KIRCHEN GOTLANDS

Herausgegeben von Robert Bohn

CONRAD STEIN VERLAG

Zum Gedenken an Johnny Roosval,
den Entdecker und Chronisten der
mittelalterlichen Kunstgeschichte Gotlands

Gedruckt mit freundlicher Unterstützung von Berit Wallenbergs Stiftelse.

Das Titelfoto zeigt die Kirche von Gothem durch das Portal des mittelalterlichen Pfarrhofes.

Text: Erland Lagerlöf und Gunnar Svahnström
Übersetzung und Herausgeber: Robert Bohn
Fotos: Sören Hallgren
Grund- und Aufrißzeichnungen: Lars-Eric Olsson
Zeichnungen: Juhan Nômmik
Lektorat: Frauke Müffelmann
Lithos: Brandner GmbH
Druck: Nieswand Druck GmbH
1. Auflage 1991
ISBN 3-89392-049-8

Die Originalausgabe ist als "Gotlands Kyrkor" bei Rabén & Sjögren (Schweden) erschienen.

GOTLAND
Fårö
FÅRÖSUND
Fleringe
Bunge
Rute
Hall
Hangvar
Elinghem
Lärbro
Gann
Stenkyrka
Hellvi
Lummelunda
Othem
Martebo
Tingstäde
Boge
SLITE
Väskinde
Lokrume
Hejnum
Bro
Bäl
Fole
VISBY
Hejdeby
Källunge
Vallstena
Endre
Follingbo
Bara
Gothem
Västerhejde
Ekeby
Hörsne
Träkumla
Barlingbo
Dalhem
Roma
Stenkumla
Akebäck
Roma kloster
Vall
Norrlanda
Tofta
Hogrän
Björke
Halla
Ganthem
Anga
Sjonhem
Eskelhem
Atlingbo
Viklau
Kräklingbo
Mästerby
Vänge
Väte
KATTHAMMARSVIK
Östergarn
Västergarn
Sanda
Guldrupe
Ala
Gammelgarn
Ardre
Hejde
Buttle
KLINTEHAMN
Gunfiauns kap.
Klinte
Alskog
Etelhem
LJUGARN
Fröjel
Garde
Lojsta
Eksta
Gerum
Lye
Lau
Linde
Stånga
När
Levide
Fardhem
Burs
Sproge
Hemse
Silte
Alva
Rone
Hablingbo
Eke
Havdhem
Grötlingbo
Näs
Fide
BURGSVIK
Öja
Vamlingbo
Hamra
Sundre
0 5 10 15 20 25
km

Inhalt

VORWORT 8

AUS DER GESCHICHTE GOTLANDS 9

Die ersten Jahrhunderte nach der Christianisierung 9
Unter dänischer Herrschaft 11
Gotland wieder schwedisch 13

GOTLANDS KIRCHENKUNST 17

Die romanische Epoche (ca. 1150 - ca. 1250) 17
Die gotische Epoche (ca. 1250 - ca. 1400) 23
Spätmittelalterliche Kunst (ca. 1400-1530) 31
Protestantische Kirchenkunst 34

DIE KIRCHEN IN VISBY 41

Die Domkirche oder St. Maria 44
Die Kirchenruinen 50
Verschwundene Kirchen in Visby 76
Neue Kirchen in Visby 78

DIE LANDKIRCHEN 81

ERGÄNZENDE LITERATUR 273

WORTERKLÄRUNGEN 275

IKONOGRAPHISCHE ERKLÄRUNGEN 281

Vorwort

Im Jahre 1926, d.h. vor 65 Jahren, erschien der "Gotländische Cicerone", der erste an ein breiteres Publikum gerichtete kunstgeschichtliche Führer durch die Kirchen Gotlands. Der Verfasser war Johnny Roosval, Professor an der damaligen Hochschule in Stockholm. Diese wertvolle Schrift ist ebenso wie die 1950 erschienene, stark überarbeitete zweite Auflage seit langem vergriffen und antiquarisch schwer zu erhalten. Die Verfasser des hier vorliegenden Führers danken dem Autor des "Cicerone" und sind stolz, Johnny Roosval ihren Lehrer nennen zu dürfen.

Das neue Material, das der vorliegende Führer darbieten kann, ist im wesentlichen aus der intensiven Restaurierungstätigkeit während der letzten Jahrzehnte hervorgegangen. In den Fällen, da bisherige Datierungen geändert wurden, ist dies vor allem auf Beobachtungen im Zusammenhang der Restaurierungen zurückzuführen. Die Verfasser haben diese begleiten und Ergebnisse und Erfahrungen diskutieren können, die bei diesen Arbeiten von einer Vielzahl von Fachleuten auf kulturgeschichtlichem und technischem Gebiet gemacht wurden. Einen besonderen Dank richten sie an den Konservator Erik Olsson, Sanda (Gotland), und seine Mitarbeiter und Nachfolger bei den Kirchenrestaurierungen dafür, daß sie den Autoren so bereitwillig ihre Beobachtungen und Erkenntnisse mitteilten.

Die vorliegende deutsche Auflage basiert im wesentlichen auf der 1984 erschienenen, dritten schwedischen Auflage. Die Änderungen und Ergänzungen, die in der deutschen Auflage vorgenommen wurden, wurden durch neue Erkenntnisse im Zusammenhang mit Restaurierungsarbeiten und archäologischen Untersuchungen der letzten Jahre veranlaßt und sind auch in die neueste schwedische Auflage von 1991 eingeflossen. Der Leser, der an weiterführender Literatur zur gotländischen Kunstgeschichte interessiert ist, sei an den Literaturanhang dieser schwedischen Ausgabe verwiesen (Gotlands Kyrkor, 1991).

Die Initiative zu einer deutschen Auflage ging von Dr. phil. Robert Bohn, Kiel, aus. Er hat auch die Übersetzung des Textes ins Deutsche durchgeführt. Die Verfasser möchten ihm für seinen großen Arbeitseinsatz und für die gute Zusammenarbeit während der Entstehung dieses Buches ihren herzlichen Dank aussprechen. Sie danken ebenfalls ihrem Verleger in Kiel, Conrad Stein, der das Wagnis auf sich genommen hat, diese deutsche Auflage in das Programm seines Verlages aufzunehmen.

Visby und Stockholm im September 1991
Gunnar Svahnström und Erland Lagerlöf

Aus der Geschichte Gotlands

von Gunnar Svahnström

Die vielen guterhaltenen Kirchen Gotlands aus dem Mittelalter, ihre Architektur, ihre Plastiken und Malereien, haben die Insel für Forscher und Laien sowohl aus Schweden wie aus dem Ausland zu einem lockenden Revier für kunstgeschichtliche Streifzüge werden lassen. Eine derartige Konzentration von bemerkenswerten Kulturdenkmälern trifft man in diesen nördlichen Breitengraden sonst kaum an.

Die Vielfalt und kostspielige Ausführung der Monumente haben ihren Grund in dem Wohlstand, den Gotland in den ersten drei Jahrhunderten nach der Einführung des Christentums im frühen 11. Jahrhundert erlebte. Daß die Kirchen in den darauf folgenden Jahrhunderten von größeren Veränderungen verschont blieben, beruht vor allem auf ihrer guten technischen Ausführung, aber auch auf fehlenden Ressourcen infolge des wirtschaftlichen Rückschritts, der noch im Mittelalter einsetzte. Dieser führte mitunter sogar dazu, daß Gemeinden ganz zu existieren aufhörten und ihre Kirchen verfielen, was aber die Ausnahme war. Am deutlichsten bekamen die Kirchen in Visby die ökonomische Krise zu spüren, von denen alle außer einer dem Verfall preisgegeben wurden. Hierbei spielten jedoch die Auswirkungen der Reformation eine schicksalsschwere Rolle.

Die Kirchen spiegeln in ihrer Architektur und Einrichtung die Veränderungen in der Geschichte Gotlands wider. Um ihre Kirchenkunst verstehen zu können, sind daher einige Kenntnisse in der politischen und ökonomischen Geschichte der Insel vonnöten. Eine Geschichte, die nur zum Teil mit derjenigen des heutigen Mutterlandes Schweden übereinstimmt.

Die ersten Jahrhunderte nach der Christianisierung

Zu Beginn der historischen Zeit, d.h. von der Mitte des 11. Jahrhunderts an, gehörte Gotland zum Reich der im Mälartal siedelnden Svear.

Die um die Mitte des 13. Jahrhunderts aufgezeichnete Guta-Sage, die den ersten bemerkenswerten Versuch darstellt, die Geschichte Gotlands festzuhalten, spricht davon, daß die Guten (schwed. Gutar, d.h. die Einwohner Gotlands) noch zu einer Zeit, da die Insel heidnisch war, mit dem Sveakönig eine Übereinkunft schlossen, wonach die Insel gegen jährliche Zahlung eines festen Tributs unter seinen Schutz gestellt werden sollte. Sie gaben damit ihre vordem unabhängige Stellung auf. Man darf aber vermuten, daß die Entfernung zum Festland die Abhängigkeit wenig bedrückend werden ließ, zumal kein Repräsentant der Königsmacht auf der Insel eingesetzt wurde.

Ein für den gemeinen Mann augenfälligeres und in seine Lebensweise tiefer eingreifendes Ereignis war sicherlich die Einführung der christlichen Lehre. Anstatt in Hainen und auf Anhöhen, in Buchten und innerhalb mit Stäben markierter Umfriedungen zu opfern, wie es in der Guta-Sage beschrieben wird, versammelte man sich nun in neuerbauten Kirchen zur Messe bei Kerzenlicht.

Der Sage nach soll das Christentum im Zusammenhang eines Besuchs des norwegischen Heiligenkönigs Olav im Jahre 1029 eingeführt worden sein. Es gibt aber Grund zu der Vermutung, daß dies eine Rekonstruktion ist und daß die neue Lehre schon zuvor einige Anhänger gewonnen hatte. Nach einer Übergangszeit, die wohl nicht dramatischer Züge entbehrte, wurde, wie im Einleitungskapitel des Guta-Rechts (Gutalag) beschrieben, die Stellung des Christentums als 'Staatsreligion' festgelegt: "Dies ist das erste unserer Gesetze, daß wir dem Heidentum entsagen und uns dem Christentum zuwenden sollen ..."

Die ersten Kirchen waren sicher Gehöftkirchen, die von vermögenden Privatleuten errichtet worden waren. In jedem Drittel (Gotland war in drei Bezirke, Tredingar, eingeteilt) wurde eine Kirche gebaut: in Stenkyrka, Atlingbo und Fardhem. Rasch kamen weitere hinzu.

Es scheint niemals die Absicht gewesen zu sein, Gotland ein eigenes Bistum bilden zu lassen. Anfangs weihten zufällig anwesende Bischöfe die Kirchen und Friedhöfe. Später dann wurde mit dem Bischof von Linköping, der der am nächsten residierende war, vereinbart, daß er jedes dritte Jahr Visitationen und andere bischöfliche Amtsgeschäfte auf Gotland verrichten sollte. Die Eingliederung in das Bistum Linköping dürfte zu Beginn des 12. Jahrhunderts erfolgt sein, aber auch danach nahm die gotländische Kirche eine relativ selbständige Stellung ein, mit einem Probst in jedem der Drittel als höchste lokale Autorität.

Gotland war zu Beginn des Mittelalters seit langem ein wichtiges Zentrum für den baltischen Handel. Dieser lag in den Händen von Männern, die wie Bauern auf über die ganze Insel verstreut liegenden Gehöften lebten und Viehzucht und Ackerbau betrieben, deren Lebensweise aber durch den Großhandel mit dem Ausland einen besonderen Charakter erhielt. Hier und da trifft man noch heute die Überreste ihrer steinernen Wohnhäuser und Buden an, und in der Nähe der alten Hafenplätze zeugen runde oder rechteckige Verteidigungstürme von der Verlockung, die Gotland auf die Piratenflotten der Ostsee ausübte.

Vom Erfolg dieser Bauernhändler ermuntert, suchten Kaufleute fremder Länder in immer größer werdender Zahl ihren Weg nach Gotland. Nach und nach konzentrierte sich ihr Interesse auf einen Hafenplatz an der Nordwestküste, Visby. Dieser Ort sollte schon bald von eingewanderten deutschen

Kaufleuten beherrscht werden, und er entwickelte sich rasch zu einer immer bedrückender werdenden Konkurrenz für den gotländischen Bauernhandel.

Das Verhältnis zwischen der Stadt und dem Umland erreichte schließlich eine solche Spannung, daß im Jahre 1288 ein Bürgerkrieg auf der Insel ausbrach. Der schwedische König Magnus Ladulås, der schon früher versucht hatte, Gotland enger an Schweden zu binden und dem dies auch teilweise gelungen war, griff als Vermittler ein und auferlegte der Stadt eine beträchtliche Summe als Schadensersatz, weil sie ohne königliche Erlaubnis eine Stadtmauer hatte errichten lassen. Trotzdem ging Visby als Sieger aus dem Streit mit dem Umland hervor, und eine nennenswerte Veränderung in der freien politischen Stellung der Stadt vermochte der König nicht durchzusetzen. Der Bauernhandel ging weiter zurück, aber Schiffe vom flachen Land konnten sich noch fast ein Jahrhundert lang in den internationalen Fahrwassern halten.

Unter dänischer Herrschaft

Das Ereignis, das zu Recht oder Unrecht das Ende der Blütezeit Gotlands markiert, ist der Eroberungszug des dänischen Königs Waldemar IV. Atterdag im Jahre 1361.

Die gotländische Verteidigung war aufgrund einer langen Friedensperiode vernachlässigt worden und die Widerstandskraft zudem durch den alten Zwist zwischen Stadt und Land zersplittert. Der Eroberungszug kulminierte in der Schlacht vor Visby am 27. Juli, bei der 2.000 Mann des Bauernheeres von den Dänen niedergeschlagen wurden. Die Einwohner der Stadt, die sich bei der Verteidigung der Insel passiv verhielten, kapitulierten und mußten die Verschonung ihrer Leben und Häuser teuer erkaufen. Verglichen mit der Heimsuchung, der das flache Land ausgesetzt war, war dies jedoch eine leichte Last, und die Stadt scheint sich auch schnell wieder erholt zu haben.

Die dänische Eroberung war der Beginn einer Epoche von Krieg, Entbehrung und sich überstürzenden politischen Ereignissen.

Ende des 14. Jahrhunderts fiel Gotland in die Hände von mecklenburgischen Seeräuberflotten, den sogenannten Vitalienbrüdern, die von den gotländischen Häfen aus eine gefürchtete Piraterie betrieben. Durch eine entschlossene Aktion des mächtigen Deutschen Ordensstaates wurden die Mecklenburger 1398 von Gotland vertrieben, worauf sich die Ordensritter als Herren der Insel festsetzten. Dänemark, das Gotland als einen Teil seines Reiches betrachtete, weigerte sich jedoch, das Anrecht des Ordensstaates auf die Insel anzuerkennen. Nach langwierigem Streit und zähen Verhandlungen führte das dazu, daß Gotland 1408 zum Kummer der Inselbevölkerung an Königin Margaretha von Dänemark (gest. 1412) und ihren Mitregenten und Nachfolger Erich von Pommern abgetreten wurde.

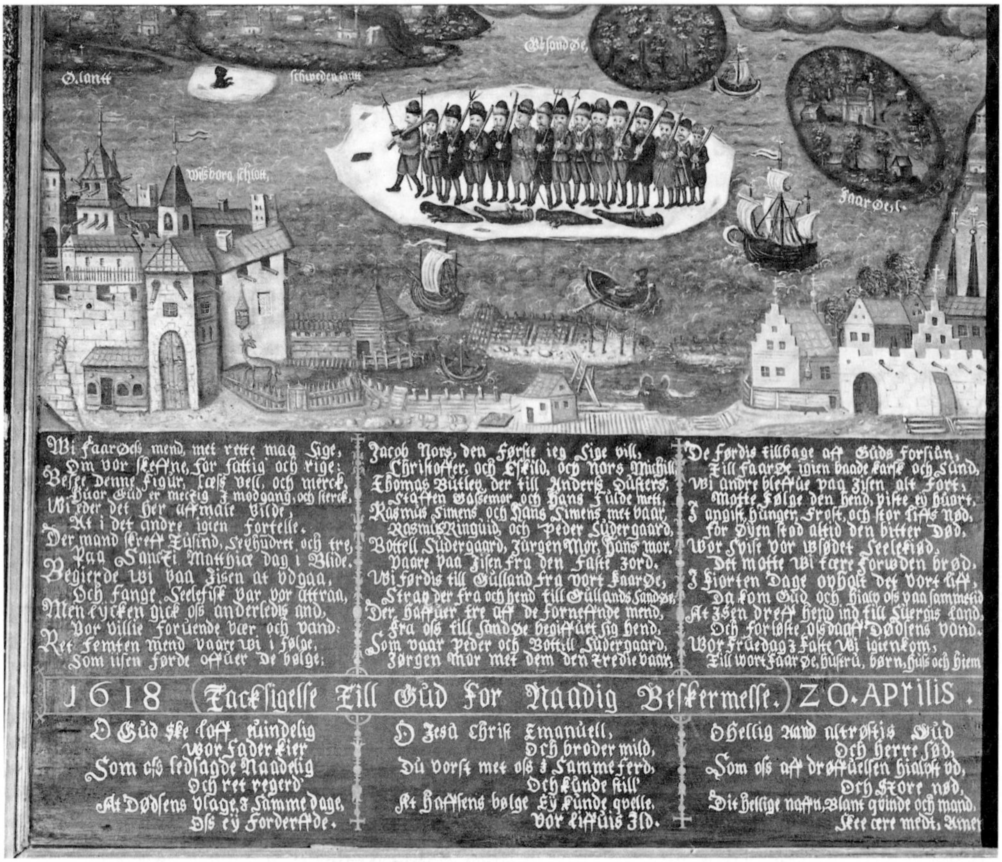

Fårö, 'Stora Kutatavlan' (die Große Robbentafel) von 1618. Links eine unbeholfene, aber im wesentlichen richtige Abbildung des Schlosses Visborg in Visby

Die Erfahrungen der Vergangenheit hatten König Erich gelehrt, daß Gotland nur durch eine starke Festung, auf die man sich verlassen konnte, gehalten werden könnte. Gegen den starken Widerstand der Bürger Visbys begann er im Jahre 1411 in der südlichen Ecke der Stadt eine Burg zu errichten, der er den Namen Visborg gab. Es ist möglich, daß er dabei eine von den Ordensrittern begonnene, aber nie fertiggestellte Anlage nutzen konnte. Als er fünfundzwanzig Jahre später seiner Königskrone beraubt wurde, nahm er in dieser Festung Zuflucht und herrschte von hier noch dreizehn Jahre über Gotland, dem letzten ihm verbliebenen Besitz. Nachdem seine Stellung aber schließlich unhaltbar geworden war, übergab er 1449 die Burg und die Insel in die Hände des dänischen Königs.

In der nun folgenden Zeit wurde Gotland von dänischen Lehnsherren regiert, die auf Schloß Visborg residierten. Von diesen spielten die Gebrüder Olof und Ivar Axelsson (Tott) eine herausragende Rolle. Sie betrieben eine selbständige Außenpolitik und verstanden es, ihre Stellung mit Waffengewalt zu behaupten.

Ein normaleres Verhältnis zur dänischen Regierungsmacht entwickelte sich erst in den 1520er Jahren. Der dänische König Christian II., der Sören Norby als Lehnsherren auf Visborg eingesetzt hatte, wurde aus seinem Land vertrieben. Sein gotländischer Lehnsmann hielt ihm aber die Treue und verteidigte die Insel erfolgreich sowohl gegen dänische als auch gegen lübische Eroberungsversuche.

In dieser unruhigen Zeit wurde Visby von einer schweren Katastrophe getroffen. Am Morgen des Pfingstsonntags 1525 führte eine lübische Flotte überraschend einen Angriff auf die Stadt aus, wobei große Teile Visbys zerstört wurden. Schloß Visborg, das Hauptziel der Angreifer, konnte jedoch nicht bezwungen werden. Dennoch mußte Sören Norby später in jenem Jahr Gotland an Dänemark abtreten.

Die Friedensperiode, die darauf endlich begann, sollte bis zum Ende der dänischen Zeit (1645) anhalten. Für die schwer geprüfte und stark dezimierte Bevölkerung Gotlands beinhaltete sie aber wohl kaum eine unmittelbare Verbesserung. Während des gesamten 16. Jahrhunderts waren die Lebensumstände auf der Insel mit Mühsal beladen; man war gezwungen, unter dürftigen äußeren Bedingungen und in einer belastenden geistigen Isolation zu leben.

Nachdem der letzte katholische Bischof von Linköping, Hans Brask, 1527 das letzte Mal Gotland besucht und Visitationen abgehalten hatte, fehlte der Insel bis 1572 ein kirchliches Oberhaupt - bis der Pastor in Visby dazu bestimmt wurde, neben seinem gewöhnlichen Amt die Funktion eines Superintendenten über das Stift Visby auszuüben, ein Titel, der im 18. Jahrhundert in Bischof umgeändert wurde. Erst 1986 wurden die Ämter von Bischof und Pfarrer der Stadtgemeinde in Visby getrennt. Die Stadtgemeinde erhielt nun einen eigenen Pfarrer.

Gotland wieder schwedisch

In der Zeit Christians IV. (1596-1645) unternahm die dänische Regierung Maßnahmen, um die Insel vor ihrem Verfall zu retten, doch war der Erfolg gering. Nicht viel besser wurde es, als Gotland durch den Frieden von Brömsebro 1645 nach beinahe 300 Jahren wieder schwedisch wurde.

Schweden war zu jener Zeit eine Großmacht mit Besitzungen auf der anderen Seite der Ostsee geworden. Der Erwerb Gotlands hatte daher große militärische Bedeutung, während er aus wirtschaftlicher Sicht eher eine Belastung darstellte. Man nahm sich indes der Schwedisierung eifrig an.

Schwedisches Recht und schwedische Kirchenordnung wurden eingeführt, die höheren Beamtenposten mit Schweden besetzt und das Wirtschaftsleben wurde durch Reformen und Initiativen ermuntert. Der Erfolg ließ jedoch auf sich warten. Das beruhte nicht zuletzt auf den besonderen Verhältnissen, die entstanden, als der schwedischen Königin Christina nach deren Thronverzicht (1654) Gotland als Unterhaltsland zugesprochen wurde.

Auch von Kriegshandlungen wurde die Insel nicht verschont. Während des Krieges König Karls XI. (schwed. König 1660-97) gegen Dänemark in den Jahren 1675 bis 1679 wiederholte 1676 eine dänische Streitmacht Waldemar Atterdags Eroberung und unterbrach die Anstrengungen zur Schwedisierung. Die Dänen beabsichtigten, Gotland erneut ihrem Reich einzuverleiben, waren aber durch die Friedensvereinbarungen von 1679 gezwungen, die Insel an Schweden zurückzugeben. Bevor sie Gotland verließen, sprengten sie allerdings die alte dänische Festung Visborg in die Luft.

Auch während des Großen Nordischen Krieges (1700-21) wurde Gotland von Kriegshandlungen berührt, sie führten diesmal aber nicht zu einer Besetzung. Russische Flottengeschwader unternahmen wiederholt Überfälle an der Ostküste der Insel, sie plünderten, brandschatzten und nahmen Gefangene. Der Zustand der Unsicherheit dauerte von 1717 bis 1720 und rief bei der Bevölkerung eine bleibende Russenfurcht hervor.

Nach dem Frieden von Nystad 1721 setzte für Gotland eine nahezu hundertjährige Friedensperiode ein. Es dauerte jedoch bis gegen das Ende des 18. Jahrhunderts, ehe ein Aufblühen des Wirtschaftslebens spürbar wurde.

Die Zeit der Landeshauptmannschaft Carl Otto von Segebadens (1765-1787) ragt durch eine Reihe fortschrittlicher Reformen auf verschiedenen Gebieten heraus, insbesondere die Land- und Waldwirtschaft und den Wegebau betreffend. Zu Recht tragen viele Meilensteine entlang der Wege unter der Namenschiffre Gustavs III. die Initialen des Landeshauptmanns.

Der Aufschwung, den die Reformen mit sich brachten, prägte das Wirtschaftsleben noch einige Jahrzehnte in das 19. Jahrhundert hinein. Es ist kaum zuviel gesagt, daß die Landschaft in dieser Zeit hinsichtlich ihrer Bebauung ihr Gesicht wechselte. Die alten, schwarzgeteerten Holzhäuser wurden durch weißgekalkte Steinhäuser ersetzt, die teerbestrichenen Holzdächer durch leuchtende, rote Ziegeldächer.

Die guten Konjunkturen verwandelten sich aber nach der Mitte des 19. Jahrhunderts in eine Depression, die zu Auswanderung und Bevölkerungsrückgang führte. Der Niedergang sollte indes nicht lange anhalten. Doch das seitdem stattgefundene Bevölkerungswachstum war unbedeutend und auf die größeren Orte beschränkt. 1990 besaß Gotland 57.108 Einwohner.

Das Ende der schwedischen Großmachtzeit bedeutete für Gotland, daß die vormals im Zentrum des schwedischen Binnenmeeres gelegene Insel nun zu einem östlichen Außenposten wurde. Erschreckend deutlich wurde das während des unglückseligen finnischen Krieges Gustavs IV. Adolf (schwed. König 1792-1809). Im April 1808 wurde vor Faludden im südlichen Gotland eine russische Invasionsflotte mit 2.000 Mann an Bord gesichtet. Nach der

Landung bei Grötlingbo rückten die Truppen auf Visby vor, das eingenommen wurde, ohne daß Schüsse fielen. Diese nahezu operettenhafte Okkupation war aber nur eine seltsame Episode in der wechselhaften Geschichte der Insel. Angesichts der Drohung einer schwedischen Landung hielten es die Russen für besser, die Insel nach 24 Tagen zu räumen.

Auch später grollte Kriegsgedonner in bedrohlicher Nähe Gotlands. Während des Krimkrieges benutzte die alliierte Ostseeflotte 1854-56 Fårösund als Basis. Viel Geld wurde in Umlauf gebracht, und Händler und Bauern machten schnelle Gewinne. Diese Zeit blieb lange in freundlicher Erinnerung, obwohl die Inselbevölkerung auch den Ernst des Krieges zu spüren bekam. Eine Choleraepidemie brach aus und forderte sowohl unter dem Militär als auch der Zivilbevölkerung Opfer.

Die beiden Weltkriege führten Gotland buchstäblich in das Kampfesgetümmel hinein. Im Juli 1915 kam es zwischen der Kurländischen und Gotländischen Küste zu einem Seegefecht, bei dem das deutsche Minenfahrzeug "Albatross" von russischen Einheiten verfolgt wurde und, zusammengeschossen und mit vielen Toten an Bord, bei Östergarn auf Grund lief. Im Zweiten Weltkrieg suchten Tausende von baltischen Flüchtlingen nach strapaziösen Fahrten im Dunkel der Nacht Zuflucht an der gotländischen Küste.

Zu einem erschütternden Zeugnis der Nähe des Krieges gereichte die Versenkung des Passagierdampfers "Hansa", das sich in der Nacht zum 24. November 1944 auf seiner fahrplanmäßigen Tour zwischen Nynäshamn und Visby befand.

Stabkirche von Hemse, Rekonstruktion im Staatlichen Historischen Museum (Statens Historiska Museum) in Stockholm

Gotlands Kirchenkunst

von Gunnar Svahnström

Von den 95 in Gebrauch befindlichen Kirchen, die der schwedischen Staatskirche angehören, stammen alle außer dreien aus dem Mittelalter. Zur Blütezeit besaß Visby noch mindestens 13 weitere und das Umland 4 weitere Kirchen, wobei die Kapellen noch nicht einmal mitgerechnet sind. Für eine so überschaubare Fläche wie Gotland ist dies eine enorme Zahl und ein hervorragendes Zeugnis für seinen Wohlstand im hohen Mittelalter.

Es bedurfte auf Gotland keiner bischöflichen Erlaubnis, um eine Kirche bauen zu können. Ein wohlhabender Mann, der seinen Weg zur Kirche als zu lang erachtete, konnte allein oder mit anderen eine neue Kirche bauen, "zum größeren Wohlgemach", wie es im alten gotländischen Gesetz heißt.

Die Kirchen der Missionszeit waren wahrscheinlich recht einfache Holzkirchen mit begrenzter Lebensdauer. Keine einzige dieser Kirchen ist erhalten. Man hat jedoch an einigen Stellen Reste von Holzkirchen vorgefunden, aus denen hervorgeht, daß sowohl Stabbau als auch Bohlenwandtechnik angewandt wurden, d.h. Konstruktionen mit entweder stehenden oder liegenden Planken als Wände. Diese Planken waren mitunter mit Reliefs verziert, die der zeitgenössischen Ornamentik der Runensteine nahestanden. Große Teile einer Stabkirche aus der ersten Hälfte des 12. Jahrhunderts wurden 1896 bei Restaurierungsarbeiten der Kirche von Hemse entdeckt (z.T. wiedererrichtet im Staatlichen Historischen Museum, Stockholm / Statens Historiska Museum), und die 1972 abgeschlossene Restaurierung der Kirche von Silte brachte ein überraschend gut erhaltenes Stabkirchenfundament aus derselben Zeit zutage. Überreste von Holzkirchen sind des weiteren bekannt bei den Kirchen von Eke, Guldrupe und Sproge.

Die romanische Epoche (ca. 1150 - ca. 1250)

Es ist möglich, daß steinerne Kirchen schon am Ende des 11. Jahrhunderts an einzelnen Orten die Holzkirchen zu ersetzen begannen. Doch allgemein konnte dies erst geschehen, als die Organisation der Kirche eine festere Form erhielt, d.h. im Laufe des 12. Jahrhunderts.

Der reiche Vorrat an leicht zu brechendem und für Bauzwecke gut geeignetem Kalk- und Sandstein begünstigte dann den Übergang zu Steinkirchen. Die ältesten Steinkirchen, zu denen unter anderen Teile der

Kirchen von Garde und Källunge gehören, besaßen sockellose Wände aus gehauenem Kalkstein sowie einfache, undekorierte Portale. Später wurde die Steinarbeit durch große, glattgeschlagene Quadersteine und dünne, kaum wahrnehmbare Fugen im Mauerwerk, profilierte Sockel und säulenbesetzte Portale mehr verfeinert. Entlang des Dachfußes verlief mehrenorts ein Rundbogenfries, dessen halbrunde Felder mitunter durch Reliefs mit Jagd- und Kampfmotiven geschmückt waren. Der Haupteingang befand sich auf der Südseite des Langhauses in der Nähe des Westgiebels. In der Regel besaß auch der Chor einen Südeingang.

Die wenigen frühen Steinkirchen verraten in einigen Details einen Einfluß der anglo-normannischen Baukunst, doch im wesentlichen scheinen sie

Havdem, Romanischer Chor mit Apsis

Garde, Kalkmalerei im Turmbogen in russisch-byzantinischem Stil, 12. Jh.

ihr Gepräge aus dem dänisch-schonischen und west-niederdeutschen Bereich erhalten zu haben.

In der folgenden Phase, die von weitaus mehr Kirchen vertreten wird, weist der Stilzusammenhang klar und eindeutig auf den Dom in Lund (Schonen) und seine reiche skulpturale Ausschmückung hin. Gegen Ende des 12. Jahrhunderts machten sich wieder neue Ideen geltend, jetzt auf Grund des Einflusses des 1164 gegründeten Zisterzienserklosters Roma. Sie zielten auf eine strengere Architektur, die allmählich eine Begrenzung der dekorativen Ausschmückung und die Bevorzugung des geraden Chorabschlusses mit der für Zisterzienserkirchen charakteristischen Dreifenstergruppe mit sich brachte. Gegen Ende der Epoche begannen Spitzbögen neben den bis dahin allein vorherrschenden Rundbögen zu erscheinen.

Der Innenraum der Kirchen war mit Wandmalereien geschmückt. Einen eigenartigen Eindruck vermitteln die rein byzantinischen Malereien in der Kirche von Garde und Källunge. Sie weisen darauf hin, daß es neben dem lebhaften Handelskontakt zu Rußland auch kulturelle Kontakte gab.

Doch vermutlich waren auch auf dem Gebiet der Malerei die Impulse aus dem Süden und Westen am stärksten. Die Malereien im Chor der Kirche von Kräklingbo mit ihrer Stilverwandtschaft zu Schonen und Frankreich geben eine Vorstellung dieser Ausrichtung. Das wenige heutzutage zur Verfügung stehende Material macht jedoch die Beurteilung der kunstgeschichtlichen Stellung der romanischen Malerei schwierig und gestattet vorerst keine genaueren Schlußfolgerungen.

Reichhaltiger vertreten und folglich besser bekannt ist die zeitgenössische Steinplastik. Sie wurde in didaktischer oder dekorativer Absicht am Äußeren des Gebäudes - an den Portalen und um sie herum oder über die Fassaden verteilt - verwandt, aber am reichsten und schönsten findet man sie an den prächtigen Taufsteinen.

Die Forschung vermochte eine Reihe verschiedener Werkstätten zu unterscheiden, deren Meister in Unkenntnis ihrer tatsächlichen Namen von der kunstgeschichtlichen Forschung mit solchen artifiziellen Namen bedacht wurden, die charakteristische Merkmale ihres Werkes andeuten sollen. Daher spricht man von "Byzantios", "Majestatis", "Calcarius" usw. "Byzantios" ist ganz und gar deutlich von byzantinischer Kunst beeinflußt, "Majestatis" hat seinen Namen auf Grund seiner Vorliebe für das Motiv des Christus in hieratischer Majestasgestalt erhalten und "Calcarius" schuf seine Taufen aus Kalkstein - im Unterschied zu den Vorgängern, die mit Sandstein arbeiteten.

Unter den Forschern gehen die Meinungen gelegentlich darüber auseinander, welchem Meister ein bestimmtes Werk zugesprochen werden soll und in welchem Verhältnis die einzelnen Künstler zueinander standen. Kein einziges Werk ist datiert und nur eines ist auf eine unumstrittene Weise signiert, nämlich Meister Sigrafs schöner Taufstein in Åkirkeby auf Bornholm. Der gotländische Ursprung des Taufsteins ist unbestreitbar, und eine Reihe von Werken auf Gotland konnte auch Sigraf zugeordnet werden. Eine Gruppe bemerkenswerter Taufsteine ist unter dem Namen eines Meisters Hegwald

Atlingbo, Detail des Taufsteins vom "Byzantios"-Meister, 12. Jh.

zusammengefaßt worden, dessen Name auf dem Taufstein in Etelhem erscheint. Es ist allerdings zweifelhaft, ob es sich hierbei um die Signatur eines Meisters handelt, aber da der Name sich als solcher in der kunstgeschichtlichen Literatur eingebürgert hat, soll er beibehalten werden - wenn auch in Anführungszeichen.

Die Taufsteinmeister waren sicherlich meist Gotländer, die ihre Ausbildung bei dem großen Kathedralbau in Lund erhielten. Das gilt vor allem für "Majestatis" und Sigraf, für deren Kunst Vorbilder entweder aus dem reichen Skulpturenschatz des Lundenser Doms selbst oder dessen Einflußsphäre aufgezeigt werden konnten. Zudem sind sie mit eigenen Arbeiten an schonischen Kirchen vertreten. Der naiv ausdrucksstarke und eigenständigere "Hegwald", dessen Werke nach heutiger Einschätzung einen Höhepunkt in

Gerum, Taufstein von "Majestatis", 12. Jh.

der schwedischen Kunst des Mittelalters darstellen, hat seine Probestücke möglicherweise ebenfalls in Schonen hergestellt, doch zeigt sich bei ihm in geringerem Grad als bei den übrigen der Einfluß der Lundenser Kunst.

In den Werken der gotländischen Steinmeister findet sich ohne Ausnahme ein konservativer und volkstümlicher Zug, der sich scharf von der zeitgenössischen Holzplastik unterscheidet.

Eine Anzahl Triumphkreuze, die Christus in Königsgestalt ohne Spur physischen Schmerzes darstellen, sind künstlerisch und handwerklich durch außerordentliche Verfeinerung gekennzeichnet. An sie schließt sich die berühmte kleine Madonna aus Viklau (nunmehr im Staatlichen Historischen Museum in Stockholm) an.

Auf Grund stilistischer Übereinstimmungen mit französischen Kathedralplastiken aus der Mitte des 12. Jahrhunderts hat man sie als Importarbeiten betrachten wollen. Ihr Vorkommen auf Gotland ist mit den Verbindungen des Zisterzienserklosters Roma zur französischen Heimat des Ordens erklärt worden. Es ist allerdings auch behauptet worden, daß der Ursprung der Plastiken im Westen Deutschlands zu suchen sei, zu dem Gotland unbestreitbar noch engere Kontakte hatte und dessen Kunst zu jener Zeit unter starkem französischem Einfluß stand.

Die gotische Epoche (ca. 1250 - ca. 1400)

Die Kirchen des 12. Jahrhunderts wurden nach einigen Generationen als zu unansehnlich betrachtet, um ihren hohen Aufgaben sowie den ökonomischen Ressourcen und dem kulturellen Standard ihrer Gemeindemitglieder weiterhin zu genügen.

Im glücklichen 13. Jahrhundert baute man die meisten Kirchen um, oder begann mit einem Umbau. Das Ideal war ein kurzer, breiter Kirchenraum mit vier Gewölben, die von einem runden Pfeiler in der Mitte des Langhauses getragen wurden. In den großen und vermögenden Gemeinden erhielt das Langhaus solche Dimensionen, daß es vier Pfeiler und neun Gewölbe bedurfte, um es zu decken, ja, in Lau begnügte man sich mit nicht weniger als sechs Pfeilern und zwölf Gewölben. Nicht selten baute man das Langhaus zweischiffig mit zwei Pfeilern in der Mittelachse des Raumes. Auch der Chor wurde größer bemessen als zuvor, allerdings nie mit einer Apsis versehen. Die gerade Chorwand wurde durch drei hohe, schlanke Fenster durchbrochen.

Während dieser Zeit liebte man den Turmbau. Man scheint geradezu einen Wettstreit unter den Gemeinden darüber ahnen zu können, wer den stattlichsten Turm bauen konnte. Der geschlossene, wehrhafte Ausdruck der älteren Türme wurde ersetzt durch eine festliche Offenheit mit großen Schallöffnungen im Glockengeschoß und eleganten Galerien an der Nord- und Südwand, mitunter auch im Westen.

Der prachtvollste Schmuck der gotischen Kirchen ist aber der Haupteingang an der Südseite des Langhauses; doch auch die Chorportale stehen hier vielfach in nichts nach. Die Portalseiten sind "perspektivisch" mit Reihen schlanker Kolonnetten geformt, die ein mit Planzenornamentik oder Figuren geschmücktes Kapitellband tragen. Über der hohen Portalöffnung sitzt ein lebendig konturierter Tympanonstein, der mit Reliefs geschmückt sein kann. Er wird von der bogenförmigen Fortsetzung der Seitenkolonnetten über dem Kapitellband, den Archivolten, eingerahmt; das Ganze wird von einem spitzen Giebelfeld, dem Wimperg, abgeschlossen, das mitunter bis zum Dachfuß hinauf reichen kann. In ihm wird gern in hohem Relief die Auferstehung Jesu oder Christus Majestatis dargestellt.

Die gotischen Kirchen besitzen gewöhnlich ein besonderes, für die weiblichen Kirchenbesucher gedachtes Nordportal von einfacherem Aussehen, das oft noch von dem älteren Kirchbau am Ort herstammt.

Die Madonna von Viklau, Holzplastik, Ende des 12. Jh.

Fide, Innenraum nach Osten

In vielen Fällen vermochte man nicht, die Pläne einer vollständigen Erneuerung der alten Kirche zu erfüllen. Ein Umbau ging in der Regel so vonstatten, daß man zuerst im Osten einen neuen Chor um den alten herum errichtete, der folglich beinahe während des ganzen Umbaus in Benutzung bleiben konnte. Der neue Chor wurde mehr oder weniger provisorisch an das alte Langhaus angeschlossen, worauf man eine Pause einlegte, um Mittel für die nächste Etappe zu sammeln.

Es geschah aber auch, daß niemals eine Fortsetzung in Angriff genommen wurde, sondern daß die Kirche mit ihrem neuen großen Chor und

Schema der Bauentwicklung gotländischer Landkirchen

A — *Stabkirche, 11.-12. Jh.*
B — *Stabkirche mit Chor und Apsis aus Stein, 12. Jh.*
C — *Romanische Kirche aus Stein mit Apsis. Ende 12., Anfang 13. Jh.*
D — *Vollendung der romanischen Kirche mit Turm im Westen*
E 1-2 — *Verschiedene Verfahren beim Beginn des Umbaus einer romanischen Kirche, Ende 13., Anfang 14. Jh.*
E 1 — *Mit Verlängerung des Langhauses und neuem Chor*
E 2 — *Mit unverändertem Langhaus und neuem Chor*

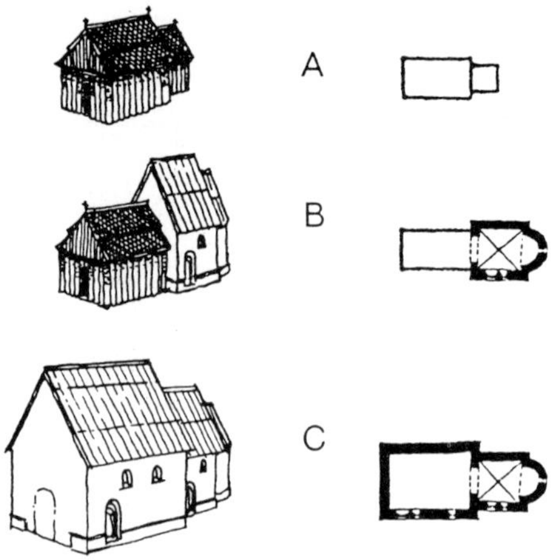

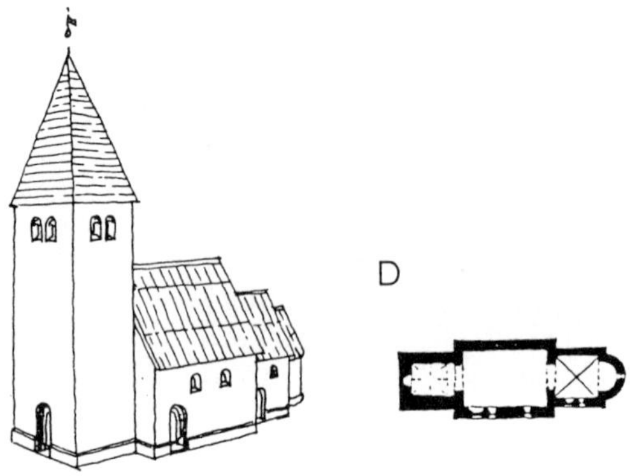

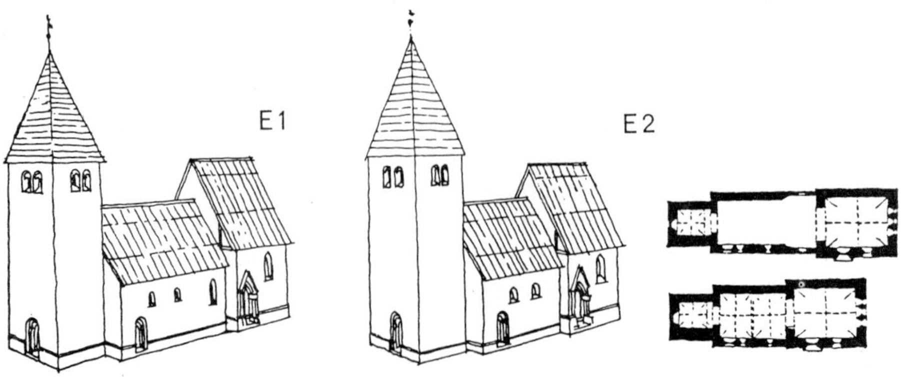

F1

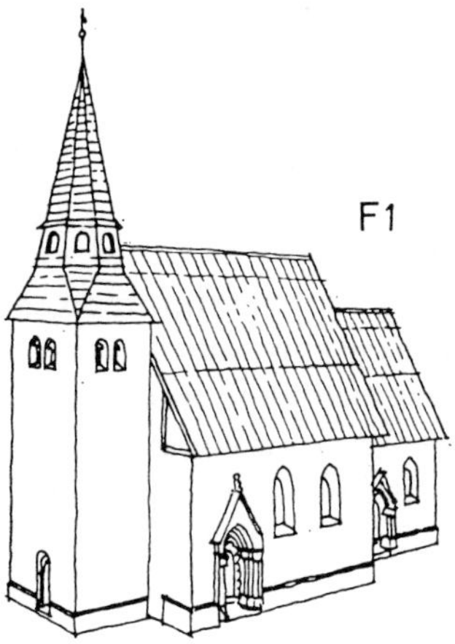

F2

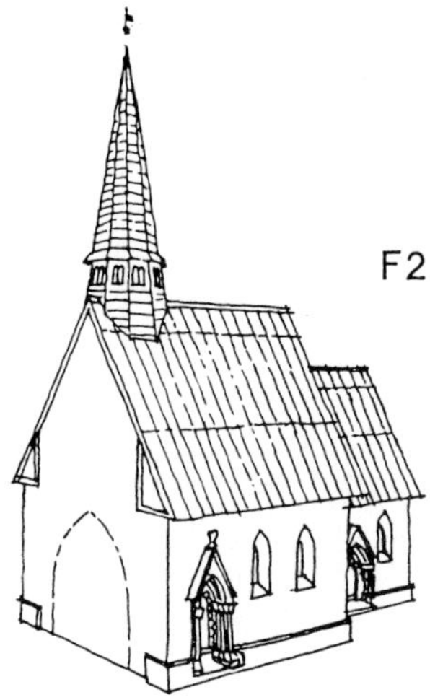

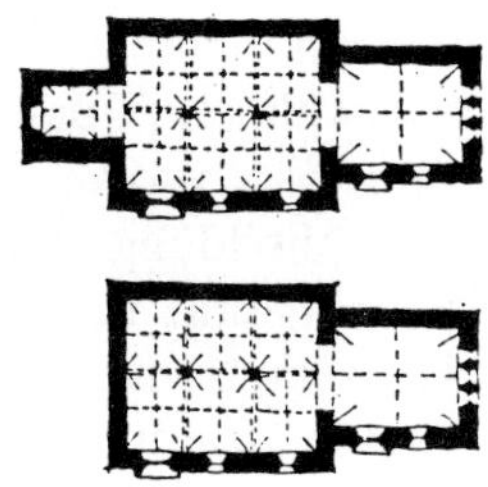

F 1 *Neubau der romanischen Kirche bis auf den Turm in gotischem Stil. Spätes 13., frühes 14. Jh.*

F 2 *Abriß des romanischen Turmes und Vorbereitung des Neubaus eines gotischen Turmes*

G *Vollendung der gotischen Kirche, Mitte 14. Jh.*

Zeichnungen: Jan Andreasson Utas

G

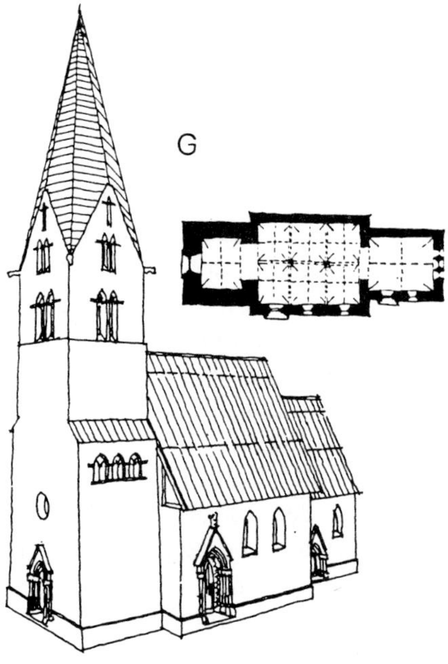

ihrem alten Langhaus als ein Monument vereitelter Großmannsträume stehenbleiben mußte. Hierfür kann es mehrere Gründe gegeben haben: den Bürgerkrieg von 1288, die Verheerungen der Pestepidemie in der Mitte des 14. Jahrhunderts, Waldemar Atterdags Plünderungszug 1361 oder ganz einfach die allgemein sinkende Konjunktur.

Die Kirchenräume des 13. Jahrhunderts hatten ein festliches Gepräge. An den Wänden breiteten sich prachtvoll gemalte Bildfolgen mit Motiven aus der Geschichte Jesu aus. Sie sollten den Eindruck teurer Wandteppiche, wie weltliche Fürsten sie bei festlichen Gelegenheiten zur Ausschmückung ihrer Säle verwandten, vermitteln. In anderen Fällen begnügte man sich mit der Abbildung der Apostel oder einzelner Szenen aus Heiligenlegenden. Sehr häufig sieht man an den Kirchenwänden aufgemalte, sogenannte Konsekrationskreuze, zwölf an der Zahl, die dort bei der Einweihung der Kirche angebracht wurden. Gewöhnlich waren bei ihnen Kerzenhalter angebracht.

Ein dankbares Betätigungsfeld für dekorative Ausschmückung bot das Gewölbe. Dort trifft man reiche und phantasievolle Variationen von Rankenmotiven und manchmal auch Figuren an.

In dem breiten Triumphbogen wurde eine Skulpturengruppe mit dem gekreuzigten Heiland, umgeben von der trauernden Maria und dem Johannes aufgestellt. Die Arme der Kreuze sind durch einen weiten Ring miteinander verbunden, in dem Reliefs vorkommen können. Andere Skulpturwerke schmücken den Hochaltar und die beiden Seitenaltäre des Langhauses, den Marienaltar in der nordöstlichen Ecke und den Altar in der südöstlichen Ecke, der dem speziellen Schutzpatron der Kirche geweiht war. Dieser scheint sehr oft der norwegische Heiligenkönig Olav gewesen zu sein.

Was einem damaligen Besucher beim Betreten einer gotischen Kirche wohl zuerst ins Auge gefallen sein dürfte, waren die farbenprächtigen Glasmalereien, die die bedeutendsten Fensteröffnungen schmückten. Erstaunlicherweise hat ein großer Teil solcher Scheiben die Stürme der Jahrhunderte überlebt und zeugt in Kirchen und Museen in strahlender Weise - und dies in doppelter Bedeutung des Wortes - von mittelalterlicher Farbkultur und handwerklicher Geschicklichkeit. Die ältesten Scheiben, die bereits gegen Ende der romanischen Epoche entstanden, sind von einem spätbyzantinischen Stil geprägt, der nun nicht mehr von Rußland, sondern von Italien und Deutschland vermittelt wurde. Erst allmählich gewinnt die Gotik Einzug in die Glasmalerei, aber um 1300 und in den ersten Jahrzehnten des 14. Jahrhunderts werden neue Werke von großer Schönheit in dem neuen gotischen Stil geschaffen.

Das ästhetische Programm der intensiven Bautätigkeit und des Kunstschaffens des 13. Jahrhunderts auf Gotland wurde im wesentlichen von Visby geliefert, wo zu jener Zeit ein großes Kirchenbauwerk nach dem anderen errichtet wurde. Ökonomisch und kulturell war Visby eng mit Westfalen und dem Rheinland verbunden, von wo viele der einflußreichsten Einwohner der Stadt herstammten.

Alva, Triumphkruzifix, 13. Jh.

Visby wurde dadurch zum Einfallstor westdeutscher Kunststile, welche hier unter Einwirkung gotländischer Tradition mehr oder weniger stark wahrnehmbare nationale Sonderzüge erhielten. Sicherlich gab es auch eine nicht unbedeutende Zuwanderung deutscher Baumeister, Steinmetze, Glasmaler und anderer Meister.

Der westfälisch/rheinische Einfluß war während der Übergangszeit von der romanischen zur gotischen Epoche am stärksten, machte sich aber in der Bildkunst noch weit in das 14. Jahrhundert hinein geltend.

Grötlingbo, Innenraum nach Osten

Auf dem Gebiet der Architektur spielte der gotische Stil eine weniger hervortretende Rolle. In Visby setzte er seinen Stempel auf die Gestaltung der Großen Kapelle der Marienkirche (Anfang 14. Jahrhundert) und des Chores der beiden Klosterkirchen St. Katharina (St. Karin) und St. Nikolaus (um 1400). Auf dem Land jedoch sollte er niemals richtig Fuß fassen. Spitzbögen lösten zwar praktisch überall Rundbögen ab, die Kirchen wurden höher und heller und die Pfeiler wuchsen wie schlanke Masten aus dem Boden, aber man drang niemals zur großen technischen Neuerung der Gotik vor, dem ingenieursmäßig konstruierten Kirchenraum, in dem die Mauermassen von gewaltigen Fenstern aufgelöst wurden und die Tragkräfte in Strebepfeilern und Pilastern gesammelt wurden.

Noch im 14. Jahrhundert lebte viel vom romanischen Geist fort. Der bedeutendste Architekt des Jahrhunderts, der sogenannte "Meister Egypticus", huldigte Idealen, die im direkten Gegensatz zu denen der Gotik standen. Die Mauern seiner Kirchen bewahren noch ihre ganze Geschlossenheit und Schwere, und in der Regel besitzt die Nordwand überhaupt keine Fenster. Tatsächlich war dies ein bewußtes, vom Kontinent inspiriertes Stilbestreben, das zu jener Zeit einen ähnlichen Stilzug aufweist. Auf Grund seines antigotischen Charakters wird er gewöhnlich Kontragotik genannt.

Das Werk des "Meister Egypticus" besitzt ein ungewöhnlich energisches und kraftvolles Gepräge. Kirchen wie Grötlingbo, Hablingbo und Väte bezeichnen absolute Höhepunkte in der glänzenden Architekturgeschichte der Insel.

Die ökonomischen und politischen Umwälzungen nach der Mitte des 14. Jahrhunderts beseitigten allerdings die Voraussetzungen für eine fortgesetzte Kunstausübung dieser Art, und als das 14. Jahrhundert seinem Ende zuging, war die Rolle Gotlands in der schwedischen und europäischen Kunstgeschichte definitiv beendet.

Spätmittelalterliche Kunst (ca. 1400-1530)

Die Zeugnisse aus der Zeit der dänischen Herrschaft über die Insel sind rar und wenig auffallend. Die Bauwerke, die in dieser Epoche trotz allem entstanden, dienten militärischen Zwecken und sind alle seit langem vom Erdboden verschwunden.

Die Armut der Zeit spiegelt sich anschaulich in der Kirchenkunst wider. Große Neubauten wurden nicht mehr geplant. Man brachte lediglich das, was früher begonnen worden war, zu einem notdürftigen Abschluß. In den Innenräumen der Kirchen herrschte dennoch keine vollständige Stagnation. Es scheint, als ob die Menschen den Kontrast zwischen den festlichen Kirchenräumen der glücklichen Zeit und der sie umgebenden harten Wirklichkeit allzu grell empfunden hätten. Wie sonst sollte man erklären können, daß Kirche auf Kirche in den Jahrzehnten um die Mitte des 15. Jahrhunderts

Lye, Flügelaltar, datiert 1496

mit künstlerisch sehr einfachen, aber pathetisch ausdrucksstarken Bildfriesen, in denen die Leiden und der Tod Jesu eine zentrale Rolle spielen, versehen wurde.

Der unbekannte Meister ist in Anknüpfung daran "Passionsmeister" getauft worden. Wahrscheinlich handelte es sich aber nicht um einen einzelnen Mann, sondern um eine Werkstatt, die während mehrerer Jahrzehnte tätig war. Die Bilder sehen aus wie vergrößerte Holzschnitte und sind zweifellos von den Bibelillustrationen der Zeit beeinflußt worden. Gelegentlich verließ der "Passionsmeister" sein gewohntes Schema, wie beispielsweise in der Kirche von Lummelunda, wo er die nördliche Chorwand mit einer gewaltigen Darstellung des Jüngsten Gerichts füllte.

Neben dieser provinziellen Malerei erscheint sparsam eine mehr avancierte, die in der ersten Hälfte des 15. Jahrhunderts vom "Othemsmeister" (in den Kirchen von Othem und Fide), vom "Unionsmeister" (in der Kirche von Barlingbo) und um 1480 von einem an den in Mittelschweden tätigen Maler Albertus Pictor erinnernden Meister (Kirche von Öja) vertreten wurde. Ihr Vorkommen zeigt, daß das Gefühl für Qualität noch nicht gänzlich

Ganthem, Kalkmalerei an der nördlichen Wand des Langhauses, 15. Jh.

verschwunden war und deutet außerdem darauf hin, daß die ökonomischen Ressourcen nicht überall erloschen waren, auch wenn diese nicht ausreichten, eine kontinuierliche Kunstproduktion auf hohem Niveau aufrecht zu erhalten.

In dieselbe Richtung weist eine Anzahl reich ausgearbeiteter spätgotischer Flügelaltäre, die noch heute den Hauptaltar in einigen Kirchen schmücken (Burs, Fide, Linde, Lye, Källunge u.a.). Sie sind eindeutig Importstücke aus einer norddeutschen Werkstatt. Noch im Jahre 1521, also direkt auf der Schwelle zur Reformationszeit, schenkten Botel Myrungs und Jon Hesselby einen solchen Flügelaltar mit Abbildungen von Gottvater, Christus und einer Reihe von Heiligen der Kirche in Linde.

Eine gewisse einheimische Produktion von Kruzifixen und Heiligenbildern kleinen Formats gab es zwar während dieser gesamten Epoche, aber sie ist künstlerisch unbedeutend. Ein in seiner Art einzigartiges Werk aus dem spätmittelalterlichen Kunstschaffen stellt indes eine Reiterstatue in natürlicher Größe dar, die von der Domkirche nach Gotlands Fornsal kam. Sie war vermutlich einem Grabmonument über Ivar Axelsson Tott (Lehnsherr auf Gotland 1467-87) zugedacht und ursprünglich in der St. Johanneskirche (St. Hans) plaziert.

Protestantische Kirchenkunst

Die Reformation brachte für Gotland keine revolutionäre Veränderung des Kirchenraums. Ihre Durchführung ist hier - jedenfalls auf dem Lande - von einer größeren Toleranz gegenüber den Kunstwerken und dem Inventar des Katholizismus geprägt als andernorts. Über Zusammenstöße von Lutheranern und Katholiken wird nur im Zusammenhang des Besuchs des Bischofs Hans Brask in Visby 1527 berichtet.

Zum ruhigen Übergang trugen sicherlich auch die verwirrenden kirchlichen Verhältnisse bei. Während der Zeit, in der die Reformation in den nordischen Ländern durchgeführt und gefestigt wurde, fehlte der gotländischen Kirche eine Führungsauthorität.

Erst gegen Ende des 16. Jahrhunderts, als die Insel ein eigenes Stift geworden war, machte sich die neue Zeit in der Einrichtung der Kirchen augenscheinlicher bemerkbar.

Der evangelisch-lutherische Gottesdienst benötigte bestimmtes Inventar, dessen Ursprünge zwar ins Mittelalter zurückverfolgt werden können, das aber erst jetzt eine feste Form und Plazierung erhielt. Das wichtigste war die Kanzel, die als mehrseitiges Rednerpult ausgeführt und gewöhnlich auf einen Seitenaltar aus der katholischen Zeit in der südöstlichen Ecke des Langhauses gestellt wurde. Mitunter scheint sie auch direkt unter dem Triumphbogen angebracht worden zu sein. Des Klanges wegen wurde oft ein Dach oder sogenannter Baldachin über der Kanzel angebracht. Die älteste

Hogrän, Altaraufsatz aus Sandstein, datiert 1634

erhaltene Kanzel steht in der Kirche von Grötlingbo, gehörte aber ursprünglich zur Domkirche, der sie 1548 vom Lehnsherrn Eiler Hardenberg und seiner Frau vermacht worden war.

Weitere frühe Kanzeln befinden sich in Martebo, Alskog (1586), Fide (1587, ursprünglich für Grötlingbo erbaut), Björke (1594), Rone (1595) und Fröjel (1600?). Sie besitzen eine renaissancegemäße straffe Form mit glatten Füllungen, umgeben von profilierten Leisten. An einigen Kanzeln sind die Seiten von kandelaberförmigen Kolonnetten begrenzt.

Im Laufe des 17. Jahrhunderts erhielten sowohl Kanzel als auch Baldachin eine architektonisch und skulpturell reichere Formgebung. Die Kanzel in Öja von 1628 mit ihrer feinen Beschlagsornamentik ist ein schönes Beispiel für die einheimische Tischlerkunst der Spätrenaissance. In den letzten Jahrzehnten des 17. Jahrhunderts kam eine Reihe von Kanzeln hinzu, von denen viele von einer prachtvollen, aus Walnuß gefertigten Kanzel in norddeutschem Barock ausgingen, die 1684 der Domkirche geschenkt worden war. Noch in den 1750er Jahren wurden in Burs und Fole Kanzeln nach diesem Vorbild gebaut.

Kanzeln in jüngeren Stilrichtungen sind seltener. Die Gemeindekirche in Roma besitzt eine in spätbarockem Stil, zugeeignet 1737 vom Landeshauptmann Johan Didrik Grönhagen, und die Kirche in Sproge eine in einfachem Empirestil von 1841. Manchenorts kann man sehen, wie alte Kanzeln mit neuer Ornamentik und neuen Leisten versehen worden sind, um zeitgerechter zu erscheinen.

Die langen Predigten erforderten feste Sitzplätze für die Kirchenbesucher. Im Laufe der Zeit wurde es zur Gewohnheit, diese in geschlossenen Gevierten anzuordnen, für die Männer auf der Südseite und für die Frauen auf der Nordseite des Langhauses. Jedes Gehöft richtete dort seine entsprechenden Bänke ein. Die ältesten Bänke stammen aus dem Anfang des 17. Jahrhunderts und zeichnen sich durch hohe muschelförmige oder profilierte Giebel aus (so in Stenkyrka, datiert 1610). Später wurde die Ausschmückung auf die Spiegel der Banktüren gerichtet. An ihnen kann man am besten die Entwicklung der gewöhnlich stark provinziellen, aber stets anmutigen dekorativen Malerei von den dichten Akanthusschlingen des Barock bis zu den surrealistischen Schneckenformen des späten Rokoko um 1800 nachvollziehen.

Die Reformation erlaubte der Gemeinde Zutritt zum Hochaltar, um an der Feier des Abendmahls teilzunehmen. Die hohe Schranke im Triumphbogen, die während der katholischen Zeit die Grenze zwischen der Kirche der Laien und der der Geistlichen markierte, wurde zu einer niedrigen Barriere vor dem Altar, vor dem die Gemeindemitglieder beim Abendmahl knieten. Die bilderreichen mittelalterlichen Flügelaltäre wurden gegen andere mit mehr evangelischem Inhalt ausgetauscht. Man kann sich keinen stärkeren Kontrast zu den ersteren denken als die sogenannten Katechismustafeln, die zwar wie die Flügelaltäre aus Corpus und Flügeln bestanden, die aber anstelle der Bilder geschriebene Gebote, Gebete und

Bibelzitate enthielten. Besonders beliebt scheinen sie aber auf Gotland nicht gewesen zu sein, denn es sind nur zwei erhalten, in der Kirche von Hellvi (datiert auf 1627, jetzt in der Sakristei) und in Viklau (Malerei datiert auf 1735).

Bedeutend populärer wurden die skulptierten und bemalten Sandsteinaltäre aus Burgsvik, die ab den 1630er Jahren die Kirchen der Insel zu erobern begannen. Insgesamt kennt man rund 40 solcher Altäre, von denen aber mehr als die Hälfte aus den letzten Jahrzehnten des 17. Jahrhunderts stammt, als die Steinmetzkunst schon bedenklich abfiel.

Im hohen Mittelalter hatte im Süden der Insel eine künstlerisch hochstehende Steinmetzkunst geblüht, doch war die Tradition nahezu ausgestorben, als die dänische Regierung zu Beginn des 17. Jahrhunderts einige niederländische Steinmetze dorthin übersiedeln ließ. Die ersten, unter denen Peter van Eghen und sein Sohn Gert sowie Peter Cran genannt seien, waren tüchtige Handwerker, die es zumindest im Vergleich zu ihren Nachfolgern verdienen, als Künstler bezeichnet zu werden. Sie schufen Altarbilder und Epitaphe in niederländischem Renaissancestil und zudem Kamineinfassungen, die einen bedeutenden Exportartikel ausmachten.

Mit dem Übergang Gotlands an Schweden 1645 erschwerte sich der Absatz, und der Zuzug von Meistern endete. Neben den Sandsteinaltären, aber in geringerem Umfang, wurden bemalte Altarbilder aus Holz angefertigt. Ihre Herstellung scheint mit Visby verknüpft gewesen zu sein, wo der Stadtmaler Johan Bartsch und nach ihm sein Sohn mit gleichem Namen in der zweiten Hälfte des 17. Jahrhunderts für einen großen Teil der gemalten Ausschmückung verantwortlich waren. Andere Meister setzten diese Kunst bis zur Mitte des 18. Jahrhunderts fort. Im Vergleich zu den Sandsteinaltären, die sich auch noch in der Niedergangszeit vortrefflich in das mittelalterliche Milieu einfügten, sind die Holzaltäre oft überdimensioniert und sperrig.

Noch vor der Reformation hatte eine Veränderung der Taufsitte begonnen. Im Mittelalter war die Taufe unmittelbar am Eingang zum Kirchenraum im Westen erfolgt. Nun wurde es üblich, sie in einem weiter vorn gelegenen Teil der Kirche zu vollziehen. Anstatt das Kind vollständig in das Wasser der Taufe zu senken, ging man dazu über, lediglich den Kopf zu begießen. Folglich wurde viel weniger Wasser benötigt. Vielerorts plazierte man deshalb eine flache Schale aus Messing in den alten Taufstein. Außerdem stammen aus dem 17. Jahrhundert ganze Taufen, deren Größe der neuen Sitte angepaßt worden war. Sie kamen aus denselben Werkstätten, in denen die Sandsteinaltäre hergestellt wurden.

Die neue Auffassung vom Menschen, die die Renaissance mit sich brachte, fand in den Kirchen in Erinnerungstafeln für Verstorbene Ausdruck. Natürlich wiesen die Spitzen der Gesellschaft dabei den Weg - die ältesten Epitaphe, zwei runde bemalte Wappenbilder aus Holz, beide aus den 1530er Jahren, sind mit den Lehnsherrn auf Schloß Visborg verbunden -, aber die Bürger in Visby und Standespersonen auf dem Land ahmten die neue Sitte eifrig nach.

Dies kulminierte in der zweiten Hälfte des 17. Jahrhunderts, als die oft aus Sandstein hergestellten Epitaphe gewöhnlich aus einer gemalten Abbildung des Verstorbenen und seiner Familie, umrahmt von üppiger Barockornamentik zu bestehen pflegten. Diese personen- und stilgeschichtlich wertvollen Inventarstücke kann man am besten in der Domkirche in Visby studieren.

Im 17. Jahrhundert brach man endgültig mit der mittelalterlichen Tradition der Wand- und Gewölbemalerei. Die neue Zeit manifestiert sich vor allem in großen Plafondmalereien aus den letzten Jahrzehnten des 17. Jahrhunderts in den Langhäusern in Follingbo und Halla. Sie gehen auf die Stuckdecken in den Schloßgemächern des Barock auf dem schwedischen Festland zurück und erweckten zweifellos einen recht fremden Eindruck in dem ländlichen Milieu Gotlands.

Die einst sicherlich zahlreichen Kalkmalereien aus dem 17. und 18. Jahrhundert sind in großem Maße der Vergänglichkeit anheimgefallen, nicht zuletzt in unserer Zeit. Zum Teil war ihre technische Qualität schlecht, teils waren sie über mittelalterlichen Dekorationen angebracht, die freizulegen als wertvoller betrachtet wurde. In den wenigen Kirchen, in denen der Innenraum noch vom Geist des Barock geprägt ist, machen wogende Akanthusranken an den Wänden einen integrierenden Teil des Dekors aus, und wenn man in die Sakristei in Fole hineintritt, ausgemalt 1707, fühlt man sich wie in eine Laube aus Akanthus versetzt. Um Kanzeln, Altartafeln, Galerien und Fensternischen malte man noch zu Beginn des 19. Jahrhunderts gewaltige Hermelinvorhänge und Draperien. Das Ornamentale ist stets mit sicherem dekorativem Gefühl gemalt worden, während die wenigen Figurendarstellungen recht unbeholfen wirken.

Der Kirchenraum erlebte solchermaßen in der Zeit von der Festigung der Reformation bis zum Beginn des 19. Jahrhunderts eine radikale Verwandlung. Das Kirchengebäude selbst blieb jedoch erstaunlich unberührt. Der Bevölkerungszuwachs im 18. und der ersten Hälfte des 19. Jahrhunderts schuf zwar schwer zu meisternde Probleme, doch konnten sie gewöhnlich durch Lettnerbauten im westlichen Teil des Langhauses gelöst werden. Auf dem Lettner fanden seit dem 19. Jahrhundert in der Regel die Orgeln ihren Platz. In einigen Kirchen riß man allerdings auch Pfeiler, Gewölbe und sogar Triumphbogenmauern ab, um größeren Raum zu schaffen. Eine richtige Ausweitung des Kirchengebäudes geschah aber nur auf Fårö, obwohl ähnliche Maßnahmen auch an anderen Orten geplant waren. Bei der Kirche von Fårö ersetzte man 1859 den alten Chor durch ein großes Querschiff und einen neuen Chor von gleicher Breite wie das Langhaus, so daß die Kirche einen kreuzförmigen Grundriß bekam.

Hin und wieder trafen auch Katastrophen ein wie Einstürze und Brände, die mehr oder weniger umfangreiche Reparaturen notwendig machten. Verschiedene niedergebrannte Turmhauben erhielten im 18. und 19. Jahrhundert neue Hauben im Barock- oder Empirestil, aber im großen und ganzen waren die Veränderungen gering und kaum umwälzend.

Das 19. Jahrhundert bezeichnet für die Kirchenkunst eine Niedergangszeit, die sich zugleich durch ein fehlendes Verständnis für die älteren Kunst- und Einrichtungsgegenstände auszeichnet. Die geringen wirtschaftlichen Mittel ließen glücklicherweise nur begrenzte Veränderungsmaßnahmen zu: etwa das Überkalken von Wand- und Gewölbedekorationen sowie die Neubemalung von Holzeinrichtungen in einheitlicher Farbe.

Der Wunsch nach helleren Kirchen führte hier und da zu einer Erweiterung vorhandener Fenster und einem Einfügen neuer an der vordem gewöhnlich fensterlosen Nordseite. Die mittelalterlichen Glasmalereien wurden durch klare Scheiben ersetzt und die alten Heiligenbilder wurden in die Gerümpelkammer befördert, wenn dies nicht schon längst geschehen war. Zum Nutzen der Kirchgänger, aber zum Schaden der Wände und Gewölbe wurden Öfen installiert, die in der Regel an der Stelle des alten Marienaltars plaziert wurden.

Gegen Ende des 19. Jahrhunderts veränderte sich allmählich die Einstellung gegenüber den Antiquitäten des Kirchenraums. Die neue Haltung findet ihren deutlichsten Ausdruck in den seinerzeit sehr beachteten Restaurierungsmaßnahmen an der Domkirche in Visby sowie an den Kirchen in Dalhem und Ardre durch den Künstler Axel Herman Hägg. Sie zielten allerdings weniger auf eine Wiederherstellung des authentischen, älteren Zustands, sondern wollten dem Innenraum ein so altertümliches, romantisches Gepräge verleihen, wie die Umstände es zuließen.

Die Maßnahmen unserer eigenen Zeit auf dem Gebiet der gotländischen Kirchenkunst haben überwiegend in Restaurierungen bestanden. Besonders zahlreich waren sie in den 1950er Jahren, als nicht weniger als 36 Kirchen einer umfassenden Restaurierung unterzogen wurden. In einem Jahr, 1957, wiedereröffnete der Bischof des Stifts 7 restaurierte Kirchen. Bei den Restaurierungsmaßnahmen, die nunmehr beinahe sämtlichen Kirchen zugute gekommen sind, ist eine große Anzahl Architekten beteiligt gewesen, und es sind eine Reihe unterschiedlicher Lösungen der technischen und architektonischen Problemen erprobt worden. Ein durchgängiges Bestreben war, aus dem Kirchenraum spätere Zusätze wie Emporen zu entfernen sowie überkalkte oder übermalte ältere Dekorationen an Wänden, Gewölben und Inventar hervorzuholen und ehedem entfernte ältere Inventarstücke wieder zu Ehren kommen zu lassen. Schließlich bemühte man sich, durch effektivere und diskretere Heizsysteme, bequemere Bänke und geeignete Beleuchtung die Kirche komfortabler zu machen.

In den letzten Jahrzehnten waren die Restaurierungsmaßnahmen in höherem Maße als früher darauf gerichtet, das Fortbestehen der Kirchenbauten durch Mauerverstärkungen und verbesserte Dachkonstruktionen zu sichern. Soweit auch der Innenraum der Kirchen betroffen war, ist der Grundsatz gewesen, eher das gegenwärtige Aussehen zu bewahren, als zu versuchen, einen älteren Zustand wiederherzustellen.

Im Zusammenhang mit den Restaurierungen hat sich mehrenorts die Möglichkeit zu baugeschichtlichen Untersuchungen an den bestehenden

Mauern und an Mauerresten unter dem Kirchenfußboden eröffnet. Viel neues Material zur Beleuchtung der Baugeschichte der einzelnen Kirchen ist auf diese Weise an den Tag gelangt. Die größten kunstgeschichtlichen Gewinne ergaben sich jedoch auf dem Gebiet der mittelalterlichen Kalkmalerei.

In beinahe jeder Kirche sind mehr oder weniger gut erhaltene Malereien hervorgekommen, die ein ganz neues Bild von der älteren gotländischen Monumentalmalerei liefern. Die wissenschaftliche Bearbeitung aller dieser Funde ist noch weit von ihrem Abschluß entfernt, dennoch schien es angebracht, in die folgenden Kirchenbeschreibungen die wichtigsten Resultate einzuarbeiten, selbst wenn sie in einigen Fällen als vorläufig anzusehen sind.

Die Kirchen in Visby

von Gunnar Svahnström

Die Guta-Sage berichtet, daß ein Mann aus Akebäck mit Namen Botair die erste Kirche auf Gotland bei Kulstäde, einem Ort rund 10 Kilometer südöstlich von Visby, baute. Als diese nach kurzer Zeit von den Heiden niedergebrannt wurde, baute er eine neue Kirche in "Vi", d. h. Visby, und diese wagte man nicht zu zerstören.

Sie erhielt den Namen Allerheiligenkirche und lag der Sage nach vor dem Klint an der Stelle, "die nun Peters Kirche genannt wird". Eine Zeitangabe wird zwar nicht gemacht, doch man liegt sicherlich nicht falsch, wenn man die Geschehnisse in das 11. Jahrhundert ansiedelt. Die Kirche, die vermutlich eine Holzkirche war, war bereits verschwunden, als die Guta-Sage niedergeschrieben wurde.

Auch wenn die Angaben der Sage schwerlich bewiesen werden können, ist es nicht unwahrscheinlich, daß die erste Kirche auf Gotland, die bestehen blieb, in Visby gebaut wurde. Schon in jener Zeit muß Visby ein eifrig aufgesuchter Hafen- und Marktort gewesen sein, der eine andere soziale Struktur als das übrige Gotland aufwies und starke fremde Einflüsse besaß. Alles dies spricht dafür, daß das Christentum hier schneller Fuß fassen konnte als auf dem konservativeren Land. Ähnlich war es ein halbes Jahrtausend später, als die Reformation auf Gotland Anhänger zu finden begann.

Visby sollte im Laufe der Zeit mehr Kirchen als irgendeine andere Stadt des mittelalterlichen Schweden bekommen. Wieviel es genau waren, weiß allerdings niemand. Innerhalb der Mauern gab es mindestens zwölf Kirchen und außerhalb lagen zwei.

Von den vielen Kirchen waren ursprünglich nur wenige Gemeindekirchen im eigentlichen Sinn. Die meisten hatten besondere Funktionen. So gehörten z.B. St. Katharina (Karin), St. Nikolaus und Solberga zu verschiedenen Klöstern, während St. Georg (Göran) zu einem Stift gehörte, das Kranke und Alte pflegte.

Eine nicht näher bestimmbare Anzahl waren Faktoreikirchen, die fremden Kaufleutegenossenschaften gehörten. Es dürfte nicht ungewöhnlich gewesen sein, daß Kirchen, die für einen bestimmten Zweck gebaut worden waren, auf Grund veränderter Umstände später einen anderen Status erhielten. Insbesondere hinsichtlich der Faktoreikirchen könnte dies der Fall gewesen sein, wo zumindest in einem Fall, bei der Marienkirche der deutschen Kaufleute, der Übergang zur Gemeindekirche durch Dokumente belegt ist.

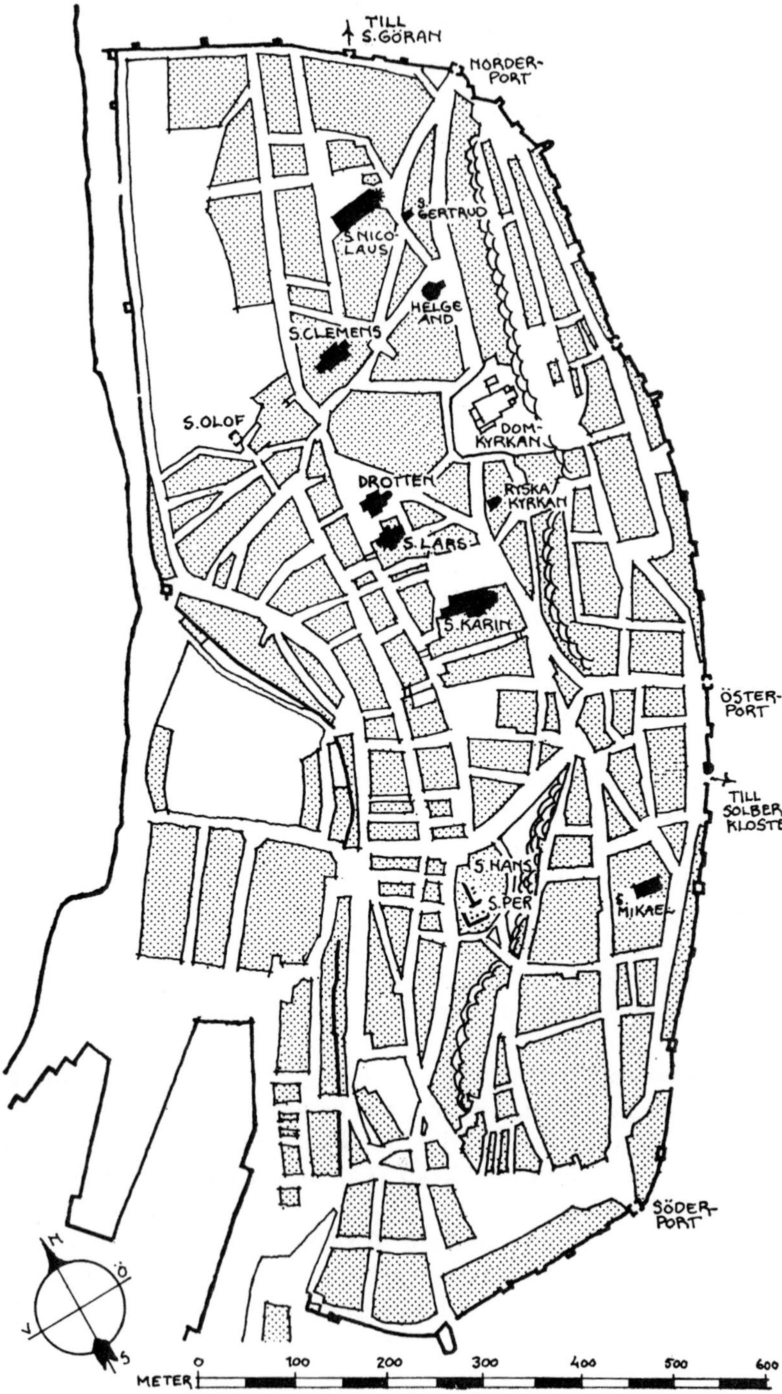

Karte des mittelalterlichen Visby
mit Lageplan der einzelnen Kirchen

So gut wie alle Kirchen in Visby weisen Spuren mehrerer Umbauperioden auf. Die größte Aktivität fiel in die erste Hälfte und Mitte des 13. Jahrhunderts. Danach scheint der Bau der Stadtmauer längere Zeit die Ressourcen der Stadtbevölkerung verbraucht zu haben. Umso reicher gedeihte in jener Zeit die Kirchenbaukunst auf dem Land. Dort enstand ein originärer, dekorativer Architekturstil, den man in der Stadt nur an der Großen Kapelle der Domkirche wiederfindet. Die Katastrophen des 14. Jahrhunderts legten dann ihre lähmende Hand auf die weitere Bautätigkeit. Erst gegen Ende des Jahrhunderts entstanden an den Klosterkirchen der Franziskaner und Dominikaner neue Chorbauten, die aber sowohl zeitlich als auch stilistisch als einzeln stehende Unternehmungen herausragen.

Während des 15. Jahrhunderts, nachdem der Deutsche Orden Gotland an Dänemark abgetreten hatte, wurde der Niedergang der Stadt noch augenfälliger. An kirchlicher Bautätigkeit aus diesem Jahrhundert läßt sich nur das niemals ganz vollendete Langhaus von St. Katharina (St. Karin) und die anspruchslose Kapelle von St. Gertrud nennen. Die dezimierten Ressourcen scheinen stattdessen in den Aufbau des Schlosses Visborg geflossen zu sein, das in unserem Zusammenhang wegen der dort errichteten Kapelle von Interesse ist. Sie wurde allerdings wie das gesamte Schloß 1679 zerstört. Einige Kirchen dürften schon zu Zeiten Ivar Axelsson Totts (Lehnsherr auf Gotland 1464-87) aufgegeben gewesen sein, aber die wirkliche Katastrophe kam erst 1525, als die Lübecker Visby erstürmten und zum Teil zerstörten. Wie groß das Zerstörungswerk für die Kirchen war, ist schwer zu ermessen, aber selbst kleinere Schäden waren unter solchen Umständen schicksalsschwer, da die Fundamente für die weitere Existenz der Kirchen bereits aufgrund der angebrochenen Reformation wankten.

Die Reformation leerte die Klöster und überließ alle Kirchen außer einer der Verwahrlosung. Diejenigen, die nicht schon als ausgebrannte Ruinen dastanden, verloren schnell ihre Türen, Fenster und Dächer, und damit war der Weg frei für einen schnellen Verfall. Formal kamen die Kirchenruinen in den Besitz des Hospitals in Visby, dem durch Verpachtung sowohl der Ruinen als auch des dazugehörigen Landes Einkünfte zuflossen. In bestimmtem Ausmaß wurden sie als Steinbrüche benutzt, und es geschieht heute mitunter, daß man beim Abbruch älterer Steinhäuser architektonische Fragmente von unverkennbar kirchlichem Ursprung antrifft.

Irgendeiner Pflege unterlagen die Ruinen in älterer Zeit natürlicherweise nicht. In den 1730er Jahren wollte der Landeshauptmann sie verkaufen, um Mittel für den Bau einer neuen Residenz zu erhalten. Dies wurde aber durch den Magistrat verhindert, indem er darauf hinwies, daß die Ruinen als Denkmäler zu betrachten seien, die gesetzlichen Schutzes bedürften. Aber erst 1805 kamen sie formal unter Denkmalschutz und 1863 wurde der erste staatliche Zuschuß für ihren Unterhalt zur Verfügung gestellt. Sie stehen heute unter der Oberaufsicht des Reichsdenkmalamtes (Riksantikvarieämbetet).

Die Domkirche oder St. Maria

Die ältesten Teile des Kirchenbaus stammen von einer gegen Ende des 12. Jahrhunderts angelegten, aber erst zu Beginn des 13. Jahrhunderts fertiggestellten, dreischiffigen Basilika mit Turm im Westen und Querschiff im Osten. Das ursprüngliche Aussehen der Chorpartie ist nicht ganz gesichert. Untersuchungen lassen ein aus dem Querschiff herausragendes Chorrechteck mit apsidialem Abschluß vermuten. Man hat angenommen, daß auch das Querschiff Apsiden nach Osten gehabt hat. Es sind von diesen aber keine direkten Spuren gefunden worden.

Von dieser rein romanischen Basilika sind die Giebel im Norden und Süden des Querschiffes, ein Säulenportal im nördlichen Querschiffgiebel (sichtbar vom Vorraum der Sakristei aus), einige Pfeiler und Gewölbe im Innern sowie der Turm bis zum obersten Rundbogenfries erhalten. Stilistisch knüpft dieser an die romanische Baukunst des Rheinlandes und Westfalens an, was jedoch originäre Neuschöpfungen nicht ausschließt. Eben solche, für die es sicherlich Vorbilder im Rheinland gab, die aber hier eine andere Gestaltung erfuhren, waren die Seitengalerien des Westturmes zwischen dem Übergang vom breiteren unteren zum schmaleren oberen Turmkörper. Dieser Turm sollte dann, solange auf der Insel überhaupt eine kirchliche Baukunst ausgeübt wurde, mit einigen Variationen auf ganz Gotland nachgeahmt werden. Am Turm ist ein weiteres Bauteil bemerkenswert, das hier und da kopiert wurde, nämlich eine Kapelle oder Empore in der oberen Turmkammer.

Die Kirche soll aus Mitteln erbaut worden sein, die auf den Schiffen der deutschen Kaufleute, die Gotland besuchten, eingesammelt wurden. Sie war anfangs eine reine Gästekirche ohne territoriale Gemeinde, aber nachdem sich deutsche Kaufleute in immer größerer Zahl in Visby niederließen, wurde es notwendig, sie auch als Gemeindekirche zu nutzen. In dieser Eigenschaft, wenn auch mit gewissen Einschränkungen, wurde sie 1225 von Bischof Bengt von Linköping geweiht. Eingewanderte und gastierende Deutsche zeichneten in der Folge für den Unterhalt der Kirche gemeinsam verantwortlich und wählten auch ihren jeweiligen Pfarrer. Unter den Kirchen Visbys hatte St. Maria die bei weitem größten Einkünfte, was sich unter anderem in der Architektur und den Kunstgegenständen der Kirche zeigt, die deutlicher als die anderer Kirchen die Veränderungen des kontinentalen Geschmacks widerspiegeln.

Kurz nach 1225 und vermutlich als Folge des neuen Status' der Kirche wurde eine umfassende Neugestaltung des Ostteils eingeleitet. Das alte Querschiff wurde verdoppelt, ein quadratischer Chor wurde hinzugefügt und in den Winkeln zwischen diesem und dem Querschiff wurden zwei Türme aufgebaut. Etwas später wurde ein neues Portal in die alte Südfassade des Querschiffes eingesetzt, das sogenannte Brautportal. Diese von rheinländischem, spätromanischem Stil geprägten Teile fügen sich kaum verändert in das heutige Bauwerk ein.

Visby Domkirche nach Norden

Nach kurzer Unterbrechung setzte man in der Mitte des 13. Jahrhunderts den Umbau des Langhauses fort. Dieses erreichte nun mit drei nahezu gleich hohen Schiffen dieselbe Breite wie die Querschiffarme. Der Bau veränderte sich auf diese Weise von einer Basilika in eine Hallenkirche, womit wiederum an westfälische Vorbilder angeknüpft wurde.

Es dauerte daraufhin ungefähr fünfzig Jahre bis zur nächsten großen Umbauphase. Dann wurde vor dem Südeingang der Kirche eine großartige gotische Kapelle errichtet mit Formen, die dem seinerzeit gerade in Bau befindlichen Chor des Domes in Uppsala entlehnt wurden. Diese Kapelle wurde gegen Ende des 19. Jahrhunderts mit einer Kapelle in Verbindung gebracht, für die zwei Brüder Swerting 1349 vom Papst die Erlaubnis bekamen, sie der Marienkirche anzufügen. Aus stilistischen Gründen ist es aber wahrscheinlicher, daß die Swertingsche Kapelle statt mit der oben genannten mit einer kleineren Kapelle, nämlich dem sogenannten Kaufmannschor, identisch ist. Die größere Kapelle, die im Mittelalter Marienkapelle und später Große Kapelle genannt wurde, ist 1984 nach umfassender Restaurierung als abgeteilter Gottesdienstraum in Gebrauch genommen worden. Sie erhielt Fenster mit Glasmalereien von Pär Andersson.

Im Laufe des 14. Jahrhunderts erhielt das Langhaus seine hohen gotischen Fenster, die Osttürme wurden erhöht und die Mittelschiffmauern aufgestockt. Letztere Maßnahme läßt die Kirche äußerlich wieder wie eine Basilika erscheinen. Diese Umbauten, die den Innenraum in keinster Weise beeinflußten, dürften vor allem dem Wunsch entsprungen sein, der Kirche ein im Stadtbild auffälligeres Erscheinungsbild zu geben. Zugleich gewann man über den Gewölben des Bauwerks einen gewaltigen Lagerraum. 1423 wurde dann der Westturm um 20 Ellen erhöht.

Nach der Reformation sahen sich die Bewohner Visbys vor die Notwendigkeit gestellt, eine der vielen Kirchen der Stadt zur Gemeindekirche zu bestimmen. In harter Konkurrenz zur St. Johannes-Kirche (St. Hans) behauptete sich die Marienkirche. Sie war etwas größer als St. Johannen und gleichmäßiger gebaut; vielleicht war sie auch in besserem Zustand. Als man 1572 das Stift Visby einrichtete, wurde St. Marien zur Domkirche erhoben.

Die nach dem Mittelalter durchgeführten Baumaßnahmen waren im allgemeinen von bescheidenem Umfang und von Brandschäden veranlaßt. Ein Brand beschädigte 1611 den Ostteil der Kirche, worauf die Hauben der Osttürme neugebaut werden mußten. Von den drei jetzigen Barockhauben stammt die des Westturmes von 1746 (der Turm erlitt zwei Jahre zuvor Brandschäden) und die beiden der Osttürme von 1761.

Im selben Jahr wurde die Große Kapelle mit einem Barockgiebel versehen, der allerdings im Zusammenhang der Außenrestaurierung der Kirche 1899-1901 wieder entfernt wurde. Dieses Unternehmen, ein ambitiöser Versuch, das mittelalterliche Aussehen des Bauwerks wiederherzustellen, wurde von dem in England lebenden gotländischen Künstler Axel Herman Hägg geleitet. Im Rahmen dieser Maßnahme wurde die heutige Sakristei in englischer Neugotik erbaut.

Visby Domkirche, Südseite von Osten

Die letzte größere Restaurierung wurde in der ersten Hälfte der 1980er Jahre nach Plänen des Architekten Jerk Alton durchgeführt. Hierbei wurden im nördlichen Seitenschiff Fragmente mittelalterlicher Kalkmalereien freigelegt. Die Langhausfenster erhielten vom selben Architekten entworfene, farbige Scheiben.

Im südöstlichen Turm der Kirche befindet sich seit 1960 ein Glockenspiel aus 45 Glocken. Der Altaraufsatz von Anfang des 20. Jahrhunderts wurde zum Teil in England nach Vorlagen von Axel Herman Hägg geschaffen. Gleichzeitig entstanden nach Zeichnungen Häggs die Wandmalereien im Chor. Die Glasmalereien in den Chorfenstern wurden dagegen schon 1892 vom Meister Carl de Bouché in München ausgeführt.

Der ältere Altarschmuck, eine Donation von Assessor Jacob Dubbe von 1808, wird nun ebenso wie einige andere ältere Inventarteile auf dem Dachboden der Kirche verwahrt (Aufgang im südöstlichen Turm). Dessen Vorgänger wiederum war ein Sandsteinaltar mit der Vertreibung aus dem Paradies als Hauptmotiv, der sich nunmehr in der Altarnische des südlichen Querschiffes befindet. Er wurde im südlichen Gotland (Burgsvik) ausgeführt und der Kirche 1682 vom Landeshauptmann Johan Cedercrantz gestiftet. Der mittelalterliche Flügelaltar der Kirche, eine norddeutsche Arbeit mit der Marienkrönung im Corpus, schmückt seit 1684 den Altar der Kirche in Källunge.

Die Kanzel, eine Donation des Ratsherrn Johan Wolters aus dem Jahr 1684, ist möglicherweise in Lübeck gebaut worden. Eine ältere Kanzel, datiert auf 1548, steht nun in der Kirche von Grötlingbo.

Der Taufstein, im 13. Jahrhundert aus rotem Kalkstein gehauen, gehört zur großen Gruppe von Taufen mit Muschelcuppa oder der Paradiestaufen, wie sie auch genannt wird, und ist eines der wenigen, noch erhaltenen mittelalterlichen Inventarstücke der Kirche. Über dem Taufstein steht auf einer Konsole eine bemalte Holzplastik aus der zweiten Hälfte des 13. Jahrhunderts, die den auferstandenen Christus darstellt.

Das Gestühl wurde 1945 aus Walnußbäumen hergestellt, die in den kalten Wintern zu Beginn der 1940er Jahre Schäden erlitten hatten.

Die vielen Epitaphe erinnern an Personen und Geschehnisse aus den letzten fünf Jahrhunderten, wobei der Schwerpunkt im 16. und 17. Jahrhundert liegt. An der Nordwand des Chores hängt eines der historisch interessantesten: es wurde zum Gedenken an den Untergang der dänisch-lübischen Flotte vor Visby 1566 hergestellt, bei dem u.a. der Admiral und Bürgermeister von Lübeck Bartholomäus Tinnapfel umkam. Hergestellt wurde es 1575 in Lübeck und von Jost Delaval bemalt. 1726 wurde es von Jöns Wulff restauriert. An eine andere und näherliegende Seekatastrophe, den Untergang des Dampfschiffes Hansa 1944, erinnert eine Steintafel im Kaufmannschor.

Unter den zahlreichen Grabsteinen der Kirche, insgesamt sind es nicht weniger als 450 Stück, gibt es viele von großem personengeschichtlichem Interesse. Außer denen, die in den Fußboden des Kirchenraums eingelassen

Visby Domkirche, Innenraum nach Osten von der Empore

sind, steht eine große Zahl Grabsteine östlich des Chores aufrecht an den Kirchberg gelehnt. Ein denkwürdiger Grabstein über Herzog Erich, des 1397 auf Gotland gestorbenen Sohnes des schwedischen Königs Albrecht von Mecklenburg (1363-89), ist in der Großen Kapelle aufgestellt. Die mittelalterliche Kirchhofmauer wurde in der Mitte des 19. Jahrhunderts niedergerissen. Als Überrest von ihr und Erinnerung an sie steht an der Nordseite ein gewölbtes Torhaus mit Treppengiebeln und Seitennischen im Durchgang. An der Südseite zur Ryska Gränd befindet sich ein Renaissancetor, das vermutlich zu Zeiten des Lehnsherrn Jens Hög (1627-1633) errichtet worden ist. Sein ursprünglicher Platz lag weiter westlich in derselben Mauer vor der Södra Kyrkogatan.

Die Kirchenruinen

St. Clemens

Auf Grund von Grabungsuntersuchungen 1907-09 und 1971-72 ist die Baugeschichte der Kirche besser bekannt als die der meisten übrigen Kirchen Visbys. Dennoch gibt es weiterhin eine Anzahl dunkler Punkte, u.a. hinsichtlich der Frage nach der Zahl der Kirchengebäude, die dem jetzigen Bau vorangingen. Dieser ist einheitlich geplant, auch wenn die Entstehung in Etappen vor sich ging. Die Bauzeit ist wahrscheinlich in die Mitte des 13. Jahrhunderts zu datieren.

Das kurze und breite Langhaus bildete eine dreischiffige Halle mit vier runden Stützpfeilern, die neun Kreuzgewölbe trugen. Der Chor besitzt einen ungewöhnlichen, querschiffähnlichen Ausbau nach Süden. Dem entsprach im Norden eine Sakristei mit einem Obergeschoß, das sich zum Kirchenraum mit zwei rundbogigen Arkaden öffnete. Der kräftige Turm war an drei Seiten mit Galerien versehen. Vor dem Haupteingang an der Südseite des Langhauses, einem stattlichen rundbogigen Säulenportal, liegt eine Vorhalle aus dem Spätmittelalter.

Bei den genannten Ausgrabungen wurden Mauerreste von Vorgängerbauten der jetzigen Kirche freigelegt. Die wichtigsten Fundamente sind in der Rasenfläche markiert. Die älteste Kirche besaß die Form der gewöhnlichen romanischen Landkirche mit Langhaus, Apsischor und Turm. Das Sockelprofil, eine leicht gekehlte Kante, und die Portalform deuten auf eine Entstehungszeit um die Mitte des 12. Jahrhunderts. Um 1200 erhielt die Kirche einen neuen größeren Apsischor mit querschiffähnlichen Ausbauten im Norden und Süden. Gleichzeitig scheint das Langhaus durch ein nördliches Seitenschiff vergrößert worden zu sein.

Die nächste große Umbauphase wurde um die Mitte des 13. Jahrhunderts eingeleitet, in der das heutige Langhaus entstand. Während der darauf folgenden Etappe wurden zum einen der jetzige Chor mit seinen Ausbauten nach Norden und Süden, zum anderen der jetzige Turm daran angefügt. Im

St. Clemens, Innenraum mit Triumphbogen und Chor

Spätmittelalter wurden einige Veränderungen am Baukörper vorgenommen. Unter anderem bewerkstelligte man zwischen Triumphbogenwand und südlichem Querschiffarm einen großen Durchbruch, um den Laien den Zugang zum Langhaus zu erleichtern, und über dem Querschiffportal baute man ein großes, ziegelumfaßtes Rundbogenfenster in ein spitzbogiges, zweigeteiltes Fenster mit Maßwerk um.

St. Clemens ragt als ein schönes Beispiel für den sog. Visbystil heraus, der sich vor allem unter Einfluß westfälischer Kirchenbaukunst um die Mitte des 13. Jahrhunderts in Visby entwickelte und der durch kurze, dreischiffige Hallenkirchen mit glatten Mauerflächen und sparsamem Dekor charakterisiert ist. Er wurde später in nicht geringem Maße wegweisend für die Kirchen auf dem Lande.

Der Heilige, der der Kirche den Namen gab, war einer der ersten Nachfolger des Apostel Petrus als Bischof von Rom. Er wurde von Kaiser Trajan auf die Krim verbannt, wo er mit einem Anker um den Hals im Meer ertränkt wurde und den Märtyrertod starb. Nachdem seine Gebeine im 9. Jahrhundert nach Rom überführt worden waren, verbreitete sich sein Kult über die ganze Christenwelt. Insbesondere in Westdeutschland wurden ihm zu Ehren Kirchen geweiht.

Die St. Clemens Kirche in Visby kann auf Grund der großen Anzahl von Gräbern, die innerhalb ihrer Mauern und auf dem sie umgebenden Kirchhof vorgefunden wurden, als damalige Gemeindekirche angesehen werden. Ein bei Grabungsarbeiten gefundener Bildstein von der Art des 11. Jahrhunderts deutet darauf hin, daß die Kirche auf einem Kultplatz aus der ältesten Zeit der Stadt errichtet wurde. Die frühesten Grabinschriften stammen aus dem 12. Jahrhundert und geben gotländische Namen wieder.

Hl. Dreifaltigkeitskirche (Drotten)

Die Kirche vermittelt einen einheitlichen Eindruck, doch sind der Apsidenchor und der Turm älter als das Langhaus. Zwei vertikale Kerben in der Mauer auf beiden Seiten des Triumphbogens markieren eine Unterbrechung im Bau. Die Kirche erinnert stark an St. Clemens nach dessen Umbau im 13. Jahrhundert, doch sie ist etwas kleiner und vermutlich auch etwas älter.

Das Langhaus hat eine quadratische, dreischiffige Halle gebildet mit vier jetzt ganz verschwundenen Pfeilern und neun Kreuzgewölben, die im Unterschied zu den Gewölben von St. Clemens an den Längsseiten von Pilastern mit vorgelegten Halbsäulen ausgingen. Der Triumphbogen ist hoch und schmal mit Konsolen für einen Querbalken, Trabes, auf dem das Triumphkruzifix seinen Platz hatte. In der nordöstlichen und südöstlichen Ecke standen die Seitenaltäre, die mit Baldachinen überbaut waren und durch besondere kleine Fenster beleuchtet wurden.

Der Haupteingang, ein nüchternes rundbogiges Säulenportal, befindet sich wie üblich an der Südseite nahe dem Westturm. Davor liegt eine Kapelle, die in bescheidener Weise die Große Kapelle der Marienkirche nachahmt. In dieselbe sind Teile einer älteren und ungefähr halb so großen Vorhalle eingebaut. Merkwürdigerweise ist der Eingang an der Nordseite des Langhauses größer gewesen als der an der Südseite; seine äußeren Partien sind aber leider gänzlich zerstört.

Der Turm knüpft mit seinen beiden geraden Treppengängen an diejenigen der Marienkirche an, wobei ihm allerdings die dortigen Galerien fehlen. Das erste Obergeschoß, das wahrscheinlich als Kapelle diente, hat durch eine Bogenöffnung Verbindung zum Kirchenraum, eine Anordnung, die man in der Marienkirche besser erhalten vorfindet. Das oberste Turmgeschoß ist nicht das ursprüngliche.

Die Chorpartie ist sowohl bautechnisch als auch in Detailausbildungen von einer ungewöhnlichen Verfeinerung geprägt. Insbesondere die Apsisrundung war mit Blendarkaden geschmückt, und das Chorportal besaß eine dreifache Rahmung: eine innere dreipaßförmige unmittelbar über der Türöffnung, dann eine halbkreisförmige und zuäußerst eine spitzbogige unter einem spitzen Giebel. An der äußeren Rahmung befindet sich neben einer Hundezahnornamentik ein sonst auf Gotland äußerst seltenes anglonormannisches Zickzackmuster. Nördlich des Chores befand sich eine Sakristei mit tonnengewölbtem Untergeschoß und einem Obergeschoß, das über eine Mauertreppe in der nordöstlichen Ecke des Langhauses zugänglich war.

Die teilweise gotisch inspirierten Formen des Chorportals deuten auf eine sich anbahnende Veränderung des Baustils hin. In dieselbe Richtung weist das wohlgeformte, elastisch aufsteigende Chorgewölbe, dessen Diagonalrippen auf zierlichen Eckdiensten ruhen. Diese Mittel wurden jedoch nicht beim Bau des Langhauses angewandt, welches eher durch einen Rückgriff auf rein spätromanische Formen gekennzeichnet ist.

Der Apsidenchor und der Turm dürften im zweiten Viertel des 13. Jahrhunderts errichtet worden sein, das Langhaus um die Mitte des 13. Jahrhunderts und unter anderer Bauleitung. Die Südkapelle gehört in ihrer heutigen Form ins ausgehende 14. Jahrhundert, desgleichen die Fenstererweiterungen. In der Ruine vorgenommene Grabungen haben keine Belege dafür gebracht, daß die jetzige Kirche einen Vorgängerbau gehabt hat.

Die Kirche war der Heiligen Dreifaltigkeit geweiht, deren bildliche Darstellung noch zu Beginn des 16. Jahrhunderts in der Kirche aufbewahrt wurde. Gewöhnlich ist sie aber "Drotten" genannt worden, ein altnordischer Name für Herrscher, der auch für den Herrgott verwendet wurde.

St. Georg (Göran)

Die Kirche liegt auf einer Wiese rund 300 Meter nördlich des Nordtores. Es mag Absicht gewesen sein, daß sie das Lazarett der Insel als Nachbarbauwerk erhielt; denn die Kirche war zu ihrer Zeit mit einem Stift verbunden, dessen Aufgabe darin bestand, von Aussatz betroffene Menschen zu pflegen. Mit Rücksicht auf die Ansteckungsgefahr legte man solche Anstalten stets außerhalb der eigentlichen Stadtbebauung an. Von dem Krankenhaus oder

Hospital selbst sieht man heutzutage überirdisch nichts mehr, doch größere Erdhügel westlich und südwestlich der Kirche deuten darauf hin, daß einiges unter der Erde erhalten ist.

Das Gründungsjahr des Hospitals ist nicht bekannt. Die ältesten erhaltenen Grabsteine stammen vom Beginn des 14. Jahrhunderts, doch vermutlich existierte das Hospital da bereits seit einiger Zeit. Es wurde 1542 durch ein königliches Dekret aufgelöst, nachdem die Zahl der von Aussatz Betroffenen deutlich zurückgegangen war. Der Friedhof ist jedoch später noch benutzt worden. Während der Pestepidemie 1711/12 wurden auf ihm 459 Opfer begraben und auch während der Choleraepidemie in den 1850er Jahren fanden auf ihm Beisetzungen statt.

Die Kirchenruine, die aus einem zweischiffigen Langhaus und gerade abschließenden Chor besteht, weist einige architektonische Eigentümlichkeiten auf. Am stärksten fällt der asymmetrische Anschluß des Chores an das Langhaus ins Auge, der nur zum Teil durch das unterschiedliche Alter der Bauteile erklärt werden kann. Am ältesten ist das Langhaus, was u. a. daraus hervorgeht, daß die zwei kleinen Fenster der Triumphbogenwand bei dem Bau des jetzigen Chores ihre Funktion verloren. Der ursprüngliche Chor war bedeutend schmaler.

Die Gewölbe des Langhauses sind altertümliche romanische Kreuzgewölbe, die, nach den erhaltenen Spuren zu urteilen, Gewölbe eines avancierteren Typs ersetzt haben - eine Entwicklung entgegen der sonst üblichen. Von den beiden Gewölbestützen ist nur die westliche stehengeblieben, ein einfacher und kräftiger vierkantiger Pfeiler. In dem älteren, vielleicht nur geplanten Gewölbesystem, sind die Gewölbestützen wahrscheinlich Rundpfeiler gewesen. Eingänge befinden sich einander direkt gegenüber, ungefähr in der Mitte jeder Langseite.

Der Haupteingang auf der Südseite war mit einer nach Süden offenen Vorhalle versehen. In der Westwand sitzen zwei kleinere Eingänge direkt nebeneinander und über ihnen ein dritter, der aber mit dem ursprünglichen Bau nicht in Verbindung zu bringen ist. Gewölbespuren an der Außenseite der Mauer deuten darauf hin, daß sich auch hier eine Vorhalle befand, sofern die Kirche auf dieser Seite nicht direkt an das Krankenhaus anschloß. Die hoch sitzenden Fenster sind breit und rundbogig, ungefähr wie im ältesten Querschiff der Marienkirche.

Der alte Triumphbogen ist irgendwann eingestürzt und hat große Teile des umgebenden Mauerwerks mit sich gerissen. Heute steht der Bogen eigentümlich unregelmäßig da, weil mit später hinzugefügten Verstärkungen weitere Abbrüche verhindert werden sollten. Der Chor weist sich durch seine hohen, schlanken Fensteröffnungen als deutlich jünger aus als das Langhaus. Wie auch im Langhaus erkennt man Spuren eines älteren, niedrigeren Gewölbes. An der Südseite befindet sich ein zwar kleines, aber sehr schönes spitzbogiges Portal mit einem dekorativen Dreipaß im Tympanon. Die seitlichen Kolonnetten fehlen heute. An der Nordseite des Chores befand sich unter einem Pultdach eine tonnengewölbte Sakristei.

Wegen des nahezu gänzlichen Fehlens dekorativer Details - beide Haupteingänge sind ihrer Rahmung beraubt worden - ist die Kirche schwer zu datieren. Der lange Chor mit seiner Dreifenstergruppe im Ostgiebel hat jedoch so große Ähnlichkeit mit dem Chor von St. Clemens, daß eine Datierung auf die Mitte des 13. Jahrhunderts gerechtfertigt werden kann. Hiermit stimmt auch die beginnende Gotik des Südportals überein. Das Langhaus mit seinen älteren Gewölben und wahrscheinlich anderer Pfeilerform würde in diesem Fall der ersten Hälfte des 13. Jahrhunderts angehören. Ein Umstand, der gegen eine solch frühe Datierung spricht, sind die steilen Giebel - ca. 60 Grad -, die aber das Ergebnis eines Umbaus im späten 13. Jahrhundert gewesen sein müssen.

Kürzlich durchgeführte Ausgrabungen legten in der Ruine Fundamente einer älteren Kirche, bestehend aus Langhaus und Chor mit Apsis, frei, die vermutlich aus der Zeit um 1200 oder etwas früher stammen. Es bleibt offen, ob diese Kirche ursprünglich als Hospitalskirche oder zu einem anderen Zweck angelegt worden war.

Als das Langhaus dieser Kirche zu klein wurde, ist es durch das heutige ersetzt worden, das an den stehengebliebenen Apsidenchor anschloß. Dieser war nur so breit, daß das neue Langhaus an der Ostwand auf jeder Seite des Triumphbogens mit lediglich je einem Fenster versehen werden konnte. In einer späteren Umbauphase mußte dann der alte Chor dem jetzigen weichen.

Der Heilige Georg, oder St. Göran, wie man ihn im Norden etwas familiärer zu nennen pflegt, war ein im Spätmittelalter sehr populärer Heiliger. Als einer der vierzehn Nothelfer war er besonders geeignet, den Aussätzigen als Schutzpatron zu dienen. Die Legende erzählt, daß der junge Krieger aus Kappadokien durch seinen Glauben und seine Kühnheit eine Prinzessin und damit eine ganze Stadt vor einem gefährlichen Drachen retten konnte. Er erlitt unter den Verfolgungen des Kaisers Diocletian im Jahre 303 den Märtyrertod.

St. Gertrud

Dieses zweitkleinste kirchliche Bauwerk der Stadt erweist sich durch seine unregelmäßige und von Zufälligkeiten beeinflußte Bauweise als einer anderen Epoche zugehörig als die übrigen. Seine Geschichte wurde durch Ausgrabungen im Jahre 1935 erhellt. Aus ihnen ging u. a. hervor, daß der Ort früher eine andere Bebauung aufwies.

Die Kirche oder Kapelle bestand einst aus einem rechteckigen Langhaus und einem kleineren, etwas schmaleren Chor, dessen Ostwand im Innenraum gerundete Ecken besaß. Eingänge befanden sich im Süden, Norden und Westen, an letzterer Seite scheint der Haupteingang gelegen zu haben. Unter einem etwas gedrückten Ziegelbogen sieht man heute noch ein glattes Tympanonfeld mit einem eingeritzten Bild einer Heiligen, die ein Kirchenmodell trägt, St. Gertrud, sowie die Wappen der Familien Tott und Bonde, die sich auf die Lehnsherren Ivar Axelsson Tott (1464-1487) und seine Frau Magdalena Bonde, Tochter des schwedischen Herrschers Karl Knutsson Bonde, beziehen. Die Entstehungszeit der Kapelle kann dadurch auf die zweite Hälfte des 15. Jahrhunderts bestimmt werden. Durch die Erhöhung des Straßenniveaus sind die Proportionen des Portals entstellt worden, doch ist die freie Öffnung niemals mehr als zwei Meter hoch gewesen.

St. Gertrud (626-659) war die Tochter des fränkischen Fürsten Pippin d.Ä. (ca. 580-640). Sie gründete ein Kloster in Nivelles in Brabant, wo sie Äbtissin wurde. Das Kirchenmodell, das sie trägt, weist auf ihren Eifer, Kirchen zu bauen, hin. Man glaubte, daß sie Reisende vor Unglück beschützen könnte, aber auch, daß sie Ratten und Mäuse fernhielte.

St. Johannes und St. Peter (St. Hans und St. Per)

Die Ruinen der beiden zum Teil aneinandergebauten Kirchen geben dem Stadtbild einen stimmungsvollen, romantischen Einschlag. Obwohl beide in größerem Maße als die meisten übrigen Kirchen in Visby als Steinbruch bei Neubauten in der Nachbarschaft genutzt wurden, erwecken die erhaltenen Überreste das Bild einer besonders imponierenden Anlage.

Die südliche Kirche, St. Per, ist die ältere der beiden. Ursprünglich war sie eine turmlose romanische Apsidenkirche des auf Gotland häufig vorkommenden Typs. Hiervon stehen überirdisch nur noch Teile der nördlichen und westlichen Wand des Langhauses. Der Verlauf der übrigen Wände ist durch Steinlegungen auf dem Rasen markiert worden.

Anfang des 13. Jahrhunderts wurde ein Umbau eingeleitet, dessen Hauptzweck der Bau eines Westturmes war. Dabei war man wahrscheinlich aus Platzmangel gezwungen, den Turm über dem Westteil des Langhauses zu bauen. Bei dieser Gelegenheit wurden außerdem im gesamten Langhaus Gewölbe gezogen. Vorher hatte es dort eine Holzdecke oder einen offenen Dachstuhl gegeben. Die Gewölbe auf beiden Seiten des Vierkantpfeilers wurden in jeder Abteilung von einem Rundpfeiler getragen, von denen nur der westliche teilweise erhalten ist. Dieser Umbau wurde durch die Rücksichtnahme auf den vorhandenen Kirchenraum und den Platzmangel auf dem Kirchhof geprägt. Trotzdem konnte St. Per in ihrer neuen Form als Vorbild für eine Reihe von Landkirchen dienen. Man kann sogar mit Recht behaupten, daß St. Per das erste Glied in einer langen Reihe von zweischiffigen Kirchen mit runden Gewölbepfeilern bildet, die einen so charakteristischen Einschlag der mittelalterlichen Baukunst Gotlands ausmacht.

Im rasch expandierenden Visby des 13. Jahrhunderts wurde St. Per bald zu klein und zu eng, aber anstatt auf übliche Weise die Kirche auszubauen, errichtete man unmittelbar nördlich eine gänzlich neue, und zwar sogar so nahe, daß eine der Wände teils gemeinsam war. Nach kürzlich stattgefundenen Ausgrabungen zu urteilen, gab es dort schon früher eine kleinere Kirche, die sogar älter als St. Per gewesen sein mag. Die neue Kirche, dem Hl. Johannes geweiht (verkürzt St. Hans genannt), wurde zwischen jener

St. Peter und St. Johannes (St. Per u. St. Hans)

älteren Kirche und St. Per errichtet. Sie war anfangs eine dreischiffige Halle mit einem Querschiff im Osten sowie einem Chor mit - zumindest ursprünglich geplanter - Apsis.

Die Chorpartie von St. Hans ist deutlich von St. Mariens zweitem Chor beeinflußt, ohne daß dessen zwei Osttürme übernommen wurden. Die Entstehungszeit kann daher auf die letzten Jahrzehnte der ersten Hälfte des 13. Jahrhunderts veranschlagt werden. Das Langhaus ist wahrscheinlich etwas jünger. Es hatte viereckige Pfeiler und ein Mittelschiff, das doppelt so breit war wie die beiden Seitenschiffe. An der Südwand zwischen der Nordostecke von St. Per und dem eigenen Querschiff lag der Haupteingang der Kirche, ein prachtvolles Portal mit schrägen, ursprünglich mit Säulchen versehenen Seiten. Die Eingangsöffnung war 3,30 m breit und durch einen Mittelpfosten geteilt. Es war ohne jeden Zweifel das größte Portal auf ganz Gotland.

Sowohl St. Per als auch St. Hans wurden später bedeutend erweitert. Bei St. Hans versetzte man die Nordwand, so daß die Kirche vier Schiffe erhielt. Auch die Westmauer wurde nach außen versetzt und im Westen über dem Mittelteil der Kirche ein Turm gebaut. St. Per wurde um 1300 nach Süden erweitert und in eine zweischiffige Halle verwandelt, die durch eine weite Öffnung mit dem Südschiff von St. Hans in Verbindung stand. Im Westteil von St. Hans, gleich hinter dem Portal in der neuen Westwand, sind noch Teile eines runden Kalksteinfundaments für ein Taufbecken vorhanden.

An verschiedenen Stellen in die Mauern von St. Hans eingemauert, hat man sowohl ein Stück eines Bildsteins gefunden, der wahrscheinlich von einem heidnischen, sargförmigen Grabdenkmal herstammt, als auch zwei Runensteine aus dem 11. Jahrhundert mit gotländischen Inschriften.

Durch ihre Lage in der mittelalterlichen Stadt hatte St. Per/St. Hans auffallende Ähnlichkeit mit St. Clemens. Beide Kirchen liegen unmittelbar außerhalb des ersten, halbkreisförmigen Stadtkerns, am jeweiligen Ende der entlanglaufenden St. Hansgatan. Weitere Ähnlichkeiten weisen die ältesten Grundrisse von St. Per und St. Clemens auf. Diese haben keine Entsprechungen in anderen Kirchen Visbys, die neugefundene alte Kirche unter St. Hans ausgenommen, sind unter den Landkirchen aber reichlich vertreten. Schließlich seien die Grabsteine aus dem 11. und 12. Jahrhundert mit ihren gotländischen Namen erwähnt. Die übrigen Kirchen Visbys weisen keine Übereinstimmung zu diesen Grabsteinen auf.

St. Per - oder die ältere, kleine Kirche daneben - und St. Clemens dürften die ersten Gemeindekirchen der Stadt gewesen sein. Sie können zu einem Zeitpunkt angelegt worden sein, als Visby noch eine überwiegend gotländische Bevölkerung hatte, die ihren Ursprung auf die Bauernbevölkerung der Insel zurückführte. Der schnelle Bevölkerungszuwachs führte nach kurzer Zeit zur Gründung von neuen Gemeinden und dem Bau neuer Kirchen; unter diesen wurde St. Hans nebst der Marienkirche die bedeutendste.

Archäologische Grabungen in St. Per und St. Hans haben bisher hunderte von Gräbern aus dem Mittelalter in den Kirchen und um sie herum freigelegt. Über vielen von ihnen haben sauber gehauene Grabsteine mit Inschriften, Bildern oder Hausmarken gelegen. Die meisten stammen aus dem 14. Jahrhundert. Aus den Inschriften geht hervor, daß die Toten im allgemeinen Kaufleute oder deren Angehörige waren und daß die Familien aus Deutschland eingewandert waren. Sie spiegeln also klar die im Mittelalter stattfindende Überfremdung des Gemeinwesens von Visby durch deutsche Einwanderer wider. Die Steine ohne Inschriften, die nur Hausmarken trugen, sind möglicherweise anderen Bevölkerungsschichten zuzurechnen.

St. Pers Schutzheiliger war der Apostel Petrus, dessen Namenstag am 29. Juni gefeiert wird. Der Schutzheilige von St. Hans dürfte Johannes der Täufer gewesen sein, dessen Namenstag auf den 24. Juni fällt.

Heiliggeistkirche

Trotz vieler gemeinsamer Züge sowohl in Details als auch in ihrer Gesamtanlage liefern die Kirchen Visbys Beispiele eines imponierenden Variationsreichtums. Der originellste Kirchenbau ist zweifellos die Heiliggeistkirche, die aus einem achtseitigen "Langhaus" mit zwei Geschossen und einem nach

Heiliggeistkirche, Innenraum des Erdgeschosses

außen hin gerade abschließenden Chor besteht. Der Haupteingang, ein perspektivisches, rundbogiges Portal mit dreipaßförmigem Tympanon, befindet sich an der Südseite des Oktogons, ein kleineres und einfacheres direkt gegenüber an der Nordseite. Das Erdgeschoß, das wegen der Erhöhung des umgebenden Geländes einen kellerartigen Eindruck vermittelt, ist mit Kreuzgewölben versehen, die auf vier achtkantigen Pfeilern ruhen. Das mittlere und größte Gewölbefeld hat im Scheitelpunkt eine oktogonale Öffnung zum darüberliegenden Geschoß. Im Südosten und Nordosten sind in den Wänden apsisähnliche Nischen für Seitenaltäre ausgespart.

Das Obergeschoß des Oktogons wird über zwei Wandtreppen im Südwesten und Nordwesten erreicht, die nach oben in eine gemeinsame Türöffnung münden. Die Wand zwischen Kirchenraum und Treppengang ist von Arkaden durchbrochen. Der obere Raum gleicht dem unteren, doch ist er etwas niedriger und hat runde, kräftige Gewölbepfeiler. Die Gewölbe sind größtenteils eingestürzt.

Außer den dem Untergeschoß entsprechenden Altarnischen befinden sich im Südwesten eine zweigeteilte, die wahrscheinlich für zwei Altäre bestimmt war, und Spuren einer ähnlichen im Süden.

Vom oberen Geschoß führt eine einfachere Wandtreppe im Nordwesten zum Dachgeschoß. Dieses war ursprünglich auf allen Seiten des Oktogons mit spitzen Giebelfeldern versehen, und an jedem Giebel befanden sich zwei große Fensteröffnungen. Wie die oberen Teile ansonsten ausgebildet waren, weiß man nicht; wahrscheinlich bildeten die Pfeiler das Fundament für einen zentralen, turmähnlichen Bauteil, der sich über den Kranz von Spitzgiebeln erhob. Obschon rund hundert Jahre jünger, dürfte der Turm der Kirche von Lärbro eine Vorstellung über das ursprüngliche Aussehen der Heiliggeistkirche geben können.

Das Oktogon wurde in seinen oberen Teilen schon im Mittelalter umgebaut. Die Spitzen der Giebelfelder wurden gekappt und die Partien zwischen den Giebeln aufgefüllt, so daß die Kirche eine horizontale Mauerkrone erhielt.

Beide Geschosse des Oktogons öffnen sich zum Chor, das Erdgeschoß durch einen gewöhnlichen Triumphbogen und das Obergeschoß durch einen Schwibbogen, der auf der Chorseite noch im 18. Jahrhundert in zwei kleinere Bögen unterteilt war. Die Anordnung kann in etwa mit der Emporenöffnung im Turm der Marienkirche verglichen werden. Man hat solchermaßen von beiden Geschossen aus dem Gottesdienst folgen können.

In der Ostwand des Chores befinden sich eine halbrunde Altarapsis sowie eine Anzahl Aussparungen im Mauerwerk. Hierzu gibt es keine Entsprechungen unter den Kirchen in Visby, hingegen aber unter denen auf dem Lande. Sowohl Stenkyrka als auch Öja besitzen solche Apsiden in nach außen gerade abschließenden Chören, und in letztgenannter Kirche trifft man auch auf kleine Seitenräume. Aber während man sich in Öja mit zweien zufrieden gab, konnte die Heiliggeistkirche drei tonnengewölbte Kleinräume auf jeder Seite der Apsis aufweisen, den einen über den anderen. Sie waren durch enge Wandtreppen und Gänge miteinander verbunden. Eine Parallele hierzu bieten die Aussparungen in den beiden Osttürmen der Marienkirche.

In der Südwand des Chores befindet sich ein rundbogiges Portal mit einer einfachen, aber originell gestalteten Rahmung. An derselben Wand sieht man die Konturen zweier Fenster, die zugemauert wurden, als das jetzige, höhere und größere Fenster eingesetzt worden ist.

Der Chor und das Oktogon sind zweifellos gleichzeitig geplant worden, wobei man nach Gewohnheit den Chor zuerst errichtete. Als dann das Oktogon gebaut wurde, scheint man den ursprünglichen Plan teilweise aufgegeben zu haben. Anstatt im unteren Geschoß acht Pfeiler aufzuführen, entschied man sich für vier und erhöhte zugleich die Gewölbehöhe etwas. Das gesamte Bauwerk dürfte vor der Mitte des 13. Jahrhunderts fertiggestellt worden sein.

Die Ruine wurde schon in den 1880er Jahren restauriert, wobei u.a. die Arkaden der Wandtreppen rekonstruiert wurden. Eine neuerliche Restaurierung, die darauf zielte, den Rumpf des Bauwerkes zu verstärken, ist in den Jahren 1966-67 durchgeführt worden.

Nach Quellen aus dem Anfang des 17. Jahrhunderts gehörte die Heiliggeistkirche in jener Zeit zu dem nicht weit südlich von ihr gelegenen Hospital. Sie war schon damals eine Ruine und wurde als Viehstall benutzt. Das Hospital war ein direkter Nachfolger des mittelalterlichen Heiliggeisthauses, einer Einrichtung, die zur Aufgabe hatte, Arme und Bedürftige zu pflegen und zu versorgen. In Visby wird ein solches Hospital erstmalig 1299 erwähnt, doch spricht nichts gegen die Annahme, daß es bedeutend früher eingerichtet worden war, wenn auch kaum so früh, daß es, wie man sich gemeinhin vorstellte, den Bau der Heiliggeistkirche finanzierte. In den Besitz des Hospitals dürfte diese erst 1532 gekommen sein, als der König verordnete, daß im Zusammenhang mit der Reformation das Eigentum aufgegebener Kirchen dem Hospital zufallen sollte. Das Hospital hatte seine besondere Kirche in direktem Anschluß an das Pflegegebäude. Sie wurde 1783 niedergerissen.

Wie andere Kirchen auch, hat die Heiliggeistkirche ihre Wurzeln im nordwestlichen Deutschland. Sie schließt an den sehr speziellen Kirchen- und Kapellentyp an, der dort mit Ausgangspunkt der großen Pfalzkapelle Karls des Großen in Aachen häufig bei den Pfalzen und Burgen des frühen Mittelalters anzutreffen ist. Das obere Geschoß war dort den Fürsten und ihrem Gefolge vorbehalten, während das Untergeschoß den Angehörigen des Hauses offenstand.

Interessant ist, daß Bauwerke dieser Art nirgendwo sonst in Europa in Verbindung mit einem Heiliggeisthospital vorkommen. Die Frage ist also, wer eine solch merkwürdige Kirche in Visby gebaut haben könnte. Einer Theorie zufolge, soll es der Bischof Albert von Riga gewesen sein, ein früherer Kanoniker am Dom zu Bremen. Um die Jahrhundertwende 1200 nutzte er Gotland als Sammelplatz für Pilger und Kreuzzügler, und er verfügte in Visby nachweislich über eine Kirche, St. Jacob. Diese fiel dann den Nonnen des Solberga-Klosters zu, um schließlich während der Reformation aufgegeben zu werden.

St. Katharina (St. Karin)

Es gibt keine Kirche in Visby, deren Baugeschichte von so vielen zeitgenössischen Notizen beleuchtet wird, wie die Katharinenkirche der Franziskaner oder Graubrüder. Dennoch herrschen in vielen Fragen noch große Unsicherheit und stark divergierende Meinungen.

Der Franziskanerorden, gestiftet vom heiligen Franz von Assisi, wurde 1223 vom Papst bestätigt. Die Ordensbrüder sollten sich in vollkommener Armut der Pflege des Seelenheils inner- und außerhalb des eigenen Klosters zuwenden. In den 1230er Jahren gelangte der Orden in den Norden und 1233 soll sein Kloster in Visby gegründet worden sein. Nachdem die Ordensbrüder durch Bettelei das nötige Kapital beschafft hatten, konnte der Bau der Kirche und der Konventsgebäude begonnen werden.

Die erste Kirche bestand gemäß der Praxis des Ordens aus einem langgestreckten, von drei Kreuzgewölben gedeckten Raum für die Gemeinde und einem unbedeutend schmaleren, gerade abschließenden Chor. Von ihr hat die heutige Kirche die Südwand des Langhauses und die westlichste Travée sowie die Südwand des Chores bewahrt. Spuren der ursprünglichen Fenster zeigen, daß diese rundbogig und paarweise in jeder Travée zusammengeführt waren. Die Bauzeit dürfte zwischen 1235-1250 gewesen sein.

Zu Beginn des 14. Jahrhunderts wurde ein groß angelegter Umbau begonnen, der darauf zielte, die einschiffige Kirche in eine breite, dreischiffige Halle zu verwandeln. Vorbild hierfür war die Kirche des anderen Visbyer Bettelordens, die Nikolaikirche der Dominikaner.

In traditioneller Weise begann man, im Osten einen neuen Chor um den alten herumzubauen, der dann später abgebrochen wurde. Da die Klostergebäude einer Ausweitung nach Süden im Wege waren, kam der neue Chor im Verhältnis zum alten Langhaus schräg zu liegen. Er umfaßte zwei Travéen mit insgesamt sechs Gewölben und schloß im Osten mit einer geraden Altarwand ab. Im großen und ganzen entsprach er den drei östlichsten Travéen der heutigen Kirche vor dem Chorvorsprung. Das Gewölbesystem war, wie aus Spuren an den Außenwänden und zwei noch vorhandenen Konsolen hervorgeht, ein anderes, mit größerem Abstand zwischen den Gewölbestützen. Auch die Fenster sahen anders aus, mit reich profilierter Rahmung und Leistenwerk mit Diamantschnitt unter den Fensterbänken. Der neue Chor muß große Ähnlichkeit mit dem Chor der Kirche in Källunge aufgewiesen haben, der zur selben Zeit und vermutlich vom selben Baumeister gebaut wurde.

Aus unbekannter Ursache stagnierte der weitere Umbau dann bis in das späte 14. Jahrhundert. 1376 wurde ein neuer Ausbau des Chores eingeleitet, der heutige, im Osten dreiseitig abgeschlossene Chorvorsprung. Er war 1388

St. Katharina (St. Karin) nach Westen

fertiggestellt, doch der Hochaltar wurde erst drei Jahre später von keinem geringeren als dem Erzbischof von Uppsala geweiht. Danach nahm man sich des Langhauses an, dessen allmähliches Wachsen nach Westen sehr gut anhand der Notizen im Diarium der Ordensmönche verfolgt werden kann.

1397 waren vier Pfeiler im Anschluß an den Chor fertiggestellt und 1400 zwei weitere sowie sechs Gewölbe. Zwei Jahre später wurde die Arbeit unterbrochen, als sechs alte Gewölbe "mitten in der Kirche" einstürzten. Die Vermutung liegt nahe, daß sich der Einsturz im älteren Chorteil mit seinen enormen Spannweiten ereignete. Später wurde das dortige Gewölbesystem nämlich dem im Langhaus mit seinen kürzeren Abständen zwischen den Pfeilern angeglichen. 1408 war der Schaden repariert, aber erst 1412 konnten Chorgestühl und andere Inventareinrichtungen fertiggestellt werden, so daß die Kirche erneut geweiht werden konnte.

Das Langhaus war allerdings noch immer unvollendet - ganz vollendet wurde es nie. Sicher ist, daß man es bis zum Westgiebel der ältesten Kirche verlängern wollte. Der heutige Westgiebel ist also in seiner Uneinheitlichkeit als ein Provisorium zu betrachten, das zu einer Dauereinrichtung wurde.

St. Karin wird mit Recht als die schönste aller Kirchen Visbys angesehen. Das gilt nicht so sehr ihrem Äußeren, das abgesehen von der Chorverlängerung einen massiven und unnuancierten Eindruck vermittelt. Hierbei sollte man allerdings beachten, daß sich die heutige Fassade zum Marktplatz ursprünglich einer engen Gasse zuwandte, die kaum die Möglichkeit für einen freien Blick lieferte.

Zwischen Kirche und Marktplatz lag bis zum Ende des 17. Jahrhunderts das mittelalterliche Rathaus der Stadt und dann bis in die 1860er Jahre private Gebäude. Zwischen dem Rathaus und St. Karins nordwestlicher Ecke spannte sich ein mächtiger Schwibbogen, unter dem man hindurch mußte, um zum Haupteingang der Kirche zu gelangen. Das Portal ist leider durch Feuer zerstört worden, doch kann man im Wimperg eine große Skulptur erahnen, die die Auferstehung Christi darstellt. Der gegenwärtige Eingang zur Ruine, der sich weiter östlich auf derselben Seite befindet, ist kleiner und einfacher, aber dennoch ein interessantes Beispiel für die spätmittelalterliche Art, ein Kirchenportal zu gestalten.

Den imposantesten Eindruck vermittelt der Innenraum mit seiner leichten, luftigen Architektur, wenn man von Westen über die Pfeilerreihen bis zur Chorerweiterung entlangblickt. Einer solch avancierten Gotik begegnet man auf Gotland sonst nur in der Kapelle der Marienkirche und im Chor der Nikolaikirche. Achtkantige Pfeiler sind hier und da schon früher zur Anwendung gelangt (St. Olof, Heiliggeistkirche), aber erst in St. Karin sind die ihnen innewohnenden ästhetischen Möglichkeiten voll genutzt worden. Ganz einzigartig sind die Gewölbe, die hier im Gegensatz zu den sonst verwendeten Kalksteinplatten aus Ziegelsteinen gebildet wurden.

Die Klosteranlage selbst war nicht sonderlich groß, da die Anzahl der Ordensbrüder nur in Ausnahmefällen die für ein Konvent erforderliche Zahl von dreizehn, den Guardian eingerechnet, überstiegen haben dürfte. Die Anlage befand sich südlich der Klosterkirche, wo sich die einzelnen Gebäude um einen kleinen Garten scharten. Der westliche Teil der Anlage ist, wenn auch stark verändert, ganz erhalten geblieben, von dem östlichen gibt es einige Reste.

Das Kloster bestand bis zum Ende der 1520er Jahre. Danach scheint es eine kurze Zeit lang als Hospital genutzt worden zu sein - möglicherweise wurde das Heiliggeisthospital beim Angriff der Lübecker 1525 beschädigt -, aber danach ist es, wie die anderen aufgegebenen Kirchen Visbys auch, allmählich verfallen. Gelegentlich entstanden Vorschläge, die Kirche wieder instandzusetzen. Zu Beginn der 1730er Jahre überlegte man, dort eine deutsche Kirche einzurichten "zum Nutzen der fremden Unternehmer", aber dieser wie auch die übrigen Vorschläge mußte aus Kostengründen fallengelassen werden. Eigentümlicherweise wurde 1598 über dem Westteil der Kirche ein Turm errichtet, in den 1605 ein Uhrwerk eingesetzt wurde. Dieser Turm ist dann 1685 erneuert worden und erhob sich bis 1885 über der dachlosen Ruine.

Gegenwärtig stattfindende bauarchäologische Untersuchungen können zu Ergänzungen und Korrekturen der hier dargelegten Baugeschichte führen.

St. Laurentius (St. Lars)

Die architektonische Ausbildung der Kirchen in Visby weist nahezu ausnahmslos auf Vorbilder im Süden oder Südwesten hin. Allein in St. Lars erkennt man den Einfluß eines östlichen Kirchenbautyps, des byzantinischen Zentralbaus mit einem Grundriß in Form eines gleicharmigen Kreuzes.

Die komplizierte und noch nicht gänzlich erforschte Baugeschichte von St. Lars lautet in Kürze wie folgt: Der jetzige Apsidenchor wurde als erster Teil einer Kirche gebaut, die in Etappen errichtet werden sollte. Die Apsisrundung wird durch Lisenen artikuliert, die oben durch einen Rundbogenfries miteinander verbunden waren. Über diesem lag ein Kranz aus schräggehauenen Konsolsteinen, auf dem die Dachkonstruktion ruhte.

Im Süden befindet sich ein reich verziertes, beinahe überlastetes Portal mit doppelter Säulenrahmung. Daneben kann man den fein profilierten Sockel studieren, der an den übrigen Stellen aufgrund der Bodenerhöhung verdeckt ist. Langhaus und Chorpartie weisen dort unterschiedliche Sockelprofile auf.

Von innen gesehen, ist die Apsis hufeisenförmig. Der Chor ist von einem Kreuzgewölbe eingedeckt, das von den Eckdiensten ausgehende Diagonalrippen aufweist, von denen jedoch nur die beiden östlichen erhalten sind. Die Gewölbekappen zwischen den Rippen werden ihrerseits von einfacheren und weniger hervortretenden Nähten unterteilt. Der ursprünglich bedeutend schmalere und tiefere Triumphbogen ist irgendwann auf die Breite des Chores erweitert worden, wobei die westliche Kappe des Chorgewölbes verändert und die beiden westlichen Eckdienste entfernt wurden. An der Nordseite des Chores lag eine tonnengewölbte Sakristei.

Die Chorpartie, die nach den Gewölbeformen zu urteilen kaum vor dem zweiten Viertel des 13. Jahrhunderts errichtet worden sein kann, besitzt nichts, das dem normalen, deutschbeeinflußten Visbystil fremd ist. Sie weist große Ähnlichkeit mit dem Chor der nebenan liegenden Dreifaltigkeitskirche (Drotten) auf, wirkt aber schwerer und altertümlicher. Ohne Zweifel hatte man beabsichtigt, das Bauwerk durch ein Langhaus des gewöhnlichen Typs zu vollenden, aber als die Arbeit wieder aufgenommen wurde, geschah dies nach einem radikal veränderten Grundriß.

St. Laurentius, Apsis

Der Grundriß des Langhauses kann als ein Quadrat beschrieben werden, über das ein etwas größeres, gleicharmiges Kreuz gelegt wurde, so daß die Kreuzesarme über die Seiten des Quadrats hinausreichen. In den Schnittpunkten der Kreuzesarme stehen vier hohe, vierkantige Pfeiler, zwischen denen Gurtbogen liegen. Auf ihnen und den Seitenmauern ruhen tiefe, kuppelähnliche Kreuzgewölbe; das Gewölbe über der Kreuzesmitte ist allerdings eingestürzt. Die zwei Pfeiler im Osten sind etwas zarter dimensioniert als die Pfeiler im Westen. Sie sind außerdem anders gemauert und bedeutend besser erhalten als die letztgenannten. Grabungen haben an den

Tag gebracht, daß es dort zuvor Pfeiler von genau derselben Größe wie im Westen gab. Die Kirche muß also irgendwann einen gründlichen Umbau erlebt haben.

Ursprünglich dürfte sich über der Kreuzesmitte ein Zentralturm erhoben haben. Dieser ist jedoch eingestürzt und hat einige Gewölbe und die beiden östlichen Pfeiler mit sich gerissen. Nach zahlreichen Brandspuren zu urteilen, ist die Kirche gleichzeitig von einem Feuer heimgesucht worden. Nach dieser Katastrophe gab man den ursprünglichen Bauplan auf und ersetzte den Zentralturm durch einen Turm über dem westlichen Kreuzarm. St. Lars wurde dadurch, trotz seiner im Grunde vollkommen abweichenden Planung, äußerlich der nebenan liegenden Dreifaltigkeitskirche (Drotten) ähnlich. Nicht ohne Grund sind beide Kirchen Schwesterkirchen genannt worden.

In St. Lars sind die vielen Treppen und Gänge in den Mauern von besonderem Interesse. Unter den Kirchen Visbys finden wir hierzu nahe Entsprechungen in der Heiliggeistkirche, doch ist das System in St. Lars umfassender und komplizierter. Mittels der Gänge kann man sich auf verschiedenen Ebenen um nahezu die gesamte Kirche herum bewegen. Hier und da öffnen sich diese mit Arkaden oder Luken zum Kirchenraum. Im Osten, beim Übergang zum Chor, enden die Gänge. Dieses läßt - neben anderen Umständen - darauf schließen , daß man beim Bau des Langhauses beabsichtigte, in einer folgenden Etappe den Chor durch einen anderen, der sich besser in die Architektur des Langhauses einfügen sollte, zu ersetzen.

Von den Portalen des Langhauses ähnelt das im westlichen Kreuzarm sehr demjenigen im südlichen Langhaus von St. Clemens. Dasjenige im südlichen Kreuzarm hat mit seinem dreipaßförmigen Tympanon hingegen mehr mit dem Südportal der Heiliggeistkirche gemeinsam, auch wenn die Details unterschiedlich sind. Unter anderem trifft man hier das gleiche Hundezahnornament wieder wie im Chorportal der Dreifaltigkeitskirche (Drotten). Das Nordportal ist einfacher gestaltet, lediglich mit Rundbögen und abgeschrägten Kanten.

Die Portale datieren das Langhaus in die Mitte des 13. Jahrhunderts. Sie zeigen außerdem deutlich, daß die Kirche trotz ihres fremden Grundrisses durch gotländische Baumeister errichtet worden ist, was außerdem aus der Bearbeitung des Steins und der Mauertechnik hervorgeht. Man hat den Eindruck, als ob die damaligen Baumeister manchmal Schwierigkeiten gehabt hätten, die ihnen vorgelegten Pläne wurden, in die Realität umzusetzen. Besonders die Gänge in den Mauern weisen sich als wenig durchdacht aus - u.a. müssen lose Stiege benutzt werden, um die verschiedenen Ebenen zu erreichen - und möglicherweise beruhte der Einsturz des Zentralturms auf der Unerfahrenheit mit dergleichen Konstruktionen.

Vorbilder für St. Lars sind im nordwestlichen Rußland vermutet worden, da dies das nächstliegende Gebiet war, in dem byzantinische Zentralkirchen heimisch waren. Man hat in diesem Zusammenhang auf Angaben verwiesen, nach denen russische Kaufleute zwei Kirchen auf Gotland besessen haben sollen, wobei man annahm, daß St. Lars eine von ihnen gewesen sei. Die

Ähnlichkeit mit den russischen Kirchen ist allerdings nicht derart, daß eine solche Verbindung wahrscheinlich ist. Die Entstehungszeit von St. Lars fällt außerdem in die Zeit des Mongolensturms in Rußland, der lange die merkantilen und kulturellen Aktivitäten in ganz Rußland lähmte. St. Lars' unbestreitbar byzantinische Prägung dürfte stattdessen auf Impulsen beruhen, die vom Zentrum der byzantinischen Kunst durch Kreuzzüge in den Westen vermittelt wurden, und zusätzlich auf den in Folge der Eroberung Konstantinopels im Jahre 1204 gewachsenen Verbindungen zwischen Ost und West.

Trotz umfassender Grabungen hat man bei St. Lars keine Spuren einer früheren Kirche angetroffen. Hingegen sind unter dem nördlichen Kreuzarm Überreste profaner Steinhäuser zutage gekommen. Es sieht danach aus, als ob ein vormals von profaner Bebauung beanspruchtes Gelände geräumt wurde, um der Kirche Platz zu schaffen.

Über die ursprüngliche Stellung der Kirche ist nichts bekannt. Vermutlich handelte es sich um eine Gildekirche, die dann zur Gemeindekirche wurde. Daß sie das Taufrecht besaß, geht aus dem Fund eines runden Taufsteinfundaments im westlichen Kreuzarm hervor.

Der Schutzpatron der Kirche, St. Laurentius, war ein römischer Diakon, der im Jahre 258 verbrannt wurde, nachdem er während einer Christenverfolgung Kirchenschätze an die Armen verteilt hatte. In älteren Quellen wird die Kirche manchmal nach der Hl. Anna, der Mutter der Jungfrau Maria, benannt. Es war nicht ungewöhnlich, daß Kirchen mehreren Heiligen gleichzeitig geweiht waren, und nichts spricht dagegen, daß diese Kirche sowohl den Hl. Laurentius als auch die Hl. Anna zu Schutzpatronen hatte.

St. Nikolaus

Untersuchungen in der Ruine im Jahre 1912 brachten Grundmauern an den Tag, die wesentlich zur Klärung der Baugeschichte der Kirche beitrugen. Der Verlauf dieser Mauern wird durch Steinsetzungen im Boden markiert.

Das erste, was man baute, war ein quadratischer Chor mit Apsis. Die folgende Phase ließ ein breites dreischiffiges Langhaus entstehen, dessen Seitenwände den mittleren Teil der Nord- und Südwand der heutigen Kirche ausmachen. Im Westen schloß die Kirche mit einem Turm ab, der zur Hälfte aus der Westwand ausgespart war und zur anderen Hälfte über dem Mittelschiff der Kirche lag.

Das Gewölbesystem des Kirchenraums war von dem jetzigen völlig verschieden. Das Mittelschiff bestand aus drei quadratischen Travéen, von denen die westlichste das Untergeschoß des Turmes ausmachte. Die Seitenschiffe besaßen fünf kleinere, gleichfalls quadratische Travéen. In den mittleren saßen die erhaltenen Nord- und Südeingänge zur Kirche. Die Gewölbestützen waren einander abwechselnde kräftige Hauptpfeiler von zusammengesetzter Form und schlankere, runde Nebenpfeiler.

Nach früherer Auffassung soll das Langhaus ein basilikales Aussehen gehabt haben, d.h. ein Mittelschiff mit hoch sitzenden Fenstern, flankiert von

St. Nikolaus, Westfassade

tieferen Seitenschiffen. Nunmehr glaubt man aber, daß alle drei Schiffe von Beginn an ungefähr dieselbe Höhe besessen haben. Demnach soll die Kirche also eine Hallenkirche mit Stützenwechsel gewesen sein von der Art, wie sie in Westfalen im Frühstadium des Hallenkirchenbaus entwickelt wurde. Vom Gewölbesystem sind allerdings nur einige Pilaster an den Außenwänden und Spuren von abgerissenen Pilastern sowie eine einsame Säulenbasis erhalten. Es ist daher nicht möglich, voll und ganz zu entscheiden, wie der Kirchenraum anfangs ausgesehen hat.

Die Entstehungszeit der Kirche muß, wie auch immer der Bau vonstatten gegangen sein mag, mit der Errichtung des neuen Querschiffes und Chores der Marienkirche zusammengefallen sein, d.h. ins zweite Viertel des 13. Jahrhunderts. Das Südportal von St. Nikolaus ist nämlich eine getreue Kopie des Brautportals der Marienkirche, wenn auch ohne dessen krönendes Giebelfeld.

Schon um die Mitte des 13. Jahrhunderts wurde ein Umbau des in seinem oben beschriebenen Zustand vielleicht nie ganz fertiggestellten Langhauses eingeleitet. Dieser sollte sich über einen so langen Zeitraum erstrecken, daß der Baustil unterdessen von Romanik in Gotik überging und die ursprünglichen Umbaupläne in mehr als einem Punkt verändert wurden.

Das Langhaus wurde um 14 Meter nach Westen und um 9 Meter nach Osten verlängert, wo es mit einem quadratischen Chorausbau ohne Apsis abschloß. Das frühere, sogenannte gebundene Gewölbesystem wurde aufgegeben, d.h. daß nunmehr jedes Mittelschiffgewölbe einem Seitenschiffgewölbe entsprach anstatt wie vordem zweien. Nachdem die Außenmauern zu den verlängerten Teilen aufgeführt worden waren und noch bevor der Bau der Gewölbe begonnen werden konnte, beschloß man, daß die Pfeiler in den neuen Teilen Vierkantform haben sollten. Dies wurde dann nach und nach ebenfalls in dem alten Langhaus durchgeführt.

Auf einem der neuen Pfeiler sitzt ein aus Stein gehauenes, schildförmiges Epitaph mit dem Namen JACOB CNARRA, einer ansonsten völlig unbekannten Person.

Gleichzeitig mit den Pfeilern wurden die Lichtöffnungen verändert, so daß jede Travée zwei lange, schmale rundbogige Fenster erhielt. In den westlichen Teil der Südfassade wurde ein Prachtportal eingesetzt, das aufgrund seiner Ähnlichkeit mit dem Südportal der alten Kirche zugehört haben dürfte und dort vermutlich in der Westwand des Turmes saß. Das Tympanon des Portals ist mit eingeritzter Linienornamentik sowie zwei Bischofsfiguren geschmückt, dem Hl. Nikolaus von Myra und dem Kirchenvater Augustinus. Diese sind aber erst später hinzugefügt worden, vermutlich im Zusammenhang mit der Versetzung des Portals. Von der Westfassade des Turmes stammt sicherlich auch das schräg über dem Portal eingesetzte, prachtvolle Rosettenfenster.

Die neue, turmlose Westfassade erhielt eine prächtige Gestaltung durch ein großes gotisches Fenster zum Mittelschiff und kleinere Fenster zu den beiden Seitenschiffen sowie durch einen mit Öffnungen, Blendnischen und

St. Nikolaus, südwestliches Portal

Rosetten reich verzierten Giebel. Aus seiner Form geht hervor, daß das Dach basilikal aufgebaut war, obwohl das Bauwerk eine Hallenkirche war.

Auch in seinem neuen Aussehen knüpfte die Kirche an westfälische Vorbilder an, von denen St. Johannis in Osnabrück, errichtet 1256-1289, St. Nikolaus am nächsten stehen dürfte. Die vierkantigen Gewölbestützen, die den Innenraum wesentlich prägen, erfreuten sich indessen zu dieser Zeit bereits großer Beliebtheit in Visby (St. Lars, St. Hans, St. Göran).

Die letzte große Umbauphase betraf wiederum die Chorpartie. Die Kirche wurde nochmals einige Meter nach Osten verlängert und mit einem fünfseitigen Chorausbau abgeschlossen, der in seinem durchgehend gotischen Stil dem entsprechenden Gebäudeteil von St. Katharina so nahesteht, daß ein zeitlicher und vielleicht auch arbeitstechnischer Zusammenhang vorausgesetzt werden darf. Das würde für die Datierung des Chores von St. Nikolaus eine Bauzeit gegen Ende des 14. Jahrhunderts oder um 1400 bedeuten. Einige Zeichen deuten darauf hin, daß der Chorausbau anfangs etwas niedriger geplant war.

St. Nikolaus gehörte dem Dominikanerorden in Visby, der, wie der Franziskanerorden, ein Bettelorden war. Er war von dem spanischen Kanoniker Dominicus in der Absicht gegründet worden, das Christentum zu verbreiten und zu vertiefen. Der Orden wurde 1216 vom Papst bestätigt, die Mitglieder wurden wegen der schwarzen Kutten Schwarzbrüder genannt. Der Orden war in Provinzen eingeteilt, von denen die Provinz Dacia, die die skandinavischen Länder umfaßte, 1228 eingerichtet wurde. Nach Visby dürften die Dominikaner schon vor 1230 gekommen sein.

Die älteste oben beschriebene Nikolaikirche war wahrscheinlich bei der Ankunft der Dominikaner schon in Bau. Sie zeigt in ihrer Anlage so wesentliche Abweichungen von den Baugewohnheiten des Ordens, daß sie unmöglich von ihm angelegt worden sein kann. Die Kirchen der Dominikaner besitzen zum Beispiel nie ein Transept und einen Turm. Das Bauwerk dürfte als Faktoreikirche gegründet und erst später in den Besitz der Dominikaner gekommen sein. Die zur Mitte des 13. Jahrhunderts begonnene Erweiterung, durch die ein größerer und für die Predigt geeigneterer Kirchenraum entstand, ist dagegen zweifellos von den Dominikanern veranlaßt worden.

Die Klostergebäude sind seit langem verschwunden. Sie lagen um einen Klosterhof herum an der Nordseite der Kirche. An der Nordfassade erkennt man sekundär eingehauene Widerlager für das Gewölbe des südlichen Kreuzganges und über diesen eine horizontale Rinne für die Entwässerung. Im Südosten befinden sich zudem Spuren von Gewölben, die die neben der Kirche gelegenen Räume der östlichen Klosteranlage überdachten. Angaben zufolge ist das Kloster beim Angriff der Lübecker 1525 zerstört worden.

An der Spitze des Klosters stand ein Prior. Der erste namentlich bekannte und zugleich der berühmteste war Petrus de Dacia, Prior 1283-89. Seine Berühmtheit gründet auf seinem erhaltenen Briefwechsel mit der frommen Begine Christina von Stommelen und deren Lebensbeschreibung, was ihm den Ehrentitel "Schwedens erster Verfasser" einbrachte.

St. Olof

Kaum mehr als die traurig mißhandelten Reste des Westturms sind von der Kirche zu sehen. Kleinere Grabungen sind in den Teilen der Kirche durchgeführt worden, die im Botanischen Garten liegen, doch haben sie nur magere Ergebnisse gebracht. Nachdem die Kirche aufgegeben worden war, ist sie offensichtlich hemmungslos als Steinbruch benutzt worden.

Möglicherweise kann eine künftige Grabung in den gegenwärtig unzugänglichen südlichen und östlichen Partien der Ruine mehr an den Tag bringen und ein vollständigeres Bild über das ursprüngliche Aussehen und die späteren Veränderungen der Kirche liefern, als dasjenige, das heutzutage gezeichnet werden kann.

St. Olof, der Turm gesehen vom Langhaus

Soweit heute geurteilt werden kann, war die Kirche eine dreischiffige Basilika mit Westturm. Wie die Ostpartie gestaltet war, weiß man nicht. Das Mittelschiff des Langhauses umfaßte zwei quadratische Gewölbetravéen sowie eine halbe Travée im Westen zum Turm hin, während die Seitenschiffe fünf kleinere Travéen besaßen, d.h. ein Mittelschiffgewölbe entsprach zwei Seitenschiffgewölben.

Die Rekonstruktion des Aussehens der Gewölbestützen ist ein besonderes Problem. Am ursprünglichen Platz sind lediglich die unteren Teile von zwei Pfeilern erhalten, ein achtkantiger in der Nähe des Turmes und ein Bündelpfeiler im Osten, beide in der nördlichen Seitenschiffarkade. Zwischen diesen standen drei Pfeiler, deren Aussehen unbekannt ist. Bei Grabungen in der kleinen Gasse, die quer über die Ruine verläuft, wurde allerdings um die Jahrhundertwende in der südlichen Seitenschiffarkade eine runde Pfeilerbasis vorgefunden, und zwar gegenüber einem der verschwundenen Pfeiler der nördlichen Arkade. Sie wird heute im Turmraum aufbewahrt. Wahrscheinlich war das Pendant im Norden ebenfalls rund.

Im Park unmittelbar nördlich von der Ruine steht ein Kapitell, dessen Maße mit der erwähnten Pfeilerbasis übereinstimmen. Es dürfte demnach zu einem der runden Pfeiler in den Seitenschiffarkaden gehört haben. Der Achtkantpfeiler und der Rundpfeiler sind beide romanisch, während der Bündelpfeiler hochgotisch ist und vermutlich erst bei einem Umbau der Ostpartie hinzugekommen sein dürfte.

Der Haupteingang der Kirche befand sich höchstwahrscheinlich im Süden nahe der westlichen Ecke. Dort wurde bei der genannten Straßengrabung eine große Anzahl Steine mit Hundezahnornamentik entdeckt, die zu einem Portal gehört haben müssen. Spuren eines kleineren Portals sind noch in der nördlichen Mauer zu erkennen.

Der Turm ist seines ursprünglichen Fassadenmaterials aus gehauenem Stein beraubt worden und steht nunmehr mit entblößtem Mauerkern da. Ein Portal im Westen, auch dies jetzt eine Ruine, trägt Spuren eines mit Reliefs geschmückten Tympanons, ein Unikum unter den Portalen der Kirchen in Visby. Von den Seitenschiffen führten zwei gerade und bequeme Mauertreppen hinauf zu einem oberen Turmgeschoß, das eine Kapelle oder Empore mit Öffnung zum Mittelschiff gebildet hat. Die Dicke der Seitenmauern deutet darauf hin, daß der Turm im Norden und Süden in Höhe der Empore mit Galerien versehen war.

Das Langhaus und der Turm ähneln weitgehend denen der ältesten Marienkirche, so daß der zeitliche Abstand zwischen den beiden Bauwerken nicht groß gewesen sein kann. Das Rundpfeilerkapitell vor der Ruine erscheint als eine direkte aber vergröberte Kopie eines Kapitells im nördlichen Querhausportal der Marienkirche. Der Achtkantpfeiler hat dagegen seine nächsten Verwandten im Untergeschoß der Heiliggeistkirche. Die Datierung für St. Olof dürfte auf das erste Viertel des 13. Jahrhunderts angesetzt werden. Der durch den Bündelpfeiler angedeutete Umbau der Ostpartie wird in der ersten Hälfte des 14. Jahrhunderts stattgefunden haben.

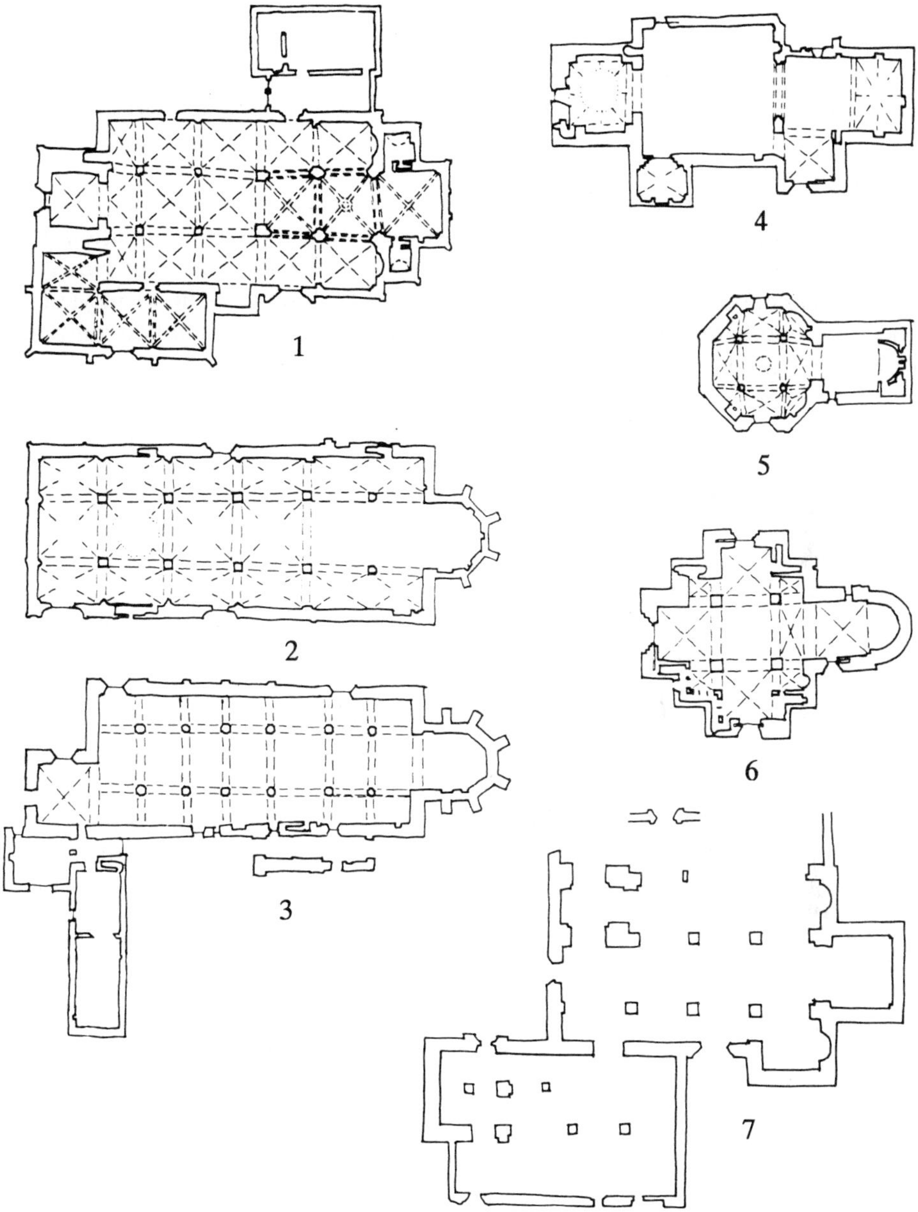

1 Domkirche
2 St. Nikolaus
3 St. Katharina (St. Karin)
4 St. Clemens
5 Heiliggeist
6 St. Laurentius (St. Lars)
7 St. Peter & St. Johannes (St. Per & St. Hans)

Die relativ großen Dimensionen der Kirche - in den vergleichbaren Teilen war sie kaum kleiner als die älteste Marienkirche - und ihre offensichtlich sehr aufwendige dekorative Ausschmückung lassen vermuten, daß sie zu den bedeutenderen der älteren mittelalterlichen Kirchen Visbys gehörte. Nach einer 1962 durchgeführten Untersuchung, auf deren Ergebnisse diese Beschreibung größtenteils basiert, hatte sie am Ort keinen Vorgängerbau.

St. Olof, der norwegische Heiligenkönig, der im Jahre 1030 bei Stiklastad (in Norwegen) erschlagen wurde, erfreute sich während des Mittelalters im Norden und nicht zuletzt auf Gotland, zu dessen Christianisierung er beigetragen haben soll, großer Popularität. Seine Abbildung erscheint in vielen gotländischen Kirchen, und weit mehr Kirchen als die nach ihm benannte in Visby dürften ihm zu Ehren geweiht worden sein.

Verschwundene Kirchen in Visby

St. Jacob

Zwei Quellen aus dem 13. Jahrhundert erwähnen eine Kirche St. Jacob. Laut der ersten von 1226, erhält die Priesterschaft die Erlaubnis, bei der Kirche eine Schule einzurichten; in der zweiten, 1272, wird die Kirche als aufgegeben bezeichnet. Sie scheint ursprünglich dem Bischof von Riga, Albert, gehört zu haben (vgl. die Ausführungen zur Heiliggeistkirche).

1420 und 1469 wird ein Nonnenkloster St. Jacob genannt, und man hat angenommen, daß die Nonnen des Klosters Solberga damals das Nutzungsrecht der Kirche erhielten. Im 18. Jahrhundert glaubte man, daß St. Jacob in der Gasse 'Specksrum' lag, doch nach einer vor kurzem vorgelegten, sehr diskutierten Theorie soll sie mit der Heiliggeistkirche identisch gewesen sein.

St. Michael

Die Kirche wird gegen Ende des 15. Jahrhunderts erstmalig erwähnt, doch ein aus ihr stammender Grabstein (heute in der Gemeindekirche von Roma) ist schon auf 1343 datiert. Sie lag oben auf "Klinten" nahe der Södra Murgatan. Bei den Kämpfen um Schloß Visborg 1448 soll sie beschädigt, aber danach wieder aufgebaut worden sein und bis zum Ende des Mittelalters bestanden haben. Die Ruine wurde erst in der ersten Hälfte des 18. Jahrhunderts niedergerissen.

Die Russische Kirche

Laut einer Angabe aus dem 15. Jahrhundert sollen russische Kaufleute ehedem zwei Kirchen auf Gotland besessen haben. Diese Angabe ist keineswegs unglaubwürdig, da russische Handelsfahrten nach Gotland von noch älteren Quellen bezeugt werden. Doch wird nicht angegeben, wo diese Kirchen

Die Russische Kirche während Grabung und Konservierung. Foto W. Falck

lagen. Die Überlieferung weist auf ein Gelände südlich der Domkirche zwischen Södra Kyrkogatan und Ryska gränd als Standort einer russischen Kirche hin. Dort ist kürzlich das Fundament einer kleinen Kapelle, bestehend aus einem quadratischen Langhaus mit zwei kräftigen, zentral plazierten Pfeilern sowie einer Apsis ausgegraben worden. Die Bauweise deutet auf den Anfang des 13. Jahrhunderts.

Die Überreste des Bauwerks liegen nun vollständig unter Erdniveau, können aber von einem zu diesem Zweck hergerichteten Kellerraum aus besichtigt werden.

Solberga Kloster

Das Kloster war ein Nonnenkloster des Zisterzienserordens und wurde, wahrscheinlich vom Kloster Vreta bei Linköping aus, im Jahre 1246 oder kurz davor gegründet. Es lag außerhalb der Stadtmauer ca. 400 Meter östlich vom Söderport an einem Platz, der lange "Korsbetningen" genannt wurde.

Grabungen 1905-09 und 1928-29 brachten Fundamente einer kreuzförmigen Kirche und einiger Klostergebäude zum Vorschein. Der Grundriß der Kirche ist auf der Wiese markiert, in seiner Mitte ist ein Holzkreuz errichtet. Er dürfte von der Kirche des Mutterklosters inspiriert gewesen sein.

Das Klostergelände ist vor allem deshalb bekannt, weil die bei der Schlacht vor Visby im Jahre 1361 Erschlagenen in Massengräbern auf dem Friedhof des Klosters begraben wurden. Zur Erinnerung hieran wurde schon im 14. Jahrhundert das noch erhaltene Steinkreuz nördlich der Kirche errichtet, dessen Inschrift in Übersetzung lautet: "Im Jahre des Herrn 1361, am 27. Juli, fielen vor den Toren Visbys die hier begrabenen Gotländer in die Hände der Dänen. Bete für sie."

Das Kloster scheint gegen Ende des 14. Jahrhunderts aufgegeben worden zu sein. Keiner der vorgefundenen Grabsteine kann auf später als die 1380er Jahre datiert werden, doch der Konvent selbst dürfte in anderen Räumlichkeiten Visbys unter dem Namen St. Jacob fortbestanden haben.

Visborgs Schloßkirche

Die Kirche oder Kapelle lag im oberen Geschoß eines rechteckigen, zweistöckigen Gebäudes, das sich beim Kernturm 'Blacken' im Zentrum des Burggeländes befand. Dieses Haus gehörte zu den ersten, die errichtet wurden, als Erich von Pommern Herr über Gotland wurde. Es wurde zerstört, als die Dänen 1679 das Schloß räumten und sprengten, doch die Inventarstücke blieben erhalten und landeten in verschiedenen Kirchen Gotlands, die Kanzel in Follingbo, die Altartafel in Rute, der Taufstein in Fleringe sowie Kelch, Hostienkästchen und Oblatenteller in der Hospitalkirche (jetzt im Museum Gotlands Fornsal).

Neue Kirchen in Visby

Allerheiligenkapelle

Das Bauwerk, gelegen am nördlichen Friedhof bei Norderstrand, ist eine Friedhofskapelle in Verbindung mit dem einzigen Krematorium Gotlands. Es ist so gestaltet, daß auch Gottesdienste dort abgehalten werden können.

Gebaut nach Plänen des Architekten Arne Philip, wurde die Kapelle an Allerheiligen 1967 eingeweiht. Die Gestaltung ist modern und persönlich, mit gewisser Anknüpfung an die gotländische Tradition. Ein hoher Aufriß und ein großer Innenraum sowie ein naher visueller und räumlicher Kontakt mit der Umgebung prägen die Kapelle. Der Altar mit Aufsatz, Altarring und Ambo wurden von Staffan Rosvall geschaffen, die Apostelsymbole von Arne Fransson, die Orgel von Anders Persson aus Viken.

Visborgkirche

Die Kirche wurde am Allerheiligentag 1969 als Gemeindekirche für die südlichen Stadtteile mit Kirchensaal, Gemeindehaus und Jugendräumen eingeweiht. Der Kirchenteil ist aus dunkelgebrannten finnischen Hohlziegeln, der

Gemeindehausteil mit einer Fassade aus imprägnierten Kiefernplanken errichtet. Der Kirchenraum, mit zentral plaziertem Altar und Ambo sowie kreisförmig angeordneten Gestühlreihen, ist mit verschiedenen Oberflächenstrukturen kalkverputzt, das Dach aus unbehandelten Kiefernplanken bildet ein großes Kreuz.

An einer bogenförmigen Wand im Westen hängt ein von Christine Wichelgren gefertigtes Textilbild mit einer Abbildung der Kreuzigung Jesu. Die Glasarbeiten sind von Jan Wichelgren in Zusammenarbeit mit dem Architekten der Kirche, Per Erik Nilsson, ausgeführt worden.

Die Landkirchen

von Erland Lagerlöf (E.L.) und Gunnar Svahnström (G.S.)

Akebäck

Die in der fruchtbaren gotländischen Ebene nicht weit von Visby entfernt gelegene Kirche von Akebäck ist, mit Ausnahme der Sakristei, ein durch und durch romanisches Bauwerk, das im großen und ganzen den Umbaumaßnahmen späterer Zeiten entging.

Der nahezu quadratische Chor mit Apsis sowie das rechteckige Langhaus dürften in einer Bauetappe in der zweiten Hälfte des 12. Jahrhunderts entstanden sein, während der Turm in der Mitte des 13. Jahrhunderts errichtet wurde. Der Sockel des Turmes unterscheidet sich deutlich von dem der übrigen Gebäudeteile, er besitzt eine bedeutend breitere Abschrägung.

Ein Steinblock in der Einfassung des Portals zeigt eine interessante Figurendarstellung als Relief: ein liegender Mann mit einem Hammer in der rechten Hand. Nach einer in alter Zeit niedergeschriebenen Legende soll das Relief zur Erinnerung an einen Mann geschaffen worden sein, der beim Bau der Kirche stürzte und dabei zu Tode kam. Es gibt allerdings auch die Vermutung, daß der Block beim Einsetzen falsch plaziert wurde und daß Mann eigentlich einen stehenden Steinmetz darstellen soll.

Dem recht schlichten Äußeren der Kirche entspricht ein einfacher, fast dürftig ausgestatter Innenraum. Die Decke des Langhauses besteht aus einer flachen Holzdecke, während der Chor mit der Apsis sowie die Kammer eingewölbt sind.

Im Tonnengewölbe des Chores sind drei Schalltöpfe eingemauert, die die Akustik verbessern sollten (erhöhte Resonanz). Die Einrichtung ist die ursprüngliche (vgl. Ganthem).

Der Triumphbogen wurde im 19. Jahrhundert erweitert. Der Altaraufsatz, eine Arbeit vom Ende des 17. Jahrhunderts, besitzt im Mittelfeld ein hölzernes Kruzifix aus dem 15. Jahrhundert.

Durch die westliche Mauer des Chores führt der Aufgang zu der mit einem Baldachin versehenen Kanzel. Diese entstand am Ende des 17. Jahrhunderts, wurde aber erst 1743 bemalt. Das geschlossene Gestühl, dessen Türen Akanthusmalereien zeigen, ist vermutlich zu Beginn des 18. Jahrhunderts entstanden.

Die mittelalterliche Taufe aus Kalkstein besitzt eine sechzehnseitige Muschelcuppa mit Diamantenstab (13. Jahrhundert).

1931/32 wurde die Kirche nach Plänen des Architekten Sven Brandel restauriert. Hierbei wurde die Sakristei an der Nordseite der Kirche errichtet sowie ein großer Bildstein (3 m hoch), der in der Außenwand des Langhauses entdeckt worden war, zwischen der Kirche und dem alten Getreidespeicher aufgestellt.

E.L.

Ala

Die Kirche von Ala besitzt einen für gotländische Kirchen ungewöhnlichen Grundriß: eine lange Saalkirche, an die ein quadratischer Turm angefügt wurde. Der Saal besteht aus einem Langhaus aus dem 12. Jahrhundert (der übriggebliebene Rest einer Kernkirche) sowie einem gleichbreiten Chor mit Sakristei, der um die Mitte des 13. Jahrhunderts angebaut wurde. Der Turm scheint im zweiten Viertel des 13. Jahrhunderts hinzugekommen zu sein, also kurz vor dem Chor.

Vom Chor der Kernkirche, der bedeutend kleiner war als der jetzige, sind die Grundmauern ausgegraben worden. Sie zeigen, daß die Kirche ursprünglich eine Apsis besessen hat. Beide Portale in der Südwand gehörten zu jener Kernkirche. Man beachte die interessanten, aber schwer zu deutenden Figurendarstellungen an den Kapitellen. Das östliche, dem entwickelten gotischen Stil zugehörige Fenster des Chores ist vermutlich um die Mitte des 14. Jahrhunderts sekundär eingesetzt worden. In den inneren Ecken der beiden Turmportale befinden sich Nischen für Weihwasserbecken.

Im Innenraum fällt der ungewöhnliche Grundriß kaum auf. Die Triumphbogenwand trennt auf übliche Weise den Chor vom Langhaus ab, obwohl beide Räume gleich breit sind.

Die Kirche besitzt Kalkmalereien aus zwei Epochen. Die ältesten befinden sich im Gewölbe der Turmkammer: Fabeltiere und Ornamente, wahrscheinlich am Ende des 13. Jahrhunderts ausgeführt (vgl. Anga). Im selben Raum befinden sich an der Nordwand Szenen aus der Malerei der zweiten Epoche, der Mitte des 15. Jahrhunderts: der Hl. Martin, der seinen Mantel mit einem Bettler teilt, sowie eine Seelenwägungsszene. Der größere Teil der Malereien aus dieser späteren Epoche ist aber an der Nordwand des Langhauses zu sehen und besteht aus einem langen Passionsfries der üblichen Ausgestaltung, der in der Mitte des 15. Jahrhunderts von dem eifrig schaffenden "Passionsmeister" ausgeführt worden ist. Die Kombination Blattstab-Akanthusfries, die hier in Ala vorkommt, ist innerhalb dieser Malereigruppe sehr ungewöhnlich (vgl. aber Mästerby).

Am 7. Juni 1938 wurde die Kirche durch einen im Turm ausgebrochenen Brand schwer in Mitleidenschaft gezogen. So gut wie die ganze Einrichtung und große Teile des Inventars wurden hierbei vernichtet.

Ala, westliches Kapitell des Chorportals

Unter dem Zerstörten war auch ein Triumphkruzifix aus der zweiten Hälfte des 13. Jahrhunderts. Zu den unbeschädigt gebliebenen Gegenständen gehört die einfache aber schöne Taufe aus Kalkstein (Mitte 13. Jh.). Die übrigen Einrichtungs- und Inventarstücke stammen aus der Zeit der umfassenden Wiederaufbauarbeit 1938-40, die nach Plänen des Architekten Erik Fant erfolgte. Die siebenstimmige Orgel wurde 1955 angeschafft. 1976 wurde der Innenraum der Kirche restauriert.

E.L.

Alskog

Der älteste Teil des Kirchengebäudes ist das Langhaus. Es stammt aus dem ersten Viertel des 13. Jahrhunderts. Man beachte die altertümlichen Kapitellfiguren des Südportals, links ein nach unten gebeugter Adler, der um den Kapitellring beißt und greift, und rechts eine schwer deutbare Szene, in der die Zentralfigur möglicherweise Christus darstellt.

Vermutlich war das Langhaus ursprünglich mit einer flachen Holzdecke oder einem offenen Dachstuhl versehen, wurde aber schon bald eingewölbt, wobei es zweischiffig wurde mit zwei Säulen in der Mittelachse. Ein einfaches, ungeschmücktes Kapitell von einer der Säulen wird oben im Turm aufbewahrt. Im Osten schloß ein niedrigerer, schmalerer Chor mit halbrunder Apsis an, zu der das vierpaßförmige Sakristeifenster ursprünglich gehörte.

Der Westturm ist jünger als das Langhaus, jedoch ebenfalls noch aus der ersten Hälfte des 13. Jahrhunderts. Das Portal zeigt große Ähnlichkeit mit dem Turmportal der Marienkirche (Domkirche) in Visby. In einem oberen Turmgeschoß, zu dem eine gerade und gutgemauerte Treppe hinaufführt, ist der halbe Raum durch eine Wand in Stabbauweise abgeteilt.

Um 1300 wurden der heutige Chor und die Sakristei in gotischem Stil erbaut. Das Portal der Sakristei könnte das Südportal des alten Chores sein. Vermutlich hatte man die Absicht, in einer folgenden Bauphase auch das Langhaus durch einen größeren Neubau zu ersetzen, doch wurde daraus nichts. Stattdessen passte man das vorhandene so gut es ging an den neuen Chor an. Die alte Triumphbogenwand wurde ebenso wie die Pfeiler und das Gewölbe abgerissen, und im Westen erweiterte man die vordem kleine Öffnung zur Turmkammer zu einem Bogen von gleicher Breite wie das Langhaus. Um Platz für die Seitenaltäre auf beiden Seiten des breiten Triumphbogens des neuen Chores zu erhalten, war es nötig, in die Seitenmauern des Langhauses Nischen einzufügen.

Die während des 19. Jahrhunderts stark angewachsene Bevölkerungszahl führte um die Mitte des Jahrhunderts zu dem Vorschlag, ein neues Langhaus zu errichten. Dieses Vorhaben erschöpfte sich indes darin, daß ein neues Gestühl und eine Empore gebaut wurden. Zur selben Zeit kamen auch die jetzigen, spitzbogigen Langhausfenster hinzu.

Die Kirche besaß im Mittelalter ein reich gemaltes Dekor, von dem nunmehr lediglich Fragmente übrig sind. An der Nordwand des Chores sieht man einige Szenen aus einem Fries, der im späteren 15. Jahrhundert vom sog. Passionsmeister ausgeführt worden ist. Man erkennt die Hl. Ursula mit einigen der 11.000 Jungfrauen in ihrem schützenden Mantel sowie über dem Sakramentsschrank einen Kelch in einer Monstranz.

Künstlerisch weit bedeutender sind die fünf bemalten Glasscheiben mit Motiven aus dem Leben Jesu, die im Ostfenster des Chores bewahrt sind. Sie wurden um 1300, also zeitgleich mit dem Chorumbau, angefertigt. Nahe verwandt sind die Malereien auf der Innenseite der Türen des Sakramentsschrankes, die Mariä Verkündigung darstellen.

Alskog, Detail des Triumphkreuzes, um 1200

Aus der Zeit um 1300 stammen auch zwei Skulpturen, die jetzt in der Sakristei aufgestellt sind. Sie gehörten ursprünglich zu einem Retabel des Hochaltars und stellen den auferstandenen Christus und die Hl. Katharina von Alexandrien (bei einer Restaurierung 1759 zu einer Männerfigur umgearbeitet!) dar. Die Abbildung der Hl. Katharina erklärt sich aus der Tatsache heraus, daß sie die Schutzheilige der Kirche war.

Die Kirche besitzt einige weitere mittelalterliche Inventarstücke von großem Interesse. Am bedeutendsten sind das Triumphkreuz, das um 1200 unter französisch-deutschem Stileinfluß angefertigt wurde, und die gleichaltrige Taufe mit ihren naiv erzählenden Bildern aus der Kindheitsgeschichte Jesu. An der Ostwand des Chores, d.h. rechts vom Altar, steht eine Piscina in Form einer Säule. Es handelt sich hierbei um eine Rekonstruktion, die nicht benutzbar ist.

Unter den Einrichtungsgegenständen aus neuerer Zeit muß vor allem die Kanzel erwähnt werden. Sie ist eine der ältesten auf Gotland, bereits im Jahre 1586 hergestellt. Die Malereien wurden allerdings erst 1662 von Johan

Bartsch ausgeführt. Die große Altartafel entstand 1759 in Zusammenarbeit des Tischlers Joh. Dunderhake und des Malers Magnus Möller. In der Sakristei werden einige Klingelbeutel aus rotem Saffian mit schönen Stickereien verwahrt, die 1775 in Konstantinopel hergestellt und der Kirche vom dortigen Gesandtschaftsprediger geschenkt wurden, der ein Sohn des Gemeindepastors Johan Nilsson Lutteman (Grabstein im Chorfußboden) war.

Die Kirche wurde 1964-65 nach Plänen des Architekten Karl Erik Hjalmarson restauriert.

G.S.

Alva

Die Kirche von Alva ruft wegen der Proportionen ihres Äußeren auf den ersten Blick Verwunderung hervor, verursacht durch den sehr breiten, niedrigen Turm. Dieser sollte eigentlich doppelt so hoch werden, wenn nicht heute unbekannte Ursachen den Bau gestoppt hätten.

Chor und Apsis entstanden zu Beginn des 13. Jahrhunderts, das Langhaus wurde später angefügt. Etwa hundert Jahre später begann man mit dem groß angelegten Turmbau im Westen, der aber nie fertiggestellt wurde. Das große gotische Portal im Süden trägt ebenfalls Zeichen einer schicksalsschweren Unterbrechung des Baues. Man gewinnt den Eindruck, als seien die Details des Portals recht beliebig von sachunkundigen Bauleuten zusammengesetzt worden. Einige übriggebliebene Portalteile sind zudem in einer Treppe in der nördlichen Turmmauer als Decke verwandt worden.

Die Säulen des Chorportals stehen auf Basen mit skulptierten Tierreliefs, die möglicherweise von dem gotländischen Steinmeister Sigraf geschaffen wurden. Das Portal des Langhauses, heute an der Nordseite plaziert, besitzt skulptierte Kapitelle, an denen ein über den Ring hinausbeißender Adler sowie ein Männerkopf zu sehen sind.

Im Innern ist die Nordwand des Langhauses mit Kalkmalereien aus dem späten Mittelalter versehen. Sie sind vermutlich unmittelbar vor der Reformation vom "Meister von 1520" (vgl. Lau) ausgeführt worden. Von Osten gesehen: Heiliger Bischof - Christi Geißelung (?) - Kreuzestragung - Christus am Kreuz, umgeben von Maria und Johannes.

Das große Triumphkreuz (s. Abb. S. 29) füllt einen großen Teil des Triumphbogens aus und ist eine prächtige Arbeit aus der Mitte des 13. Jahrhunderts (vgl. Lau, Fide). Der Altartisch aus Kalkstein besitzt ungewöhnlicherweise Sockel. Hinter dem Altartisch befindet sich ein romanischer Taufsteinfuß mit Reliefs, vermutlich eine Arbeit des Steinmeisters "Hegwald" (Ende 12. Jh.). Beim Eingang zur Sakristei liegt ein mittelalterlicher Grabstein mit einer lateinischen Inschrift, die übersetzt lautet: "Am 1. Januar im Jahre des Herrn 1317 starb Botvi, die Hausfrau Botvids in Alva, die in Frieden ruhen mag."

Alva, Nordfassade der Kirche

Unter den nachreformatorischen Inventarstücken ist ein Altaraufsatz aus Sandstein aus dem Jahre 1671 besonders bemerkenswert, der eine ungewöhnliche Abendmahlsdarstellung zeigt (außer der traditionellen Abendmahlsabbildung eine zeitgenössische evangelische Abendmahlsszene); die Taufe ist ebenfalls aus Sandstein, datiert auf 1653 und wurde möglicherweise 1673 bemalt.

Die Kanzel aus dem Jahre 1740 mit figuraler Malerei zeigt Evangelisten, Apostel und biblische Königsgestalten. Ein Chorgestühl (17. Jahrhundert) ist in die Turmkammer gebracht worden. Die Orgel, gebaut von Frobenius & Co in Kopenhagen, kam 1966 hinzu. Sie besitzt ein Manual, ein selbständiges Pedal, sechs Stimmen und eine mechanische Traktur.

Die Kirche wurde 1953-54 nach Plänen des Architekten Gösta Wiman restauriert.

E.L.

Anga

Wenn man von der ungewöhnlich hohen Turmhaube absieht, macht die Kirche von Anga von Süden aus gesehen den Eindruck, als gehöre sie zu dem normalen romanischen Landkirchentyp auf Gotland. Bei näherem Betrachten treten jedoch Züge hervor, die von diesem üblichen abweichen.

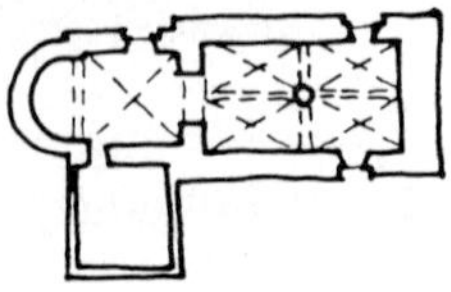

Am auffallendsten sind die merkwürdigen Proportionen des Langhauses, das im Verhältnis zu seiner Höhe sehr kurz ist. Es ist nur knapp so lang wie der Chor und kürzer als die Fassadenlänge des Turmes. Dies erklärt sich dadurch, daß das Langhaus weiter nach Westen reicht und der Turm gewissermaßen aus der westlichen Hälfte des Langhauses herauswächst. Seine östlichen Mauern ruhen auf einer Mittelsäule und deren beiden Gurtbögen (vgl. Kirchenruine Bara).

Anga, Innenraum nach Osten

Das gesamte Bauwerk scheint in der ersten Hälfte des 13. Jahrhunderts errichtet worden zu sein. Wahrscheinlich gab es dennoch eine Unterbrechung zwischen dem Bau des Langhauses und des Turmes. Die Sakristei entstand zu Beginn des 19. Jahrhunderts.

Wenn man in die Kirche hineintritt, begegnet man einem der besterhaltenen mittelalterlichen Kirchenräume Gotlands. Hierzu tragen insbesondere die farbenprächtigen Kalkmalereien bei, die bei Restaurierungsarbeiten 1946-47 zutage kamen. Sie stammen aus zwei Epochen.

Die ältere, vom Ende des 13. Jahrhunderts, ist in der Hauptsache ornamental (Gewölbe des Langhauses). Diese ältere Gruppe von Malereien ist signiert. Der Maler hieß Halvard; sein Name steht in einer Donationsinschrift in Runen am Triumphbogen.

Man beachte ebenfalls die längere Inschrift in gleicher Ausformung an der Nordwand des Langhauses, die in Runen in altgotländischer Sprache abgefaßt ist. In dieser Inschrift werden die Bauern der Gemeinde aufgezählt, die mit Tage- und Spannwerken beim Bau der Kirche halfen: "... errichteten hier diese Kirche, Hägmund mit vier Ochsen und Liknvid mit zwei Ochsen und Hägvid mit zwei ... Botvid mit einem Ochsen und Agnmund und Liknvid mit einem Ochsen ... und all dem Volk, das hier gearbeitet hat, der Genannten wie auch der Ungenannten, erbarme sich Gott, sowohl der Lebenden als auch der Toten."

Die Malereien der anderen Epoche gehören dem umfangreichen Werk des "Passionsmeisters" aus der Mitte des 15. Jahrhunderts an. Im Westen wird die Kindheit Christi dargestellt, im Norden die Passionsgeschichte und darüber die Legende der Hl. Margaretha. Diese umfaßt u.a. den Besuch des Teufels in Drachengestalt bei Margaretha, wie sie durch die Macht des Kreuzes gerettet wird und dem Drachenbauch wie einem Sarkophag entsteigt. Im Süden folgt eine Reihe Apostel sowie eine Seelenwägungsszene und eine Darstellung des Hl. Bernhard von Siena.

Auf dem Hochaltar in der Apsis steht ein gut erhaltener Flügelaltar aus der zweiten Hälfte des 14. Jahrhunderts (vgl. Gammelgarn).

Die einfache Taufe aus Kalkstein, die wieder an ihrem ursprünglichen Platz im Westteil des Kirchenraumes plaziert ist, wird ebenfalls auf die zweite Hälfte des 13. Jahrhunderts datiert. Das Triumphkruzifix stammt aus dem 15. Jahrhundert. Man beachte den Grabstein mit Runeninschrift im Boden des Chores südlich vom Altar, der vermutlich aus dem 13. Jahrhundert stammt.

Die Kanzel ist eine Arbeit aus dem späten 17. Jahrhundert. Sie wurde, wie eine Inschrift mitteilt, 1741 bemalt. Das gut erhaltene und einheitliche Gestühl kam zu Beginn des 18. Jahrhunderts in die Kirche und wurde 1748 bemalt.

Der Kirchenraum wurde 1946-47 nach Plänen des Architekten Erik Fant einer umfassenden Restaurierung unterzogen. Eine äußere Restaurierung erfolgte 1983.

E.L.

Ardre, Madonna von ca. 1500

Ardre

Die Kirche ist eine der kleinsten auf Gotland. Ihr Turm ist der älteste erhaltene Teil des Kirchengebäudes (von ca. 1200); er gehörte zu einem Kernbau, dessen Chor und Langhaus im späten 12. Jahrhundert errichtet wurden. Das jetzige Langhaus und der Chor wurden um 1250 erbaut. Auch das Chorportal mit seinen bemerkenswerten Kapitellreliefs stammt von jener Kernkirche. Hingegen ist das Südportal des Langhauses offensichtlich gegen Ende des 13. Jahrhunderts sekundär eingesetzt worden. Die Sakristei nördlich am Chor wurde 1801 hinzugefügt.

Der Innenraum wurde bei einer umfassenden Restaurierung 1900-02 unter der Leitung des Künstlers A.H. Hägg gänzlich umgestaltet. Bei dieser Gelegenheit wurde der ganze Kirchenraum mit Malereien versehen, die vom Konservator C.W. Pettersson nach Zeichnungen Häggs ausgeführt wurden.

Im mittleren östlichen Fenster des Chores sitzen drei Scheiben mit Glasmalereien aus der ersten Hälfte des 14. Jahrhunderts: Kreuzigung, Auferstehung, Christus als Majestas. Die übrigen bemalten Scheiben schuf C.W. Pettersson bei der großen Restaurierung nach mittelalterlichen Vorbildern.

Verschiedene mittelalterliche Einrichtungsstücke sind erhalten. Das Altarretabel mit geschnitzten Figuren, Christus am Kreuz, umgeben von Aposteln und Heiligen, entstand zu Beginn des 14. Jahrhunderts. Die Taufe aus Kalkstein stammt aus der Mitte des 13. Jahrhunderts. Im Triumphbogen hängt das Triumphkreuz aus derselben Zeit an seinem ursprünglichen Platz. Die Madonna, nunmehr in der nordöstlichen Ecke des Langhauses aufgestellt, wurde um 1500 geschaffen.

Die gesamten nachreformatorischen Einrichtungsgegenstände, mit Ausnahme der Kanzel aus der ersten Hälfte des 17. Jahrhunderts, wurden im Zusammenhang der genannten Restaurierung neu geschaffen. Die Orgelanordnung ist von Axel Herman Hägg nach dem Vorbild französischer Chororgeln gezeichnet worden. Die Orgel, mit einem Manual, vier Stimmen und Nebenpedal, wurde 1902 von der Firma Åkerman & Lund in Stockholm gebaut. Eine Restaurierung des Kirchenäußeren wurde 1973-75 durchgeführt, 1981 eine des Innenraums, bei dieser wurde die Orgel im Langhaus plaziert.

Bei der Weggabelung westlich der Kirche liegt ein mittelalterliches Fundament, Überrest eines quadratischen Gebäudes, Eingang an der Südseite.

E. L.

Atlingbo

Die Kirche von Atlingbo wird in der Guta-Sage als die erste Kirche im Mitteldrittel der Insel genannt, und das Guta-Recht gibt an, daß sie eine der drei Asylkirchen der Insel gewesen sei. Die älteste Kirche am Ort, vermutlich eine Holzkirche aus dem 11. Jahrhundert, dürfte also eine der ältesten auf

Atlingbo, Kanzel, hergestellt 1693 von Rasmus Felderman

Gotland gewesen sein. Bei Restaurierungsarbeiten 1956/57 konnte man während einer sorgfältig durchgeführten Untersuchung sämtliche Fundamente einer kleinen romanischen Steinkirche mit einem geraden Chorabschluß im Osten ausgraben.

Diese Kirche, von der oberirdisch keine Mauern mehr vorhanden sind, scheint in der Mitte des 12. Jahrhunderts entstanden zu sein und würde solchermaßen eine der allerersten Steinkirchen auf der Insel Gotland darstellen.

Die jetzige Kirche besteht aus einem quadratischen Chor mit spitzbogenförmigem Apsisgrundriß (sehr ungewöhnlich), einem rechteckigen Langhaus mit zwei Gewölben und einem Turm, der im Süden eine Gebetkammer mit einem sog. Hagioskop besitzt. Dies war eine Zelle für Personen, denen aus verschiedenen Gründen das Betreten des Gottesdienstraumes verwehrt sein konnte (vgl. z.B. Bro, Martebo, Vall, Väskinde). Die Sakristei entstand im Jahre 1800.

Der Chor mit Apsis ist der älteste Teil des Kirchengebäudes, entstanden zu Beginn des 13. Jahrhunderts, während das Langhaus und der Turm während <u>einer</u> Bauetappe am Ende desselben Jahrhunderts errichtet worden zu sein scheinen. Vermutlich wurde der Chor bei dem späteren Bauabschnitt erweitert und eingewölbt. Man beachte das fein gehauene Kapitellband des südlichen Langhausportals!

Im Innern der östlichen Seite des Portals befindet sich noch immer das außergewöhnlich schön geformte mittelalterliche Weihwasserbecken (vgl. Fide, Sundre u.a.).

Alle drei Räume der Kirche sind eingewölbt. Das Langhaus hat zwei Gewölbe, die von einem profilierten Gurtbogen voneinander getrennt werden, dessen Anfänger sich auf zwei kräftige, polygonale Konsolen stützen.

Auf dem mittelalterlichen Altar aus Kalkstein steht ein Aufsatz aus Holz aus dem 17. Jahrhundert, "bemalt, übermalt und von neuem bemalt in den Jahren 1682, 1750 und 1815". Die Kanzel, die 1693 aufgestellt wurde, ist eine Arbeit des Tischlers Rasmus Felderman, während die versilberte Taube unter Schalldecke 1740 von dem Tischler Johan Hernell angefertigt wurde. Das einfache Gestühl kam im 18. Jahrhundert hinzu.

Das bemerkenswerteste Einrichtungsstück der Kirche ist aber die mittelalterliche Taufe aus Sandstein (s. Abb. S. 21), eine Arbeit des anonymen Meisters aus dem 12. Jahrhundert, der den Namen "Byzantios" erhalten hat (vgl. Garde, Hejde u.a.). Die achtseitige Cuppa zeigt die Reliefbilder: Löwe mit Buche (der Markuslöwe) - Palmette - Sphinx mit Federkragen - springender Löwe - Lamm Gottes mit Kreuzesfahne - knieende Engel mit Spruchband - stehende Engel zwischen Altar und Kreuz - Pfau. Am Fuß befinden sich vier hervorragende Köpfe: zwei Löwen, ein Mensch und ein Widder.

Wie bereits erwähnt, erfuhr die Kirche 1956/57 eine umfassende Restaurierung nach Plänen des Architekten Olle Karth.

E. L.

Bäl

Chor, Langhaus und Turm bilden eine geschlossene Einheit, doch gibt es zwischen Entstehung des Chores und dem übrigen Teil der Kirche einen zeitlichen Abstand. In der Wand des Triumphbogens befinden sich Mauerteile einer sonst völlig verschwundenen Vorgängerkirche. Diese erhielt in der ersten Hälfte des 13. Jahrhunderts einen neuen Chor, den jetzigen. In der zweiten Hälfte desselben Jahrhunderts wurde der Umbau mit dem heutigen einschiffigen, mit zwei Zeltgewölben eingedeckten Langhaus und dem nicht ganz vollendeten Turm abgeschlossen. Dessen geplante Seitengalerien sind niemals ausgeführt worden und der Turmkörper erreichte auch niemals die Höhe, in der die Lautscharten für die Glocken gewöhnlicherweise eingefügt werden. Die Sakristei kam in neuerer Zeit hinzu.

Die Portale von Chor und Langhaus spiegeln die Stilveränderungen eines halben Jahrhunderts wider. Das erstere ist einfach und noch ganz romanisch, auch wenn einige dekorative Ziegelsteine im äußeren Bogen schon das neue Ideal ankündigen. Das Langhausportal ist mit seiner reichen Ornamentik am Kapitellband und im Tympanon eindeutig gotisch. In der Westmauer des Turmes befindet sich ein weiterer Eingang, ein stramm spitzbogiges Portal mit sich nach oben verjüngender Öffnung.

Das Innere der Kirche ist von großer Schlichtheit. Kürzlich durchgeführte Untersuchungen haben aber gezeigt, daß sich unter dem Kalk gut erhaltene Malereien aus dem 13. und 15. Jahrhundert verbergen.

Die Altartafel, ausgeführt von Johan Bartsch 1664 und gestiftet vom Tingsrichter Hans Jenson Gane, zeigt als Motive das Abendmahl und die Auferstehung. Die Kanzel ist eine Donation von 1722 des Kronkommissars Peter Gane und seiner Ehefrau. Sie wurde 1744 bemalt. Das Gestühl kam zu Beginn des 18. Jahrhunderts in die Kirche. Eine ursprünglich im Chor plazierte, nunmehr im Turmraum aufgestellte Priesterbank ist auf 1642 datiert, doch das Portrait eines Pastors auf ihrer Tür, wahrscheinlich Johan Johansson Lutteman, Pastor in Hejnum und Bäl 1698-1748, und die übrigen Malereien wurden erst zu Beginn des 18. Jahrhunderts aufgemalt.

An der Nordwand des Langhauses hängt ein großes Triumphkreuz aus der zweiten Hälfte des 13. Jahrhunderts. Die Taufe im Turmbogen gehört zum 13. Jahrhundert-Typus ohne Dekor.

In der Kirche werden zwei Epitaphe aus dem 17. Jahrhundert aufbewahrt. Das größere ist in der Mitte des Jahrhunderts von Johan Bartsch zur Erinnerung an eine Pastorenfamilie geschaffen worden, das kleinere 1690 zur Erinnerung an ein Mitglied der Familie Gane. Im Fußboden des Chores liegen ein Grabstein über Jakob und Botvid Gute, datiert auf 1329 (wiederverwandt 1712), sowie zwei über Angehörige der Familie Gane (von 1670 und 1700).

Die Kirche wurde 1965-66 nach Plänen des Architekten Leif Olsson restauriert.

G.S.

Bara

Die jetzt zur Ruine verfallene Kirche von Bara war dereinst eine Gemeindekirche. Schon zur Mitte des 16. Jahrhunderts scheint sie recht zerstört gewesen zu sein. 1588 beantragten die Gemeindemitglieder, daß der Gottesdienst, der dort seit längerem nicht mehr abgehalten worden war, wieder aufgenommen werden sollte. Sie wollten dafür die Kirche reparieren und den Pastor entlohnen. Vermutlich jedoch konnten sie die Kirche nicht instandsetzen, denn sie verfiel immer mehr und stand schließlich als Ruine da. Die Gemeinde wurde an die Kirche von Hörsne verwiesen und allmählich verschmolzen die beiden Gemeinden zu einer.

Die Ruine von Bara besteht aus einem quadratischen, gerade abschließenden Chor und einem rechteckigen Langhaus auf dessen westlichem Teil ein Turm sitzt (vgl. Anga). Der gesamte Baukörper scheint zur Mitte des 13. Jahrhunderts in einer Etappe aufgeführt worden zu sein. Das Langhaus war eine längliche Halle mit einer Mittelsäule, deren unterer Teil erhalten ist. Erhalten sind ebenfalls das Kapitell der Säule sowie sechs Trommeln des Säulenschaftes. Vom Chorgewölbe und den vier Gewölbefeldern des Langhauses ist soviel erhalten, daß sie als Zeltgewölbe bestimmt werden können.

Das Chorportal ist recht gut bewahrt. Die Kontur der Tympanonscheibe, ein Kielbogen, ist ungewöhnlich, kommt aber auch in Östergarn, Tofta und Sanda vor. Die übrigen Portale sind fast gänzlich zerstört.

Vom Inventar ist natürlicherweise kaum etwas erhalten geblieben. Reste einer Taufe, deren Cuppa mit einem Rundbogenfries ornamentiert war, liegen im Langhaus.

Im Jahre 1923 wurde eine umfassende Konservierung der Ruine unter der Leitung des Architekten Sven Brandel durchgeführt. Einen vollkommenen Wiederaufbau nach Plänen des Architekten Anders Roland plante man bei derselben Gelegenheit, doch ließ sich dieser nicht realisieren.

E.L.

Barlingbo

Unter dem Boden des Langhauses sind Fundamente einer kleinen, mit einem Turm versehenen Kirche vorgefunden worden. Deren Chorpartie wurde im zweiten Viertel des 13. Jahrhunderts durch den jetzigen Chor und dessen ungewöhnlichen geraden Apsisvorsprung ersetzt. Das Chorportal ist rundbogig, flankiert von Säulen mit einfachen Becherkapitellen. Gleichzeitig wurde an der Nordseite des Chores eine zweigeteilte Sakristei gebaut, deren eine Hälfte nunmehr als Heizungskammer dient.

Nach einer kürzeren Bauunterbrechung wurde der Umbau beim Langhaus fortgesetzt, das, wenn auch ohne Gewölbe, zur Mitte des 13. Jahrhunderts fertig gewesen sein dürfte. Das jetzige Langhausportal ist allerdings

Barlingbo, Detail an der Cuppa der Taufe

erst später eingesetzt worden und im Verhältnis zum Langhaus eigentlich zu groß. Der Wimperg wird oben durch das Dach abgeschnitten, und um Raum für die tiefen Ecken zu bekommen, mußte man die Mauer auf der Innenseite verdicken. Das ursprüngliche Portal scheint zum Teil in die Einfassung der Sitznische der südlichen Chorwand eingearbeitet worden zu sein, die deutlich sekundär ist.

Nach einer Unterbrechung von einigen Jahrzehnten wurde der Kirchbau um 1280 mit dem Turm vollendet, dessen hohes kreuzgewölbtes Erdgeschoß sich mit einem weiten Bogen zum Langhaus öffnet. Da zur selben Zeit in das

Langhaus Gewölbe eingesetzt wurden, erhielt man einen einheitlichen, mit drei Zeltgewölben versehenen, einschiffigen Kirchenraum. Der Turm besitzt an seiner Nordseite ein spitzbogiges Portal mit einer originellen Tympanonkontur. In der Westwand sitzt ein großes Rosettenfenster, das dem von St. Nikolaus in Visby ähnelt.

Im Zusammenhang des Turmbaues erhielt das Langhaus sein neues Portal. Gleichzeitig wurde in die Südwand und den Apsisvorsprung je ein spitzbogiges Maßwerkfenster eingesetzt. In dem Apsisvorsprung dürfte sich früher ein Rundbogenfenster mit Glasmalereien befunden haben, von dem eine Scheibe, die die Auferstehung darstellt, im Nordfenster des Langhauses erhalten geblieben ist.

Die neuen gotischen Fenster wurden gleichfalls mit Glasmalereien versehen. Das Apsisfenster weist noch eine großartige Ansammlung von ornamentalen und figuralen Scheiben aus der Zeit um 1280 auf, während das Südfenster des Langhauses Scheiben aus derselben Zeit mit dem Apostel Paulus, einem heiligen Bischof und zwei Engeln zeigt.

Die Kalkmalereien der Kirche entstammen verschiedenen Epochen. Am ältesten sind wohl die einfachen Borte aus grauen Dreiecken im Tribünenbogen und die kleinen Einweihungskreuze im Chor, beides vielleicht aus der Entstehungszeit des Chores. Von ungefähr 1280 stammen die ornamentalen Gewölbemalereien im Langhaus und der Rankendekor um das Ostfenster der Apsis.

Am jüngsten - aus dem späten 14. Jahrhundert - und ohne direkte Entsprechungen auf Gotland sind die sechs Apostelfiguren in ihren engen Ädikulae in der Apsis.

Der Altar besitzt an seiner Vorderseite einen Reliquienschrank, der durch einen mit einem Kreuz versehenen Stein geschützt wurde. An der rechten Seite sitzt eine eingemauerte Piscina. Der Altaraufsatz aus Sandstein ist auf 1683 datiert und trägt die Namenschiffre des schwedischen Königs Karls XI. (1672-97).

Das große Kruzifix im Triumphbogen mit Evangelistensymbolen an den Kreuzesenden und den -armen, die durch einen Ring zusammengehalten werden, wurde im Zusammenhang mit dem Chorumbau um 1240 angeschafft. Die Kanzel, datiert auf 1673, steht auf einem mittelalterlichen Seitenaltar.

In der Turmkammer steht das bemerkenswerteste Kunstwerk der Kirche, eine reich skulptierte Taufe aus der zweiten Hälfte des 12. Jahrhunderts. An der Cuppa werden in hohen Reliefs der Verkündungsengel Gabriel, Jungfrau Maria, ein Mann und eine Frau, die einander umarmen, entweder Joachim und Anna oder Joseph und Maria, sowie der gekreuzigte Jesus dargestellt. Zwischen diesen Figuren sieht man in flacheren Reliefs die Symbole der Evangelisten, verdeutlicht durch Runentexte.

Im Chorboden liegt eine Anzahl Grabsteine aus dem 13. und 14. Jahrhundert. Das Gestühl, die Empore und die Orgelwand kamen in der Mitte des 19. Jahrhunderts in die Kirche.

Im Turm hängt eine um 1440 gegossene Glocke mit einer lateinischen Inschrift, die eine Anrufung Christi, Mariens und des Hl. Dionysius beinhaltet. Letzterer war vermutlich der Schutzpatron der Kirche.

Die Kirche erfuhr 1948 eine kleinere Restaurierung, bei der u.a. die früher übertünchten Wand- und Gewölbemalereien zum Vorschein kamen.

G.S.

Björke

Auf der weiten gotländischen Ebene südwestlich von Roma liegt die Kirche von Björke. Sie besitzt keinen Turm, sondern trägt stattdessen im Westen über dem Langhaus einen Dachreiter. Der älteste Teil des Kirchengebäudes ist die zu Beginn des 13. Jahrhunderts errichtete westliche Hälfte des Chores. An diesen Chor wurde zur Mitte des 13. Jahrhunderts das jetzige zweischiffige Langhaus angefügt, dessen vier Gewölbefelder von einer Säule mit einfachem, kissenähnlichem Kapitell (vgl. Anga) getragen werden. Ein Turmbau im Westen war geplant, kam aber nie zur Ausführung.

Um die Mitte des 14. Jahrhunderts wurde der Chor als zu klein angesehen, weshalb man ihn durch einen Anbau nach Osten verlängerte, dessen Ostwand mit einem dreigeteilten, spitzbogigen Fenster versehen wurde (vgl. Buttle). Bei einer Grabung wurde festgestellt, daß der Chor zuvor einen apsidialen Abschluß hatte. Die Sakristei entstand 1860.

Unter den mittelalterlichen Inventarstücken befindet sich ein schönes Triumphkreuz (um 1200). Die einfache Taufe mit glatter Cuppa besitzt an ihrem Fuß vier interessante, naiv gehauene Männerköpfe (13. Jh.). Man beachte auch den Sakramentsschrank in der Nordwand des Chores mit reich geschnitzten Türen aus Holz (vermutl. 14. Jh.). Im Chorfußboden liegen mittelalterliche Grabsteine, u.a. der Pastoren Buterus (1382) und Botulf (1444).

Der Kanzelkorb ist einer der ältesten Gotlands, entstanden 1594 (vgl. Grötlingbo, Fide, Alskog). Er wurde durch Treppe und Baldachin 1745 ergänzt. Einige Holzplastiken, nunmehr auf einer Scheibe befestigt, gehörten ursprünglich zu einem mittelalterlichen Flügelaltar.

Die Kirche erfuhr 1910-12 eine umfassende Restaurierung, die den Innenraum noch immer prägt (vgl. Gemeindekirche Roma). In den Jahren 1955-63 wurde die Kirche nochmals und in mehreren Etappen restauriert.

E.L.

Boge

Im Jahre 1857 wurde der Turm durch einen Sturm beschädigt und fiel im folgenden Jahre vollständig ein, wobei er das Gewölbe des Langhauses und die Mittelsäule mitriß. Aus Furcht vor weiterem Einsturz errichtete man den großen Strebepfeiler rechts vom Haupteingang. Ein neuer Turm wurde in den Jahren 1867-92 auf den Fundamenten des alten aufgebaut, während das Gewölbe 1925 aus Ziegeln wiederhergestellt wurde. Die heutige Mittelsäule besteht zum größten Teil aus Originalstücken.

Der geräumige Chor mit Dreifenstergruppe in der geraden Ostwand ist zusammen mit der Sakristei der älteste Teil der Kirche, erbaut in der Mitte des 13. Jahrhunderts in frühgotischem Stil. Er schloß an ein älteres Langhaus an, von dem Teile in den heutigen Triumphbogen integriert worden sind und von dem auch ein etwas verändertes Portal mit zwei einander gegenübergestellten, vierfüßigen Tieren im Schlußstein des Gewölbes in der Nordseite des Langhauses erhalten ist.

Dieses ältere Langhaus wurde im späten 13. Jahrhundert durch das jetzige ersetzt. Seine große Breite und geringe Länge wurden einerseits durch den vorhandenen Chor und andererseits durch einen ebenso vorhandenen Turm im Westen erzwungen.

Das große Südportal ist später hinzugefügt worden. Damit es Platz fand, mußte man innen die Mauer verdicken. Die Kapitellornamentik zeigt naturalistische Details, die das Portal auf die Mitte des 14. Jahrhunderts datieren.

Der Chor besitzt ein stattliches Gewölbedekor mit symmetrischen Spiralranken und Lilienornamenten. An der Ostwand sind u.a. Löwen zu sehen sowie über den Sakramentsschränken der Seitenwände eine Rankenornamentik gleich der im Gewölbe; all dies stammt aus der Entstehungszeit des Chores.

Um die Wände des Langhauses läuft ein gemalter Fries aus der Mitte des 15. Jahrhunderts mit in spitzbogige Arkaden gesetzten Figuren. Auf der Südseite wird eine Reihe paarweise gruppierter Heiliger wiedergegeben (von links: Hl. Franziscus, Hl. Laurentius, der Evangelist Johannes, Johannes der Täufer, Judas Thaddäus, Thomas, zwei Undefinierbare, Hl. Paulus, Hl. Petrus, Hl. Andreas, Hl. Bartholomäus, Hl. Katharina von Alexandrien und eine undefinierbare weibliche Heilige).

Im Westen, links vom Turmbogen, setzt eine Serie Passionsbilder ein, beginnend mit Gethsemane und endend in der nordöstlichen Ecke des Langhauses mit Christus als Weltenrichter. Die Malereien knüpfen an den Stil des sog. Passionsmeisters an.

Die um 1700 entstandene Altartafel besteht aus Sandstein und zeigt eine aufgemalte Darstellung des Abendmahls, flankiert von Moses und Aaron. In der bekrönenden Kartusche steht eine Huldigung an den schwedischen König Karl XII. (1697-1718), "Vivat Rex XII".

Die Kanzel wurde 1737 von Johan Hernell hergestellt und besitzt die ursprüngliche Farbe. Am Aufgang befindet sich eine beschädigte mittelalterliche Bank.

Das Gestühl kam im 18. Jahrhundert in die Kirche. Eine einfache, schmucklose Taufe aus rotem Kalkstein stammt aus dem 13. Jahrhundert. Im Chorgewölbe hängt ein bemerkenswerter mittelalterlicher Leuchter aus

Eisen. Ein bildgeschmückter Grabstein im Fußboden des Chores ist auf 1344 datiert und bedeckt den Pastor Siggerus.

Die Kirche wurde 1925 vom Architekten Anders Roland restauriert. Gewölbe- und Wandmalereien wurden 1958 hervorgeholt, wobei auch einige Inventarstücke konserviert wurden.

G.S.

Bro

Die Kirche ist eine der sehenswertesten auf Gotland. In diesem Bauwerk mischen sich Romanik und Gotik auf eine mitunter verwirrende Weise, und im Innenraum bieten die Wanddekorationen und Einrichtungsgegenstände aus verschiedenen Epochen ein reichhaltiges Beispiel für den Wandel der Geschmäcker.

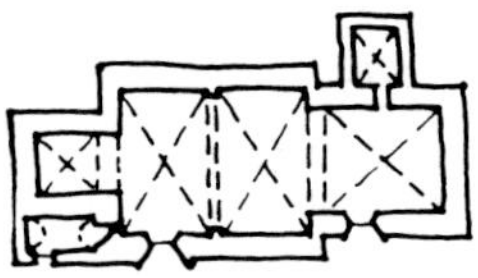

Von der ältesten bekannten Kirche am Ort sind der pfeilergleiche Turm sowie eine große Anzahl Fassadensteine, die beim Bau des gotischen Langhauses wiederverwandt wurden, erhalten. Der Vorgängerbau war eine unverputzte Bruchsteinkirche, bei der Langhaus, Apsidenchor und Turm um 1200 erbaut worden waren. Um den Dachfuß des Langhauses lief ein Rundbogenfries, von dem einige Felder mit Reliefs geschmückt waren, die Tiere und symbolische Zeichen darstellten. Viele solcher Steine befinden sich in der Südwand des heutigen gotischen Langhauses, in die sie ungeordnet eingemauert worden sind.

An der Westseite des Turmes zieht eine herausragende Baumwurzel die Aufmerksamkeit auf sich. Es ist der außen sichtbare Teil eines quer durch den Turm gezogenen Baumstammes, dessen Aufgabe es ist, die auseinanderstrebenden Mauern zusammenzuhalten.

Mitte des 13. Jahrhunderts wurde der Apsidenchor durch den jetzigen, gerade abschließenden Chor mit Sakristei ersetzt und um 1300 wurde das heutige, einschiffige Langhaus errichtet sowie die Gebetkammer im Winkel zwischen der Westwand des Langhauses und dem Turm. Dieser kleine Raum, der nur durch eine vierpaßförmige Öffnung, einem sog. Hagioskop, mit dem Kirchenraum in Verbindung steht, wird wahrscheinlich für Leute vorgesehen gewesen sein, die aus dem einen oder anderen Grund nicht zusammen mit der übrigen Gemeinde am Gottesdienst teilnehmen durften. In der Südwand dieser Gebetkammer ist ein Bildstein aus dem 5. Jahrhundert n. Chr. eingemauert. Einen weiteren sieht man in die Turmwand der Kammer eingemauert und ein dritter, der aus der Südfassade des Langhauses herausgenommen wurde, wird hier aufbewahrt. In der Kammer kann man außerdem ein Vogelkapitell studieren, das zu einer Säule gehört haben dürfte, die in einen ursprünglichen Doppelbogen zwischen dem Erdgeschoß des Turmes und dem Langhaus eingefügt war (vgl. Fole).

Das Chorportal ist frühgotisch und besitzt an den Kapitellbändern zierliche Ranken und Palmetten in flachen Reliefs. Das Langhausportal repräsentiert die Hochgotik, in der auf Gotland schönsten Weise. Die Kapitellfiguren linker Hand geben Szenen aus der Kindheitsgeschichte Jesu sowie die Auferstehung und das Totenreich wieder, rechts dagegen befinden sich lediglich stilisierte Gewächsmotive. An den Skulpturen und im Tympanon erkennt man Spuren mittelalterlicher Bemalung. Auch die Holztür ist mit ihrem Eisenbeschlag von ca. 1300 bemerkenswert. Man beachte insbesondere den Lebensbaum ganz oben mit seinem locker hängenden Laub.

Einer Inschrift an der nördlichen Langhauswand zufolge wurde die Kirche 1686 bemalt. Diese Ausschmückung bestand teils aus "Ausbesserungen" der mittelalterlichen Wandmalereien im Chor und im Langhausgewölbe, teils aus Hinzufügungen einiger neuer Motive wie der Namenschiffre des schwedischen Königs Karls XI. und den Blumen über dem Ostfenster des Chores. Einige mittelalterliche Malereien wurden übertüncht. Hierzu gehören u.a. die später wieder hervorgebrachten Malereien über dem Triumphbogen mit Christus als Weltenrichter, umgeben von Maria und Johannes dem Täufer, dem Hl. Bartholomäus und dem Hl. Olav sowie zwei kleineren Gestalten, die vermutlich den Donator und seine Ehefrau darstellen. Sie wurden um 1300 ausgeführt.

An den Wänden des Langhauses und des Chores sind aufgemalte Friese aus dem 15. Jahrhundert vom sog. Passionsmeister entdeckt worden. Reste davon sieht man noch an der Südwand des Chores (Maria mit dem Jesuskind

Bro, Verkündigung (rechts) und Geburt, Details vom Relief am südlichen Langhausportal, ca. 1300

und die Hl. Anna), doch das meiste liegt unter den feuergelben Akanthusranken verborgen, die vermutlich 1723 aufgemalt wurden. Aus dem späten 18. Jahrhundert stammt die Draperiemalerei hinter der Kanzel.

Die Altartafel ist aus Sandstein und trägt das Abendmahl als Zentralmotiv. Die Kanzel, die im Baldachin das Monogramm des schwedischen Königs Fredriks I. (1720-51) trägt, ist auf 1723 datiert. Ebenso wie das Gestühl ist sie von Jöns Wulff bemalt worden.

Von besonderem Interesse ist die Bank an der nördlichen Chorwand, da sie Teile einer mittelalterlichen Chorbank besitzt. Unter der Paradiesmalerei von 1723 an ihrer Rückwand schimmert eine mittelalterliche Dekoration, die das Jüngste Gericht darstellt.

Die Empore wurde 1779-80 errichtet und im Jahr darauf bemalt. Die Orgel mit Karls XIV. Johan (1818-44) Namenschiffre kam 1839 hinzu. Unter der Empore steht eine Taufe vom Meister Sigraf von ungefähr 1200. Die Reliefs erinnern an diejenigen, die die Fassaden der romanischen Kirche schmückten. Die Farbe stammt von 1723.

Von dem einstmals reichen Schatz der Kirche an mittelalterlichen Holzplastiken ist nur ein Triumphkreuz von ca. 1200 erhalten. Es ist nun über dem nordöstlichen Seitenaltar plaziert.

Im Turm hängt eine Glocke aus dem 15. Jahrhundert mit einer plattdeutschen Inschrift, die übertragen lautet: "Das heilige Kreuz in Bro, es sei uns gnädig, dessen sind wir froh".

Die Kirche in Bro war eine weithin bekannte Opferkirche, der insbesondere Seeleute Geldzuwendungen zukommen ließen. Der Überlieferung zufolge soll sie über einer Opferquelle gebaut worden sein. Eine weitere derartige Quelle befindet sich ca. 250 Meter südlich der Kirche.

Rund 100 Meter südwestlich der Kirche steht ein treppengiebelförmiges Tor, das einst in den mittelalterlichen Pfarrhof führte.

G.S.

Bunge

Abgesehen von dem massiven, festungsartigen Turm ist die Kirche ein einheitliches, hochgotisches Bauwerk vom Beginn des 14. Jahrhunderts. Sie wetteifert mit Lärbro um den Titel der größten Kirche im nördlichen Gotland. Der ursprüngliche stolze Aufbau ging jedoch in gewissem Maße verloren, als das äußere Dach bei einer Restaurierung in der Mitte des 19. Jahrhunderts abgesenkt wurde. Zuletzt wurde die Kirche 1971 nach Plänen des Architekten Leif Olsson restauriert.

Der Turm ist also der älteste Bauteil der Kirche. Er wurde zu Beginn des 13. Jahrhunderts neben einer früheren, kleineren Steinkirche errichtet. Man darf annehmen, daß er dieselbe Funktion besaß wie die Kastale in einigen anderen gotländischen Küstentrakten, nämlich die eines Zufluchtsraumes für die Landbevölkerung.

Das reich und schön gestaltete Südportal des Langhauses trägt im Tympanon Reliefs, die die Auferstehung Christi und zwei weibliche Heilige darstellen. Das Chorportal ist einfacher, stammt aber aus derselben Zeit. Das Nordportal entstammt dagegen der älteren Kirche. In der aus zwei breiten Planken zusammengefügten Tür sieht man Löcher, die durch Pikenstöße und Armbrustpfeile hervorgerufen worden sind.

Das hohe und geräumige Langhaus wird durch schlanke Säulen, von denen die vordere an ihrer Basis Abbildungen von Christus, Maria, Johannes dem Täufer und einem Teufel trägt, in zwei Teile unterteilt. Eine ungewöhnlich skulptierte Darstellung der Messe befindet sich auf der rechten Gewölbekonsole der Südwand.

Von dem einstmals reichen Bestand der Kirche an Glasmalereien ist nur eine Scheibe, die Christus als Weltenherrscher zeigt, ganz oben im Langhausfenster erhalten geblieben. Sie stammt aus dem zweiten Viertel des 14. Jahrhunderts. Es ist aber zweifelhaft, ob sie sich an ihrem ursprünglichen Platz befindet.

Der Verlust der Glasmalereien wird jedoch ein wenig durch die interessanten Wandmalereien vom Ende des 14. Jahrhunderts ausgeglichen. Sie füllen die Wände des Langhauses und des Chores mit einem Gewimmel von Figuren und architektonischen Motiven. In gleichmäßigen Abständen erscheinen große, stehende Gestalten, die meisten Apostel darstellend, die in Fußhöhe von kleinformatigen Szenen aus ihren Legenden begleitet werden. Die liturgischen Hauptakzente der Malereien sind auf der einen Seite Christus als Majestät sowie der Gnadenstuhl an der Ostwand des Chores und auf der anderen Seite das Jüngste Gericht an der Westwand des Langhauses. Zwischen den Aposteln an der Nordwand sieht man die Kreuzigung (links), die Kreuzesabnahme (rechts) und Christus als Schmerzensmann, "Imago Pietatis", (Mitte), auch gedeutet als Papst Gregor, der die Messe abhält. Der Reiterfries darunter muß als Darstellung des Martyriums der thebanischen Legion gedeutet werden.

Die Einrichtungsgegenstände entstammen mit einigen Ausnahmen der nachreformatorischen Zeit. Die Kirche hat allerdings einige mittelalterliche Kultgegenstände besessen, u.a. eine Plastik aus dem frühen 14. Jahrhundert, die den Hl. Olav darstellte. Eine Kopie befindet sich links vom Triumphbogen.

Ein bemerkenswertes mittelalterliches Inventarstück aus der Mitte des 13. Jahrhunderts ist die im Chor aufgestellte Armenbüchse aus Kalkstein, die in Runenschrift die Signatur trägt: "Lafrans machte diesen Stein." Sie könnte ursprünglich im Triumphbogen als Stütze für ein Kruzifix gestanden haben. Aus derselben Zeit stammt die Taufe, deren Cuppa mit einem einfachen Rahmenmotiv dekoriert ist. Mittelalterlichen Ursprungs sind schließlich mehrere Grabplatten im Chorfußboden, die älteste ist von 1294.

Die Altartafel ist eine anspruchslose Sandsteinarbeit aus dem Jahre 1689 mit dem Abendmahl als Hauptmotiv. Die Kanzel, datiert auf 1702, besitzt noch ihre alte Bemalung. Die Orgel ist eine der interessantesten auf Gotland. Sie wurde ursprünglich für die in der Mitte des 18. Jahrhunderts errichtete französische Kirche in Stockholm hergestellt.

Die Kirche ist von einer Kirchhofmauer umgeben, die fortifikatorische Bedeutung gehabt hat, was aus noch erhaltenen Schießscharten hervorgeht. Nördlich des westlichen Torhäuschens ist die Mauer wieder in ihre ursprüngliche Höhe gebracht worden (über 2 m). Die vier Torhäuschen sind mittelalterlich, wobei das östliche allerdings im Zusammenhang mit der Erweiterung des Kirchhofs in moderner Zeit versetzt und verändert wurde.

Nordöstlich vom Kirchhof stehen die Ruinen des mittelalterlichen Pfarrhofs. Dieser war ein ungewöhnlich stattliches Gebäude gewesen, z.T. mehrere Stockwerke hoch und mit reich verzierten Portalen und Fensteröffnungen versehen. Er war in der Mitte des 14. Jahrhunderts errichtet worden. Skulptierte Teile von ihm werden im nahegelegenen kulturhistorischen Museum von Bunge aufbewahrt.

G.S.

Burs

Burs gehört zu den sog. Sattelkirchen, d.h. das Bauwerk besitzt einen hohen Turm im Westen, einen großen Chor im Osten sowie zwischen diesen Gebäudeteilen ein kleines niedriges Langhaus (vgl. die Nachbarkirchen Lye, Garde und Alskog).

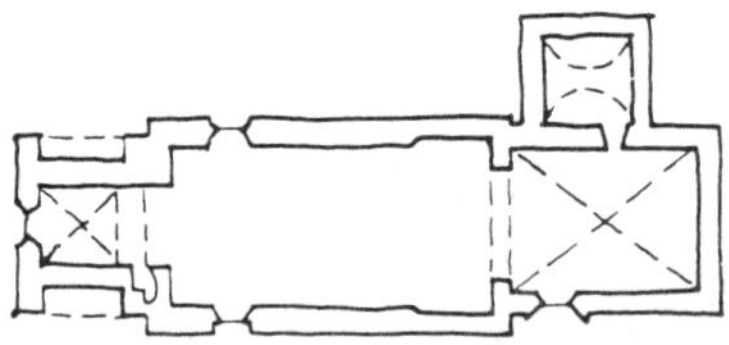

Das Langhaus ist der älteste erhaltene Teil des Gebäudes, es wurde zu Beginn des 13. Jahrhunderts errichtet. Danach erbaute man in der Mitte desselben Jahrhunderts den stattlichen Galerieturm (man beachte die ungewöhnlichen Entlastungsbögen). Der große gotische Chor entstand hundert Jahre später, in den 1320er Jahren, und ist ein Werk der großen Bauhütte, die unter die Bezeichnung "Egypticus" gefaßt ist. Im Zusammenhang mit

Burs, Steinbank mit reich ornamentierten Seitenwänden, 14. Jh.

diesem Bau wurde der romanische Apsidenchor niedergerissen. Möglicherweise ist das romanische Chorportal als Nordportal des Langhauses wiederverwandt worden. Die Sakristei entstand vermutlich im Spätmittelalter.

Das jetzige, gotische Chorportal ist reich skulptiert: im Wimperg eine stehende, segnende Christusfigur, auf dem östlichen Kapitellband die törichten Jungfrauen, denen das Symbol für das Judentum, die Synagoge, vorangestellt ist. Im westlichen Kapitellband werden die weisen Jungfrauen dargeboten, denen die Ecclesia vorangestellt ist. Im Tympanonfeld ist ein thronender Christus, flankiert von Aposteln und Heiligen zu sehen.

Der Innenraum vermittelt einen lichten Eindruck, was vor allem an dem großen Fenster liegt, das das Langhaus in späterer Zeit erhalten hat. Man beachte die Glasmalereien im östlichen Fenster des Chores, die die Reste einer umfangreichen Serie von Glasmalereien aus dem zweiten Viertel des 14. Jahrhunderts darstellen. Die Decke des Langhauses besteht aus einer dreigeteilten Holzabdeckung mit interessanten Malereien von 1706.

Der Flügelaltar ist eine deutsche Arbeit aus der ersten Hälfte des 15. Jahrhunderts. Die Bemalung der Predella zeigt dasselbe Motiv wie die Kapitellbänder des Chorportals: die weisen und die törichten Jungfrauen. Die lateinische Inschrift stammt größtenteils aus dem Glaubensbekenntnis.

Neben dem Altar an der Südwand des Chores steht eine bemerkenswerte Bank aus Kalkstein mit Reliefs vom selben Meister oder derselben Werkstatt, der/die das Chorportal gehauen hat. Auf dem einen Giebel wird die Verkündigung sowie die Begegnung von Maria und Elisabeth dargestellt, auf dem anderen die Geburt Jesu. Man beachte auch die gut erhaltenen, ursprünglichen Farben.

Das Triumphkreuz mit seinem charakteristischen Ring ist eine Arbeit aus dem späten 13. Jahrhundert. Die Kanzel wurde von Johan Dunderhake 1756 geschaffen (vgl. Alskog), mit der Kanzel der Domkirche als Vorbild. Auch die übrigen Einrichtungsgegenstände stammen aus dem 18. Jahrhundert.

Im Fußboden des Chores liegt ein mittelalterlicher Grabstein mit einem Schriftband aus Messing. Die lateinische Inschrift lautet in Übersetzung: "Im Jahre des Herrn 1380 starb der Kanonikus in Lund und Linköping Herr Johannes, Propst in Stånga, bete für ihn."

Die Kirche ist in den Jahren 1960-64 in mehreren Etappen umfassenden Reparatur- und Instandhaltungsarbeiten unterzogen worden.

E.L.

Buttle

Die heutige Kirche in Buttle besteht aus einem gerade abschließenden Chor, einem mit Holz eingedeckten Langhaus und einem relativ hohen, romanischen Turm. Dies zeigt, daß ein größerer Teil der romanischen Anlage erhalten ist, auch wenn dieser etwas modernisiert wurde, was bereits

Buttle, bekröntes Haupt, Detail an der Taufe, 13. Jh.

in der gotischen Epoche geschah. Dabei wurde eine vorhandene Apsis abgerissen und an deren Stelle ein Anbau nach Osten mit geradem Abschluß durchgeführt.

Die ältesten Gebäudeteile sind die westliche Hälfte des Chores sowie das Langhaus. Beide scheinen im späten 12. Jahrhundert in einer Bauetappe errichtet worden zu sein. Die romanische Kirche wurde Anfang des 13. Jahrhunderts durch Hinzufügung des Turmes im Westen vollendet. Die genannte Modernisierung des Chores wurde vermutlich in der Mitte des 14. Jahrhunderts durchgeführt (vgl. Björke). Zu der Zeit kam auch die Sakristei hinzu.

Die großen Fenster im Langhaus sind bei einer umfassenden Restaurierung 1882-83 eingesetzt worden.

Die Innenwände sind großenteils mit Kalkmalereien geschmückt, die wahrscheinlich alle vom "Passionsmeister" oder seiner Werkstatt in der Mitte des 15. Jahrhunderts ausgeführt worden sind. An der westlichen Langhauswand beginnt ein fragmentarischer Passionsfries, der an der nördlichen Wand fortsetzt. Sämtliche Szenen sind schwer beschädigt. In der Turmkammer befinden sich einige bedeutend besser erhaltene Malereien vom selben Meister: der Kampf des Hl. Georg mit dem Drachen - der Hl. Martin, der seinen Mantel mit einem Bettler teilt - eine Seelenwägungsszene.

Die Kirche besitzt eine Anzahl sehr bemerkenswerter mittelalterlicher Inventarstücke; unter ihnen insbesondere ein Flügelaltar von ca. 1400, der noch immer an seinem ursprünglichen Platz auf dem Hochaltar steht. Seine gut erhaltene Vielfarbigkeit wurde bei einer Restaurierung 1956-57 hervorgebracht. Im Corpus des Flügelaltars ist eine Kreuzigungsgruppe zu sehen; auf dem linken Flügel der Hl. Olav sowie eine weibliche Heilige, möglicherweise die Hl. Birgitta; auf dem rechten Flügel ein heiliger Bischof, vermutlich der Hl. Nikolaus, sowie die Hl. Katharina von Alexandrien.

Das kleine Triumphkreuz ist eine der ältesten erhaltenen Holzplastiken Gotlands. Es stammt vom Ende des 12. Jahrhunderts und ist vermutlich in einer einheimischen Werkstatt geschnitzt worden, allerdings von einem Meister, der Kontakt zur deutschen Holzschnitzkunst besaß.

Das dritte, bemerkenswerte mittelalterliche Inventarstück ist die Taufe aus der Mitte des 13. Jahrhunderts. Die einfache Cuppa ruht auf einem Schaft mit drei ausdrucksstark geformten Köpfen: ein Untierkopf sowie zwei Menschenköpfe, der eine mit Krone (ein König?), der andere mit eng anliegender Haube (ein Krieger?).

Die Kanzel vom Beginn des 18. Jahrhunderts zeigt auf ihren vorspringenden Spiegeln interessante figurale Malereien von Johan Weller (1780). Das Schalldach ist durch eine Inschrift auf 1662 datiert. Das Gestühl stammt im wesentlichen aus dem 18. Jahrhundert.

Die Kirche erlebte 1956-57 eine umfassende Restaurierung unter Leitung des Architekten Olle Karth nach früheren Restaurierungsplänen des Architekten Erik Fant.

E.L.

Dalhem

Die Kirche von Dalhem ist mit ihrem weithin sichtbaren hohen Turm eine der größten und bemerkenswertesten Landkirchen Gotlands.

Der Chor mit der Sakristei und das Langhaus wurden in der ersten Hälfte des 13. Jahrhunderts errichtet, während der hohe, mächtige Turm erst im 14. Jahrhundert entstand. Das Portal und das große Fenster an der

Westseite gehören ebenfalls dieser späteren Bauphase an. Man beachte die interessanten, fein gehauenen Reliefs am Kapitellband des Portals. Die Figurenmotive sind für die gotländische Portalskulptur ungewöhnlich: u.a. Centaur mit Schwert und Schild; ein Drache, der einen Menschen verschlingt, Flötenspieler; ein Mann mit einem Trinkhorn sowie eine Sphinx; außerdem eine reiche Flora an Blattornamenten.

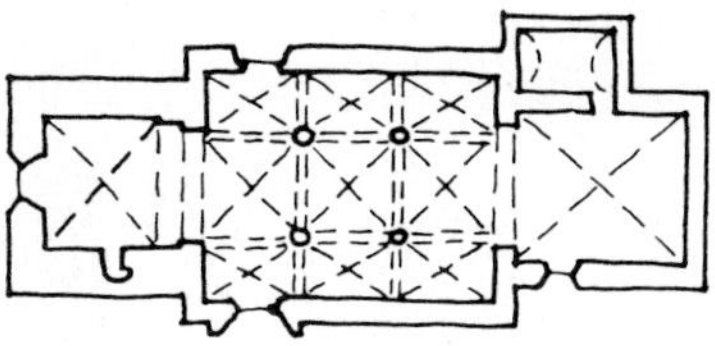

Der Bau des Turmes wurde unter der Leitung des großen anonymen "Meister Egypticus" durchgeführt, in dessen Werkstatt auch das Portal gehauen worden zu sein scheint (vgl. Türme in Rone, Öja, Stånga u.a.). Die heutige Kirche hatte einen bedeutend kleineren romanischen Vorgängerbau, dessen Chor vermutlich eine Apsis besaß. Die Grundmauern dieser älteren Kirche fand man bei Restaurierungsarbeiten im Jahre 1899.

Der Innenraum wird von dem dreischiffigen Langhaus beherrscht, dessen neun Gewölbe von vier schweren Säulen getragen werden. Eine umfassende Restaurierung 1899-1914 unter der Leitung des Künstlers Axel Herman Hägg hat dem gesamten Kirchenraum ihr Gepräge gegeben. Die Wände sind übervoll von historisierenden Malereien nach mittelalterlichen Vorbildern (vgl. Ardre). Doch befinden sich in der südöstlichen Ecke des Langhauses einige erhaltene, original mittelalterliche Malereien. Dort werden dargestellt: Die Kreuzesabnahme - Michael als Drachentöter - die Seelenwägung (Kaiser Heinrich schenkte der Legende nach einem Kloster einen kostbaren Kelch und rettete damit sein Seelenheil - vgl. Vamlingbo). Diese Malereien dürften im Zusammenhang mit dem Turmbau im 14. Jahrhundert entstanden sein.

Die Kirche besitzt die ältesten erhaltenen Glasmalereien Gotlands. Sämtliche Scheiben befinden sich im nördlichen und östlichen Fenster des Chores; sie wurden durch Imitationen komplettiert, die bei der großen Restaurierung hergestellt worden sind. Die mittelalterlichen Scheiben sind folgende: (im nördlichen Fenster) St. Margaretha; (im mittleren Ostfenster) Christi Himmelfahrt - Majestas Domini; (im südlichen Ostfenster) der Judaskuß - Christi Geißelung - Kreuzestragung. Die Glasmalereien sind im zweiten Viertel des 13. Jahrhunderts entstanden.

An der Nordwand des Chores steht eine bemerkenswert gut erhaltene Chorbank aus dem 14. Jahrhundert, ergänzt und umgebaut im 17. Jahrhundert sowie bei der großen Renovierung. Das Retabel des Hochaltars entstand im 14. Jahrhundert, ist in späterer Zeit aber ebenfalls ergänzt und bemalt worden. Über der Sakristeitür hängt ein Prozessionskreuz aus der ersten Hälfte des 14. Jahrhunderts. Man beachte die Sakramentsnische in der Nordwand des Chores mit ihrer ornamentierten Kalksteineinfassung. Sie stammt wahrscheinlich von der Kernkirche (12. Jahrhundert).

Die Taufe aus Kalkstein, nunmehr in der Turmkammer aufgestellt, ist vom Muschelcuppatyp der Mitte des 13. Jahrhunderts. Im Nordportal des Langhauses (außen) ist der älteste Grabstein der Kirche eingemauert. Er wurde zum Gedenken an den Pastor Nicolaus am Ende des 12. Jahrhunderts hergestellt. Die Kanzel aus skulptiertem Eichenholz stammt aus dem Jahre 1637.

Dalhem, St. Margaretha, Glasmalerei im Nordfenster des Chores, 13. Jh.

Die übrigen Inventarstücke kamen zum größten Teil bei der Restaurierung 1899-1914 hinzu. Die Inschrift auf der Kirchenglocke lautet:" Das Wort Gottes währt ewiglich. Im Jahre des Herrn 1599. Mit Gottes Hilfe goß mich Mattias Benning in Lübeck".

1969 wurde der Innenraum einer kleineren Restaurierung unterzogen, die vor allem der Reinigung von Decken und Gewölben galt. Es muß erwähnt werden, daß die Einrichtung von 1899-1914 beibehalten wurde.

E.L.

Eke

Die erste Kirche in Eke war eine Stabkirche, deren Wandplanken (jetzt im Staatlichen Historischen Museum in Stockholm) bei einer Restaurierung 1916 als Fußboden vorgefunden wurden. Sie waren innenseitig mit Malereien in byzantinischem Stil aus dem 12. Jahrhundert geschmückt.

Die jetzige Kirche von Eke besteht aus einem im Osten gerade abschließenden Chor, einem etwas höheren Langhaus sowie einem stattlichen Turm. Chor und Langhaus scheinen nacheinander zur Mitte des 13. Jahrhunderts entstanden zu sein, während der Turm mit seinem Westportal um 1300 hinzukam. Die beiden rundbogigen Portale an der Südseite sind in wechselndem roten und graugrünen Kalkstein errichtet worden. Mit Ausnahme des schönen dreigliedrigen Fensters in der Ostwand des Chores sind die Fensteröffnungen der Kirche in späterer Zeit beträchtlich vergrößert worden. Die Sakristei an der Nordseite des Chores sowie ein Anbau (Gemeindemagazin) an der Nordwand des Turmes entstanden im 19. Jahrhundert.

Der Innenraum ist durch eine Dreiteilung geprägt: ein großer Turmraum, der durch einen hohen Turmbogen mit dem Langhaus vereint ist, das Langhaus mit seinen beiden, durch einen breiten Gurtbogen voneinander getrennten Gewölben, und schließlich der Chor, der durch ein dreigliedriges Fenster im Osten erhellt wird.

Die Kirche ist reich mit mittelalterlichen Kalkmalereien geschmückt. Die ältesten (aus dem 13. Jahrhundert) befinden sich am Gewölbe des Chores und an der Ostwand des Langhauses über dem Triumphbogen: Fabeltiere, Gewächsschlingen und geometrische Ornamente.

Die übrigen Malereien, hauptsächlich an den Wänden des Langhauses, sind in der Mitte des 15. Jahrhunderts von dem sog. Passionsmeister oder seiner Werkstatt ausgeführt worden. An der Nordwand beginnt ein Passionsfries, der sich im Chor fortsetzt und dort mit für diesen Meister ungewöhnlichen Szenen abschließt: Gnadenstuhl, Christus als Weltenrichter, Isaaks Opfer (fast unkenntlich), Kains und Abels Opfer, der Brudermord. An der Südwand des Langhauses wird die Kindheit Christi geschildert. Die Malereien wurden 1916 von C.W. Pettersson hervorgebracht und konserviert.

Eke, reitender König, Detail an der Taufe aus der zweiten Hälfte des 12. Jh.

Die Taufe aus der zweiten Hälfte des 12. Jahrhunderts ist vom gotländischen Steinmeister Sigraf geschaffen worden. Auf den Reliefs der Cuppa wird die Kindheitsgeschichte Jesu geschildert: Verkündigung - Maria und Elisabeth - Geburt - Anbetung der Könige - die Könige zu Pferd (man beachte die Form der Kirchtürme).

An einem bei der letzten Renovierung rekonstruierten Seitenaltar in der nordöstlichen Ecke des Langhauses befindet sich ein gut erhaltenes Madonnenbild aus der Zeit von ca. 1500. Man beachte auch bei der Nische in der Nordwand des Chores die Einfassung aus Holz, vermutlich aus dem 13. Jahrhundert.

Die Einrichtung stammt überwiegend aus dem 18. Jahrhundert. Die einfachen geschlossenen Bänke mit Blumenmalereien sind möglicherweise zur gleichen Zeit wie die Chorbank, die auf 1754 datiert ist, entstanden. Die Kanzel wurde 1731 gebaut und 1754 bemalt. Die festlich bemalte Nummerntafel ist laut Inschrift 1789 hergestellt worden.

Die Kirche wurde 1916 restauriert, wobei die mittelalterlichen Kalkmalereien hervorgebracht und konserviert wurden. Eine neuere, umfassendere Restaurierung des Innenraums und der Außenfassaden wurde 1969-71 nach Plänen des Ingenieurs Ingmar Holmström und des Architekten Gunnar Jonsson durchgeführt.

E.L.

Ekeby

Der Kirchbau besteht aus einem nahezu quadratischen Chor, einem rechteckigen Langhaus sowie einem hohen, schmalen Turm im Westen. Bei äußerer Betrachtung gewinnt man leicht den Eindruck, die Kirche sei ein homogenes Bauwerk, das in nur einer Etappe entstanden ist. Allein der Grundriß des Turmes und das rundbogige, westliche Turmportal weisen allerdings darauf hin, daß die Kirche in mehreren Bauphasen errichtet worden ist.

Am ältesten ist der untere Teil des Turmes, der einen erhalten gebliebenen Rest einer romanischen Anlage vom Ende des 12. Jahrhunderts darstellt. Der jetzige Chor und das Langhaus scheinen während einer Bauphase am Ende des 13. Jahrhunderts entstanden zu sein, als auch der Turm seine Ergänzung zu der heutigen, ansehnlichen Höhe erhielt.

Die beiden stattlichen Portale der Südfassade besitzen Kapitellbänder mit fein gehauener Gewächsornamentik. Einer der Bögen im Langhausportal ist an der Unterseite mit einem Zickzackband in schwarzer Farbe dekoriert, was uns daran erinnert, daß die Portale - ebenso wie andere Details der Fassade - ursprünglich reich bemalt waren (vgl. Hablingbo, Bro, Öja). Die Portaleinfassung ist zudem mit abwechselnd grauen und roten Steinen in kontrastreichem Spiel gestaltet.

Der Innenraum der Kirche ist hinsichtlich der Farbgebung einer der reichhaltigsten Gotlands. Die Wände des Langhauses sind angefüllt mit Kalkmalereien aus dem 13., 15. und 18. Jahrhundert. Im Chor erstrahlt eine stark blaue Draperiemalerei vom Beginn des 19. Jahrhunderts in beinahe barbarischer Pracht. Hier vereinen sich solchermaßen die Auffassungen weit auseinanderliegender Jahrhunderte von der Ausschmückung des Kirchenraums zu einer sehr interessanten Ganzheit. Man beachte auch die gut erhaltene, ursprüngliche Farbe an den Konsolen.

Die großfigurigen, hoch plazierten Apostel im Langhaus sind am ältesten, entstanden kurz nach Vollendung der gotischen Kirche am Ende des 13. Jahrhunderts. Es folgen die üblichen Friese des "Passionsmeisters", die in der Mitte des 15. Jahrhunderts ausgeführt worden sind: an der Nordwand die Passionsgeschichte und an der Südwand die Kindheitsgeschichte Jesu. Die stark leuchtende Draperiemalerei sowohl im Langhaus als auch im Chor malte J. Gustaf Möller 1802/03.

Alle Fenster der Kirche waren ursprünglich mit Glasmalereien versehen. Von diesen sind nur Reste erhalten geblieben. Im dreigliedrigen Ostfenster des Chores befinden sich drei Scheiben mit Figurenmotiven: Erweckung des Lazarus - Christus in Majestät - Krönung Mariens. Sie sind wahrscheinlich beim Bau des Chores am Ende des 13. Jahrhunderts eingesetzt worden.

Eine Nische (die vermutlich ursprünglich ein Sakramentsschrank war) in der Nordwand des Chores mit einer Einfassung aus gehauenem Kalkstein besitzt innen auf der Holzverkleidung gut erhaltene Malereien vom Ende des 13. Jahrhunderts. Von unten: Anbetung der Könige - Christus am Kreuz,

Ekeby, Innenraum nach Osten

umgeben von Maria und Johannes sowie Petrus und Paulus - der triumphierende Christus mit Mandorla.

Die Kirche besitzt zwei besonders wertvolle mittelalterliche Inventarstücke. Das eine ist das Triumphkreuz, das für die romanische Kirche gegen Ende des 12. Jahrhunderts angeschafft wurde. Es wurde in Beziehung gesetzt u.a. zu den Triumphkreuzen in Alskog und Väte sowie zu der "Viklaumadonna". Der andere mittelalterliche Gegenstand ist die Taufe aus Sandstein, auch diese aus dem 12. Jahrhundert. Die durch Verwitterung beschädigte Cuppa besitzt sechs schwer deutbare Reliefszenen, von denen man den Sündenfall und die Schaffung Evas identifizieren kann. Die Taufe ist dem anonymen Meister "Majestatis" zugeschrieben worden, doch sie zeigt auch große Übereinstimmungen mit den Taufen des Meisters "Hegwald".

Die nachreformatorischen Einrichtungsstücke sind gut erhalten, nicht zuletzt was die Bestoffung angeht. Der Altaraufsatz wurde 1708 geschaffen, doch 1802 von J. G. Möller übermalt. Auch das Chorgestühl stammt von 1708; die Kanzel kam 1741 hinzu. Das Gestühl des Langhauses wurde in der zweiten Hälfte des 17. Jahrhunderts erbaut, allerdings erst 1743 bemalt. Die Orgelfassade wurde nach Zeichnungen E. Rothsteins 1858 hergestellt.

Im Fußboden des Chores liegt ein schöner mittelalterlicher Grabstein mit einem Lebensbaum im Mittelfeld. Die Inschrift lautet in Übersetzung: "Im Jahre des Herrn 1316 starb am 1. April Olof von Ekeby, dessen Seele in Frieden ruhen mag."

Die Kirche wurde 1942/43 nach Plänen des Architekten Olle Karth behutsam restauriert. Eine äußere Restaurierung wurde 1971/72 durchgeführt.

E.L.

Eksta

Eksta gehört zu den wenigen Kirchen Gotlands, die in späterer Zeit einen radikalen Umbau erlebten. Dieser wurde im Jahre 1838 durchgeführt, weil das Gebäude damals in einem baulich schlechten Zustand war und die Priesterschaft außerdem einen großen und hellen Kirchenraum haben wollte (vgl. die Nachbarkirche Sproge). Durch die vielen bewahrten architektonischen Details des Mittelalters kann man aber ein zuverlässiges Bild über das ursprüngliche Aussehen der Kirche erhalten.

Der beim Umbau unberührt gebliebene Turm ist in der ersten Hälfte des 13. Jahrhunderts errichtet worden, wie auch das Langhaus, dessen Mauern 1838 erhöht wurden. Der zuletzt entstandene Gebäudeteil, der Chor, ist um 1300 hinzugekommen. Sein Portal wurde beim Umbau in das Langhaus versetzt und dient nunmehr als Haupteingang zur Kirche. Man beachte die Farbspuren (grün) in der Rundung des Tympanons, sicherlich Fragmente der mittelalterlichen Farbgebung des Portals.

Der Innenraum wurde beim Umbau 1838 völlig neu gestaltet. Langhaus und Chor bilden nun einen einzigen großen Raum, der von einem Tonnengewölbe aus Brettern bedeckt wird. Einige wenige Reste von Kalkmalereien sind an der Ost- und Südwand erhalten geblieben, sie stellen Apostel dar. Auch eine Scheibe mit Glasmalereien ist bewahrt, die sich jetzt im Altarfenster befindet: Jesu Darbringung im Tempel. Sie stammt aus einer großen Glasmalereifolge (ca. 25 Scheiben) des spitzbogigen Ostfensters im Chor, die nunmehr zum größten Teil in Museen aufbewahrt wird.

Von der mittelalterlichen Einrichtung und den Inventarstücken ist nichts mehr vorhanden. Der prächtige Altaraufsatz und die Kanzel aus dem 17. Jahrhundert wurden beim Umbau der Kirche 1838 von der Kirche in Össeby in Uppland erworben, die aufgegeben worden war. Sie gehörten ursprünglich der St. Olofs-Kapelle in Stockholm, der Vorgängerin der jetzigen Adolf Fredriks Kirche. Die Taufe aus Sandstein wurde 1642 in Burgsvik hergestellt.

Die Kirche wurde 1927 nach Plänen des Ingenieurs S. Brådhe einer kleineren Restaurierung unterzogen. 1972 wurde eine äußere Restaurierung durchgeführt.

E.L.

Eksta, Altaraufsatz aus Holz, 17. Jh.

Elinghem

Die Kirchenruine von Elinghem in der Gemeinde Hangvar ist sehr schön auf einer üppigen Laubwiese gelegen, die zum Pastorat Hangvar gehört.

Es ist nicht bekannt, wann die Kirche aufgegeben worden ist. Vermutlich geschah dies aber zu Beginn des 17. Jahrhunderts. Im Jahre 1601 begehrte Hans Eire (Ihre? Gehöft in der Gemeinde) in einem Schreiben an das Domkapitel, Stenkyrka oder Hangvar angehören zu dürfen, bis die Kirche wieder aufgebaut worden sei. Rasmus Rodeus wird als der letzte Pastor in Elinghem genannt. Er starb im Jahre 1617. Möglicherweise kann der Verfall der Kirche von einem Brand zu jener Zeit verursacht worden sein. 1680 wird notiert, daß die Kirche schon lange verfallen sei. Das Pastoratsland wird allerdings im Kataster des Jahres 1653 beschrieben und noch 1805 werden die Gemeinde und ihre Grenzen auf einer Karte angegeben.

Die Kirchenruine besteht aus einem nahezu quadratischen Chor sowie einem rechteckigen Langhaus. Es ist eine einheitliche Anlage, die offensichtlich während einer Bauphase in der Mitte des 13. Jahrhunderts errichtet wurde. Die oberen Teile der Mauern und alle Gewölbe sind eingestürzt. Dagegen ist aber merkwürdigerweise der Putz der Außenfassaden teilweise erhalten, vor allem an der Süd- und Westwand. Der ziemlich niedrige, abgeschrägte Sockel läuft um die ganze Kirche mit Verband zwischen Chor und Langhaus.

Von den Einrichtungsgegenständen ist nur der mittelalterliche Altartisch aus Kalkstein erhalten. Die Taufe, die wahrscheinlich beim Bau der Kirche um 1250 angeschafft wurde, steht jetzt auf einem hohen Sockel im Langhaus. Sie wurde zerbrochen vorgefunden und bei einer umfassenden Restaurierung, die die Ruine 1923/24 unter Leitung des Architekten Sven Brandel und seines Assistenten Alfred Edle durchlief, wieder zusammengefügt. Hierbei wurden eingestürzte Mauerteile, Eingänge und Fenstereinfassungen identifiziert und wieder eingesetzt. Die Mauerkronen wurden begradigt und mit dünnen Kalksteinfliesen und Rasen bedeckt und die Fugen mit Mörtel gefestigt.

E.L.

Endre

Der pfeilergleiche Turm, in der Mitte des 14. Jahrhunderts aufgestockt, ist mit seinen unverputzten Quadersteinmauern der einzig erhaltene Teil einer Apsidenkirche aus dem späten 12. Jahrhundert. Aus wiederverwendetem Steinmaterial im heutigen Langhaus geht hervor, daß diese mit Rundbogenfriesen und Fassadenskulpturen geschmückt war; in der Südfassade erkennt man u.a. einen Drachen sowie einen Löwen mit Jungem. Von der romanischen Kirche stammt auch das rundbogige Portal in derselben Wand.

Zu Beginn des 13. Jahrhunderts wurde ein Umbau durchgeführt, von dem das jetzige Nordportal mit seinen Adlerkapitellen herrührt. Eine weitere Umbauphase fiel in die Mitte des 13. Jahrhunderts, als der heutige, gerade abschließende Chor und die Sakristei aufgebaut wurden. Um 1300 kam schließlich das Langhaus hinzu. Es besitzt einen quadratischen Grundriß und ist mit vier Zeltgewölben überdacht, die auf einer in der Mitte des Raumes plazierten Säule ruhen. Im Westen reichte das Langhaus ursprünglich nur bis zur Ostwand des Turmes. Im Winkel zwischen Langhaus und Turm lag an der Südseite eine kleine, niedrige Gebetkammer mit einem Hagioskop ähnlich dem in Bro und für diejenigen gedacht, die kein Recht besaßen, am gemeinsamen Gottesdienst teilzunehmen.

Mitte des 14. Jahrhunderts wurde die Wand zwischen Langhaus und Gebetkammer durchbrochen, und die Außenmauern der letzteren wurden auf dieselbe Höhe gebracht wie die des Langhauses. Zugleich führte man auch nach Norden eine gleiche Erweiterung durch. Das Langhaus umschloß dann den Turm auf drei Seiten.

Etwas später wurden auch die Turmmauern durchbrochen, so daß das Erdgeschoß des Turmes in das Langhaus eingegliedert wurde. Der Turmkörper ruhte danach hauptsächlich auf Gewölbebögen, die sich als zu schwaches Fundament erwiesen. Schon in der Mitte des 15. Jahrhunderts mußte man daher Stützpfeiler in die meistbelasteten Bogenöffnungen einsetzen.

Endre, Taufe aus dem 12. Jh. mit mittelalterlichem Deckel

Die Kirche erhielt in der Mitte des 15. Jahrhunderts eine große Szenenfolge von Malereien von dem sog. Passionsmeister. An der nördlichen Langhauswand wird ein Fries mit Szenen aus der Leidensgeschichte Jesu eingeleitet, der sich an der Südwand fortsetzt und mit dem Gnadenstuhl und einem Christophorus, der das Jesuskind trägt, abschließt. Auf den Stützpfeilern in den Gewölbebögen im Westen sieht man Apostel und links den Teufel, der einer Frau beim Melken hilft. Im Chor sind sechs Apostel abgebildet. Die Malereien wurden 1915 freigelegt.

Die Chorfenster sind mit Glasmalereien versehen, von denen die folgenden aus der Entstehungszeit des Chores stammen: rechtes Ostfenster: Jesu Taufe, Einzug in Jerusalem; mittleres Ostfenster: Christi Himmelfahrt, der Weltenrichter sowie einige kleinere Figuren, die Engel, Propheten etc. darstellen; südliches Chorfenster: oberste Scheibe mit geometrischen Mustern und Akanthus. Die übrigen Glasmalereien stellen Komplettierungen von der Renovierung der Kirche 1915/16 dar.

Auf dem mittelalterlichen Altar mit einem Reliquienversteck auf der Vorderseite steht ein Flügelaltar aus dem späten 14. Jahrhundert mit einer Kalvariengruppe und vier Aposteln im Corpus sowie drei Aposteln in jedem Flügel. An der Chorwand rechts hinter dem Altar befindet sich ein Sakramentsschrank mit einer Steineinfassung und Gittertür. Auf einem Seitenaltar in der südöstlichen Ecke des Langhauses steht eine Kanzel aus dem Jahre 1668. Das Gestühl und die Altarschranke sind von Erik Lodström 1744 bemalt worden. Die Orgel wurde 1916 angeschafft.

Im Triumphbogen hängt ein sehenswertes Kruzifix aus der Zeit um 1200; es ist 1957 restauriert worden.

Bei der Restaurierung der Kirche 1915/16 wurde in der nordwestlichen Ecke des Langhauses eine Taufkapelle eingerichtet. Die Taufe aus dem späten 12. Jahrhundert besitzt eine runde Cuppa und an deren Unterseite Reliefs im "Hegwald"-Stil, die die Geburt und den Kindermord (an der Unterseite) sowie Szenen aus der Leidensgeschichte darstellen. Auf der Taufe liegt ein Holzdeckel aus der Mitte des 13. Jahrhunderts in Form einer Kreuzkirche und von einer Taube gekrönt. In der Taufkapelle steht eine Bank, deren Oberteil aus Stücken einer mittelalterlichen Bank besteht.

G.S.

Eskelhem

Die erste bekannte Kirche am Ort war eine Holzkirche, deren Fundamente unter dem Fußboden des Langhauses vorgefunden wurden. Um 1200 mußte sie einer Steinkirche weichen, die aus Langhaus und Chor mit Apsis bestand. Letztere ist später niedergerissen worden, doch die Grundmauern sind unter dem Fußboden erhalten. Das Langhaus dieser Steinkirche steht noch, jedoch in einigen Details verändert.

Die Fassade besteht aus wohlgehauenen Quadersteinen, unter denen man an der Südseite einige mit altertümlicher Rankenornamentik erkennen kann. Unter dem Dach verlief ein Rundbogenfries, der jetzt auf Grund der Erhöhung der Mauern wesentlich tiefer sitzt.

An der Südwand des Langhauses kann man die Konturen eines zugemauerten Eingangs erkennen. Als der Galerieturm um die Mitte des 13. Jahrhunderts errichtet wurde, versetzte man die Einfassung an die Nordseite des Turmes. Die Öffnung wird von Kolonnetten mit Faltenkapitellen flankiert. Der Haupteingang wurde zwar an der Südseite belassen, jedoch an den neuen Turm verlegt. Mit seinen fein abgewogenen Proportionen und seinem sparsamen Dekor wird es als eines der schönsten romanischen Portale angesehen. Auf dem geraden Tympanon ist ein Pflanzenmotiv eingehauen, das an das große Südportal von St. Nikolaus in Visby denken läßt.

Während des Turmbaus wurde die Westwand des Langhauses niedergerissen. Gleichzeitig wurden die Langhausmauern erhöht, das Langhaus eingewölbt und mit neuen, größeren Fenstern versehen. Zusammen mit dem gleichförmig gestalteten Turmraum erhielt man auf diese Weise einen geräumigen einschiffigen Kirchenraum von drei Travéen Länge.

In der Mitte des 14. Jahrhunderts wurde das Bauwerk vollendet, indem ein neuer gotischer Chor mit zugehörender Sakristei an die Stelle des vorherigen romanischen kam. Er ist außenwändig etwas breiter als das Langhaus, von dem er sich auch durch seine basilikale Dachform unterscheidet. Innenwändig verschmilzt der Chor gut mit dem übrigen Kirchenraum, dessen alter Triumphbogen nun bedeutend verbreitert wurde.

In die Altarwand wurde ein gewaltiges Maßwerkfenster eingesetzt, das mit Glasmalereien verziert wurde. Von diesen sind lediglich zwei Evangelistenportraits erhalten. Auch im Südfenster befinden sich Reste von Glasmalereien aus der Zeit um 1350.

Die Gewölbe des Langhauses sind mit Malereien in Form von großen Kreisen geschmückt, in die kleinere Kreise eingeschrieben sind, welche stilisierte Gewächsmotive und symbolische Figuren beinhalten. Der Kreis des östlichen Gewölbes zeigt Evangelistensymbole, derjenige des westlichen Gewölbes Symbole, die auf Jesus, Maria, Petrus und Paulus hinweisen. Derselbe Meister, der dies schuf, hat auch ein Michaelsbild über dem südlichen Seitenaltar gemalt, was darauf schließen läßt, daß der Hl. Michael der Schutzpatron der Kirche war. Die Malereien sind nach der Mitte des 13. Jahrhunderts entstanden.

Im Turmraum sind Malereien verschiedener Epochen miteinander vermischt. Am bemerkenswertesten von diesen ist eine leider beschädigte Kalenderdarstellung an der Nordwand, auf der die Festtage des Jahres mit Runenzeichen und lateinischen Inschriften angegeben waren.

In der Mitte des 15. Jahrhunderts erhielt die Kirche neue Malereien vom sog. Passionsmeister. Ein Rest seiner Dekorierung ist an der Südwand des Langhauses sowie an der Nordwand des Chores sichtbar.

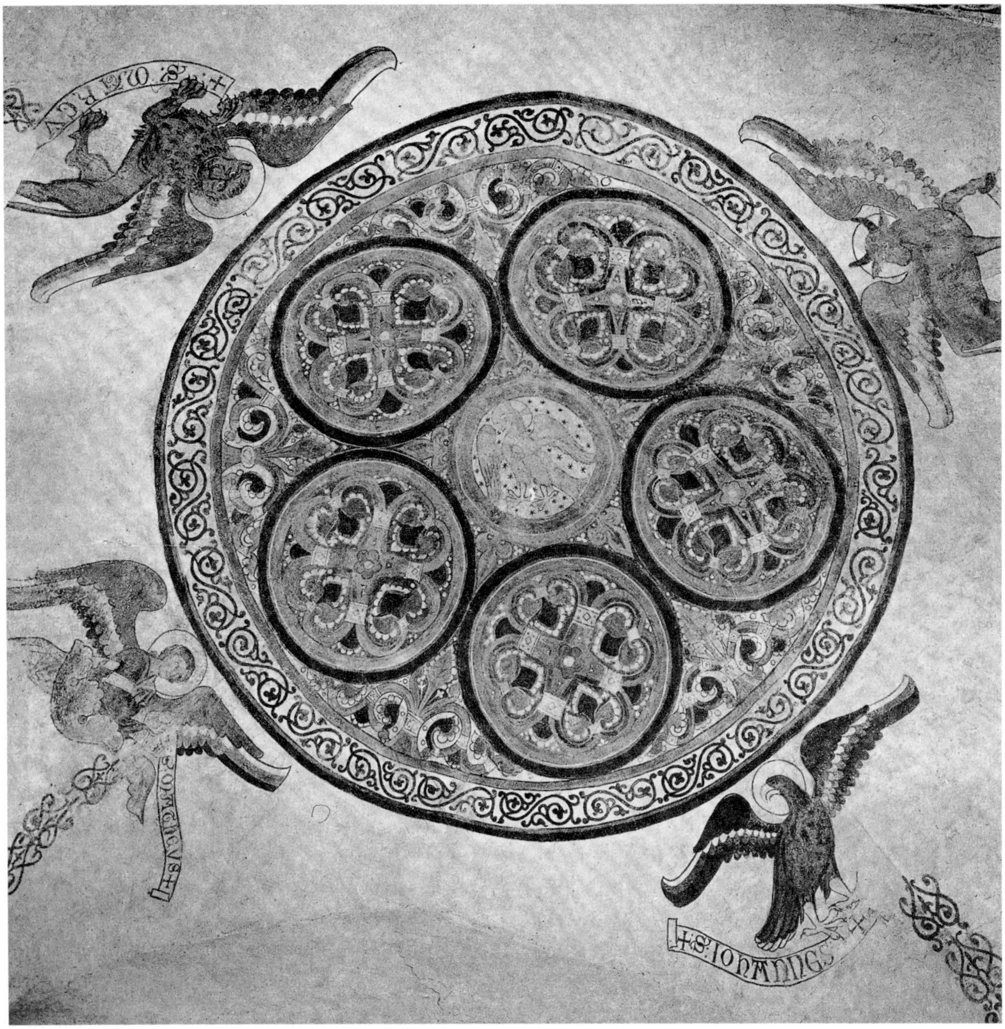

Eskelhem, Kalkmalerei auf dem östlichen Gewölbe des Langhauses, nach der Mitte des 13. Jh

Der Altarschmuck ist eine Sandsteinarbeit mit der Darstellung des Abendmahls. Er wird bekrönt von der Namenschiffre Karls XII. (schwed. König 1697-1718), ist aber auf vier Jahre nach des Königs Tod datiert worden. Die Kanzel wurde bei der letzten Restaurierung vom Seitenaltar in der südöstlichen Ecke des Langhauses in die nordöstliche verlegt. Sie stammt aus dem Ende des 17. Jahrhunderts. Das Gestühl besitzt Luken mit Malereien aus dem späten 18. Jahrhundert. Die Orgel, die früher auf einer Empore stand, wurde 1870 angeschafft. Die Barriere vor dem Podium stammt von der unteren der beiden Emporen, die sich im Turmraum befanden. Auf dem Mittelfeld sieht man u.a. die Namenschiffre Gustavs III. (schwed. König 1771-1792).

Das Triumphkreuz wurde um 1250 geschnitzt. Hinter den Kreuzesarmen sitzt eine runde Scheibe mit Reliefs, die Engel mit Weihrauchschalen sowie die Ecclesia und die Synagoga vorstellen sollen. Die Farbe ist neueren Datums. Die Rückseite ist geschmückt mit gelben Akanthusranken aus der Zeit um 1700. Ein kleineres Prozessionskreuz steht auf dem Seitenaltar.

Im Chor befindet sich eine Taufe aus der zweiten Hälfte des 12. Jahrhunderts, die von dem anonymen Meister "Byzantios" geschaffen wurde. Auf der Cuppa vermischen sich Motive aus der Geschichte um Jesus und Maria mit Tiersymbolen und Heiligenbildern. Eine sog. Brautbank rechter Hand im Chor ist mittelalterlichen Ursprungs.

Unter den Grabsteinen mag derjenige für den Pastor Halvid von 1338 hervorgehoben werden, der eine elegant gezeichnete Abbildung des Verblichenen aufweist.

Der Architekt der Restaurierung 1959/60 war Olle Karth.

G.S.

Etelhem

Die Kirche von Etelhem besteht aus einem gerade abschließenden Chor, einem fast quadratischen Langhaus mit Mittelpfeiler und einem Turm im Westen. Der kräftige Turm ist der älteste Teil des Kirchbaus, errichtet zu Beginn des 13. Jahrhunderts. Chor und Langhaus scheinen in einer Bauetappe um 1300 erbaut worden zu sein. Die Sakristei an der Nordseite des Chores kam wahrscheinlich im 17. Jahrhundert hinzu.

Der heutige gotische Chor und das Langhaus besaßen einen kleinen romanischen Vorgängerbau. Das einzige, was von dieser Kernkirche mit Ausnahme des Turmes übriggeblieben ist, ist ein Giebeldreieck, das sich an der Ostwand des Turmes abzeichnet (sichtbar vom Dachboden des Langhauses).

Wahrscheinlich gehörte auch das Nordportal des Turmes aus Sandstein zu der älteren Kirche, wo es möglicherweise als Hauptportal diente. Zu diesem Portal gehörte vermutlich die Löwenskulptur, die nun in die Westwand des Langhauses neben dem Südportal des Turmes eingemauert ist.

Die Wände des Kirchenraumes sind mit Kalkmalereien aus zwei Epochen geschmückt: vom Beginn des 14. Jahrhunderts (Fragmente an der östlichen, südlichen und westlichen Langhauswand) und aus der Mitte des 15. Jahrhunderts vom "Passionsmeister", mit einem Passionsfries an der Nordwand sowie Aposteln in architektonischen Einfassungen. Der Passionsfries endet an der Nordwand des Chores mit einigen ungewöhnlichen Szenen aus dem Alten Testament: Opfer des Abraham, Opfer Kains und Abels sowie der Brudermord.

Etelhem, Taufe um 1200

Mittelalterliche Glasmalereien vom Anfang des 14. Jahrhunderts mit Szenen aus der Leidensgeschichte Christi sind im östlichen Fenster des Chores zu sehen. Man beachte auch die Reste von Glasmalereien im südlichen Fenster des Chores sowie im südöstlichen Fenster des Langhauses.

Das sehenswerteste Inventarstück der Kirche ist die Taufe aus der Zeit um 1200, die von der Kernkirche herstammt. Sie wird dem Steinmeister "Hegwald" zugeschrieben (Runeninschrift: "Hegwald ließ ... die Taufe machen"). Auf der Cuppa befinden sich Darstellungen aus der Leidensgeschichte Christi und am Fuß die Simsonlegende des Alten Testaments, u.a.:

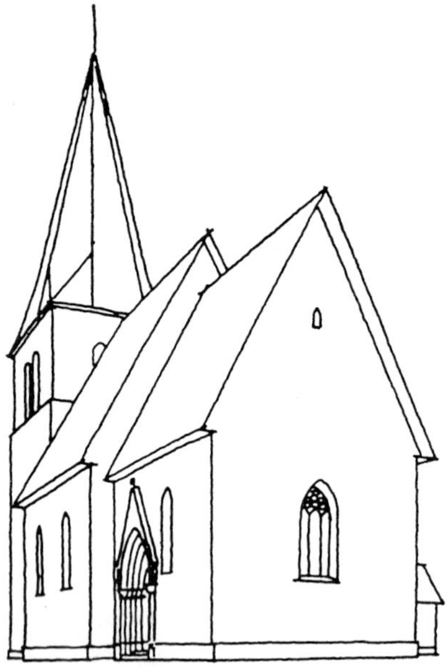

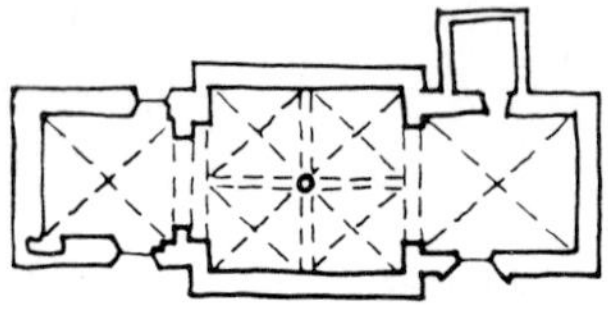

Simsons Haar wird geschoren - Simson wird blind und gefesselt nach Gaza geführt - Simson zerstört das Haus der Philister - Simsons Beisetzung.

Das Triumphkruzifix vom Ende des 14. Jahrhunderts befindet sich an seinem ursprünglichen Platz im Triumphbogen. Der Altaraufsatz aus Sandstein wurde 1690 in Burgsvik hergestellt. Die Kanzel kam 1648 hinzu und ist wahrscheinlich eine Arbeit des Visbyer Tischlers Jochim Sterling.

1957/58 wurde die Kirche unter Leitung des Architekten Jörgen Fåk umfassend restauriert.

E.L.

Fårö

Aufgrund von Umbauten in späterer Zeit hat die Kirche mehr als jede andere gotländische Kirche ihr mittelalterliches Aussehen verloren. Gleichwohl sind praktisch das gesamte mittelalterliche Langhaus und der Turm erhalten. Die ursprüngliche, in ihrem Aussehen nicht mehr bekannte Ostpartie scheint spätestens im 18. Jahrhundert abgerissen worden zu sein, als der Grundriß der Kirche die Form eines einfachen Rechtecks mit Sakristei an der Nordwand besaß. 1751 soll der Turm erhöht worden sein, wobei die heutige Spitze hinzukam. Sie war anfangs mit Türmchen an den Ecken versehen. 1858 erhielt die Kirche ihre heutige Kreuzform.

Unter der Treppe zu den Obergeschossen des Turmes befindet sich eine Rokokokartusche, deren Inschrift besagt, daß Magnus Möller im Jahre 1761

Decke, Kanzel und Bänke dieses Tempels geschmückt habe. Diese Decke, die so gefaltet war, daß die beiden Seiten schräg zu einem horizontalen Mittelteil anstiegen, ging 1858 verloren, als das jetzige Tonnengewölbe aus Holz eingesetzt wurde. Zur selben Zeit wurde auch die Rokokoornamentik des Gestühls übermalt, später jedoch wieder hervorgeholt.

Der Altaraufsatz ist eine einfache Sandsteinarbeit mit dem Abendmahl als Hauptmotiv. Als Bekrönung zeigt er eine Kartusche mit der Namenschriffre Karls XI. (schwed. König 1672-1697). Die Kanzel trägt die Namenschiffre Fredriks I. (schwed. König 1720-1751) und dürfte in den 1740er Jahren entstanden sein. Eine ältere Kanzel, hergestellt 1601, hat in der Kapelle von Hallshuk ihren Platz gefunden. Die Orgel wurde für die Kirche in Väddö in Uppsala-Stift 1860 gebaut und 1875 von Fårö erworben. Eine einfache Taufe aus Kalkstein dürfte aus dem 14. Jahrhundert stammen.

Das interessanteste Inventarstück der Kirche ist die sog. Große Robbentafel (s. Abb. S. 12), eine Erinnerungstafel, die 1618 zum Dank für die wundersame Errettung einer Gruppe Robbenjäger, die im Jahre 1603 14 Tage lang auf einer Eisscholle in der Ostsee trieb, aufgehängt worden ist. Die Malerei gibt u.a. eine wirklichkeitsnahe Darstellung vom damaligen Aussehen des Schlosses Visborg in Visby wieder. Die sog. kleine Kutatafel erinnert an ein ähnliches Ereignis im Jahre 1767.

Eine umfassende Restaurierung der Kirche wurde 1967/68 nach Plänen des Architekten Carl-Olof Deurell durchgeführt.

G.S.

Fardhem

In der Gutasage steht u.a., daß die erste Kirche im nördlichen Drittel der Insel in Stenkyrka gebaut wurde. Weiter ist dort zu lesen: "Nachdem die Guten die Gebräuche der christlichen Männer gesehen hatten, hörten sie auf die Gebote Gottes und die Lehren der gelehrten Männer. Da nahmen sie allgemein das Christentum an, freiwillig und ohne Zwang, so daß niemand sie zum Christentum zwang. Nachdem sie alle Christen geworden waren, wurde eine andere Kirche im Lande gebaut, in Atlingbo, es war die erste im Mitteldrittel. Dann wurde die dritte im Lande in Fardhem im südlichen Drittel gebaut. Danach vermehrten sich alle Kirchen auf Gotland, denn Männer bauten sich Kirchen zu größerer Bequemlichkeit".

Die Kirche in Fardhem ist also nach der Gutasage eine der ersten auf Gotland gewesen. Es kann sich aber kaum um die heutige Kirche handeln, sondern um einen Vorgängerbau, der vermutlich aus Holz war. Die heutige Kirche ist eine gut erhaltene, durchweg romanische Anlage. Der Chor mit der halbrunden Apsis ist der älteste Teil, errichtet am Ende des 12. Jahrhunderts. Hieran wurde um 1200 das Langhaus mit seinem prächtigen Rundbogenfries gefügt, während der Turm im zweiten Viertel des 13. Jahrhunderts gebaut worden sein dürfte. Der einzige nicht mittelalterliche Bauteil ist die Sakristei, die in den Jahren 1871/72 nach Zeichnungen des Künstlers Axel Herman Hägg hinzukam.

Das Chorportal aus der Zeit um 1200 besitzt sehr bemerkenswerte, ikonographisch schwer zu deutende Reliefs. Auf der Einfassung: Treffen Marias und Elisabeths, darunter die Himmelfahrt Alexanders (die Darstellung des Übermutes, superbia). Auf der Innenseite: reitender Mann mit großen Ringen an den Händen; darunter die Apostel Philippus und Jacobus d. Ä.(?). Auf der östlichen Innenseite: heiliger Bischof (mit sonderbar altertümlicher Mitra); sowie auf der Außenseite der Einfassung ein Löwe (in diesem Falle vermutlich ein Symbol für das Böse). Ein direktes Gegenstück zu diesen frühen und ziemlich primitiven Reliefs gibt es auf Gotland nicht, sie sind aber mit zeitgenössischen Granitskulpturen aus Jütland verglichen worden.

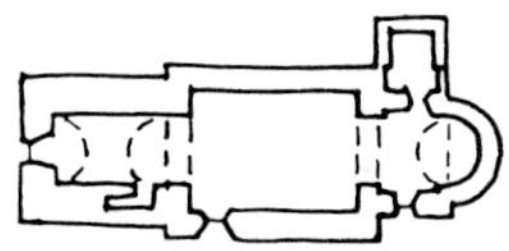

In den 1850er Jahren sind vier große Fenster in das Langhaus eingesetzt worden, zwei auf der nördlichen und zwei auf der südlichen Seite. Bei der großen Restaurierung 1951/52 wurden die nördlichen Fenster sowie ein kleineres über dem Chorportal wieder beseitigt. Stattdessen wurde ein kleines rundbogiges Fenster, das oben in der Nordwand des Langhauses plaziert war, wieder geöffnet. Beim Öffnen dieses romanischen Fensters wurden auf der Innenseite der Einfassung Spuren mittelalterlicher Kalkmalereien freigelegt, vermutlich aus dem 14. Jahrhundert. Die rein ornamentalen Malereien im Chorgewölbe entstanden wahrscheinlich 1719.

Von der mittelalterlichen Taufe ist nur der Fuß erhalten, der von dem anonymen Meister "Semi-Byzantios" (vgl. Alskog) in der zweiten Hälfte des

Fardhem, Chorportal mit gehauenen Reliefs, um 1200

12. Jahrhunderts geschaffen worden ist. Die Taufe, die heutzutage verwendet wird, wurde Ende des 17. Jahrhunderts in Burgsvik gehauen. Die Kanzel mit dem Monogramm Fredriks I. (schwed. König 1720-1751) ist in den 1720er Jahren entstanden. Die Nummerntafel, datiert auf 1743, ist möglicherweise von dem seinerzeit vielschaffenden Kunsttischler Johan Hernell hergestellt worden. Der Altarschmuck, ein Kruzifix aus Holz, wurde im Zusammenhang der Restaurierung 1951/52 erstellt. Es stellt eine Kopie des Triumphkruzifix in der Kirche von Träkumla dar.

Die erwähnte Restaurierung in den fünfziger Jahren wurde nach Plänen des Architekten Karl Erik Hjalmarson ausgeführt.

E.L.

Fide

Die Kirche von Fide liegt in einem schönen, ungewöhnlich gut erhaltenen mittelalterlichen Friedhof mit drei kleinen Toren, zwei auf der Nord- und eines auf der Südseite. "Das Äußere ist kahl und ziemlich dürftig mit einer gewissen Herbheit, einer strengen Größe in kleinem Maße, die die Kirche gleichsam wachsen läßt aus der winddurchwirbelten Alvarheide, an der sie liegt mit der offenen Meereslinie unmittelbar hinter sich" (Tyra Lundgren: Fagert i Fide, Stockholm 1961).

Die Kirche ist aus Sandstein erbaut, einem Material, das vor allem im Süden der Insel vorkommt. Chor und Langhaus scheinen in einer Etappe in der ersten Hälfte des 13. Jahrhunderts errichtet worden zu sein, während der Turm im Westen etwas später angefügt wurde, vermutlich in der zweiten Hälfte desselben Jahrhunderts. Seine Laterne kam allerdings erst 1826 hinzu, wobei der obere Teil des Turmes gekappt wurde. Alle Fenster der Kirche sind ursprünglich und erstaunlicherweise in späterer Zeit nicht vergrößert worden. Man beachte die interessante mittelalterliche Schiffszeichnung im Putz an der Nordwand des Langhauses.

Das Innere der Kirche ist geschmückt mit mittelalterlichen Kalkmalereien aus zwei Epochen. Am ältesten sind die Malereien im Chor und an der Nordwand des Langhauses (nur Krönung Mariens) sowie am östlichen Gewölbe; sie stammen vom Anfang des 15. Jahrhunderts. Im Triumphbogen (auf der südlichen Seite) befindet sich eine Darstellung von Christus als Schmerzensmann mit der lateinischen Inschrift, die in Übersetzung lautet: "Niedergebrannt ist der Hof, die Menschen schreien geschlagen in Schmerzen unter dem Schwert." Der Zahlenwert der Buchstaben soll zusammengenommen 1361 ergeben, die Jahreszahl des Waldemarszuges (Eroberung Gotlands durch ein dänisches Heer unter Waldemar IV.).

Die Malereien der anderen Epoche sind an der nördlichen und südlichen Wand des Langhauses plaziert. Hier wird die Leidensgeschichte Christi in einer Vielzahl Szenen dargestellt, die von dem im 15. Jahrhundert tätigen

"Passionsmeister" geschaffen wurden. Man beachte das Weihwasserbecken im östlichen Winkel des Nordportals sowie die Piscina in einer Nische westlich vom Südportal des Langhauses.

Unter den mittelalterlichen Inventarstücken ist vor allem der Flügelaltar vom Anfang des 15. Jahrhunderts hervorzuheben. Im Corpus ist Maria mit dem Kind, umgeben von Heiligen zu sehen. Möglicherweise stand dieser Flügelaltar ursprünglich auf dem sog. Marienaltar in der Nordostecke des Langhauses. Das große, prächtige Triumphkreuz (vgl. Lau) stammt aus der Entstehungszeit der Kirche, also dem 13. Jahrhundert. Die auf 1587 datierte Kanzel ist eine der ältesten Gotlands. Die Taufe aus Sandstein wurde 1738 hergestellt.

Der Innenraum der Kirche wurde 1950/51 nach Plänen des Architekten Erik Fant restauriert. Eine äußere Restaurierung wurde 1986-87 vorgenommen.

E.L.

Fleringe

Das Kirchengebäude besteht aus einem Chor mit gerade abschließender Ostwand, einem rechteckigen Langhaus, dessen vier Gewölbe von einer gedrungenen Säule getragen werden, sowie einem breiten und kräftigen Turm. Chor und Langhaus sind offensichtlich in einer Etappe, vermutlich im zweiten Viertel des 13. Jahrhunderts, erbaut worden, während der Turm im dritten Viertel desselben Jahrhunderts hinzugebaut wurde. Im Jahre 1676 ist die Kirche von einer schweren Feuersbrunst heimgesucht worden. Die Sakristei entstand vermutlich im 17. Jahrhundert.

Der Turm besitzt das am reichsten gestaltete Portal. Die Kapitellbänder sind mit gehauener Blattornamentik geschmückt und die Sockel der Basisbänder zeigen gehauene Palmetten sowie eine sitzende Figur in flachem Relief. Die Kontur der Tympanonscheibe ist durch Aufhauen verändert worden.

Die Mittelsäule des Langhauses wurde vermutlich 1676 beschädigt, weshalb die Basis gegen eine andere aus der Kirchenruine von Gann (vgl. ebd.) ausgetauscht wurde. Im Langhaus und im Chor sieht man Fragmente von Malereien aus dem 15. Jahrhundert ("Passionsmeister") sowie eine interessante ornamentale Malerei aus dem 16. Jahrhundert an der nördlichen Langhauswand.

Aufgrund des Kirchenbrandes 1676 ist kein mittelalterliches Inventar erhalten. Der Altaraufsatz aus Holz wurde 1701 von Rasmus Bortz (Bartsch) gemalt. Die Kanzel ist eine Arbeit von 1726. Auch das Gestühl stammt aus dem 18. Jahrhundert. Die Taufe aus Sandstein mit der Namenschiffre des dänischen Königs Christian IV. (1588-1648) gehörte ehedem zur Schloßkirche von Visborg in Visby.

Die Kirche wurde 1946/47 nach Plänen des Architekten Olle Karth restauriert. Eine Restaurierung der Außenwände wurde 1983 durchgeführt.

In Fleringe sind die Kirchenstallungen noch erhalten, was für Gotland sehr ungewöhnlich ist. Zusammen mit dem Friedhofstor und der Friedhofsmauer vermitteln sie einen sehr interessanten Eindruck von der alten Bebauung im Umkreis der Kirche. Am Westgiebel des Tores ist eine nunmehr stark verwitterte Kalksteinfigur eingemauert: ein nackter Mann mit angezogenen Beinen.

E.L.

Fole

Die Kirche gehört zu den wenigen, über die es glaubwürdige Angaben über das Baujahr gibt, nämlich 1280. Dennoch setzt sich das Gebäude aus Teilen dreier verschiedener Epochen zusammen.

Am ältesten ist der Turm, der mit seinem einfachen Westportal, seinen gekoppelten rundbogigen Schallöffnungen und seinem glatten Äußeren sehr an Bro erinnert. Er wurde um 1200 an eine wenig ältere Apsidenkirche angebaut, von der lediglich das Chorportal erhalten ist. Dieses fungiert nunmehr als Portal zur Sakristei im heutigen Chor und zeigt im Tympanon zwei vierfüßige Tiere mit ineinander verschlungenen Schwänzen. Im Westen befindet sich noch der ursprüngliche Turmbogen mit einer Mittelsäule, deren Kapitell mit Adler- und Menschenskulpturen geschmückt ist, u.a. einem Gaukler, der auf den Händen steht und die Zunge herausstreckt. Es ist vom selben Meister ausgeführt worden, der das Sakristeiportal gehauen hat. Man hat ihn "Calcarius", Kalksteinmeister, getauft.

In der Mitte des 13. Jahrhunderts wurde ein Umbau eingeleitet, der den heutigen Chor sowie anschließende Teile des Langhauses bis zur östlichen Säule betraf. Westlich davon blieben noch eine zeitlang größere Teile des Langhauses der Apsidenkirche bestehen, die niedriger und schmaler waren als das begonnene neue Langhaus. Die Kirche bot damals ein Bild, wie man es heute in Vallstena noch sehen kann. Einige Jahrzehnte später wurde der Umbau des Langhauses vollendet, so daß es die Form einer zweischiffigen Halle mit Säulen und sechs Kreuzgewölben erhielt. Die Fugen sind an den Seitenwänden des Langhauses deutlich zu sehen. Diese Kirche wurde 1280 geweiht. Zur selben Zeit entstand die Sakristei.

Chor und östlicher Teil des Langhauses sind vom Stil der Übergangszeit mit hier runden, dort leicht spitzbogigen Gewölbebögen geprägt, während der später errichtete Teil des Langhauses gotisch ist. Auf dem edel geformten Chorportal befindet sich eine Runeninschrift: "Dies ist das Zeugnis der Kirchpastoren und der Gemeindemänner, daß die Leute von Hallvis, durch ausgehandelten Kauf, den Kirchweg durch die Gehöfte von Lill-Fole besitzen".

Fole, Abendmahl, Detail vom Altaraufsatz aus Holz, datiert 1654

Reste von Kalkmalereien sind sowohl im Langhaus als auch im Chor entdeckt worden, doch verbergen sie sich noch unter später aufgetragenen Putzschichten. An der nördlichen Chorwand sind eine spätmittelalterliche Inschrift, "Eskillus visitavit", und eine unleserliche Jahreszahl zu lesen. Die Sakristei wurde 1707 verschwenderisch mit Akanthusranken dekoriert.

Auf dem Altar steht ein Altaraufsatz aus Holz mit einer Abendmahlsdarstellung, flankiert von Simon und Anna, was auf den Gemeindepastor Simon Hanson Strelow und seine Ehefrau Anna Jensdotter anspielen soll. Die Malereien wurden 1654 von Johan Bartsch ausgeführt. Die Kanzel wurde 1751 von Johan Hernell gefertigt und bemalt.

Das Gestühl stammt größtenteils aus der ersten Hälfte des 18. Jahrhunderts. An der Nordseite sollen die Banktüren mit Frauenportraits und an der Südseite mit "Propheten" geschmückt gewesen sein. Sie sind nun unter Akanthusmalereien von 1923 verborgen, die nach Mustern von der Fremdenbank aus dem Jahre 1740 in der nordwestlichen Ecke des Langhauses gemalt worden sind. Im Turmraum befinden sich als Täfelung Banktüren eines 1923 im Mittelgang entfernten Bankgevierts. Sie tragen Rokokomalereien von 1802/03. Im Chor steht eine Chorbank aus dem späten 17. Jahrhundert. Die Empore wurde in den 1870er Jahren eingerichtet, als auch die Orgel angeschafft wurde.

Die Kirche besitzt zwei bemerkenswerte mittelalterliche Inventarstücke: ein Triumphkreuz und eine jetzt im Langhaus aufgestellte Taufe. Das Kruzifix, das in den 1840er Jahren lieblos übermalt worden ist, entstammt der Mitte des 13. Jahrhunderts. Die Taufe zeigt auf der Cuppa in tiefen Reliefs die Abbildungen der zwölf Apostel sowie die Flucht nach Ägypten. Am Fuß befinden sich teils vier Eckköpfe in Rundskulptur, teils Tier- und Menschenfiguren in Reliefs. Ein gewisser Unterschied im Stil zwischen den Figuren der Cuppa und des Fußes ließ auf zwei verschiedene Meister schließen, "Calcarius primus" (Fuß) und "Calcarius secundus" (Cuppa). Die Taufe ist zu Beginn des 13. Jahrhunderts geschaffen worden, bemalt wurde sie 1707.

Im Fußboden des Chores liegen Grabsteine von 1327 (wiederverwendet 1714) und 1489 sowie zwei aus dem 18. Jahrhundert.

1981 wurde die Kirche restauriert (Architekt Leif Olsson).

G.S.

Follingbo

Langhaus und Turm, beide um 1200 erbaut, sind ein außergewöhnliches Beispiel hochklassiger romanischer Baukunst. Die Fassaden bestehen aus wohlgehauenen Kalksteinquadern in gleichmäßigen Schichten. Sie kommen diskret durch Lisenen und einen unter dem Dachfuß verlaufenden Rundbogenfries zur Geltung. Portale und Fenster sind mit scharfen Konturen und sicherem Gefühl für Proportionen in die Mauerwand eingelassen. Die skulpturale Ausschmückung ist auf einige Ornamente am Kapitell des Südportals beschränkt.

An diese Kirche dürfte sich im Osten ein Chor mit Apsis angeschlossen haben. Dieser wurde Ende des 13. Jahrhunderts durch den jetzigen Chor ersetzt, dessen reiche Portalausschmückung, ungewöhnlicher Dachfußfries

Follingbo, Südfassade der Kirche

und plastisch geformte Triumphbogenöffnung ihm eine gewisse Sonderstellung in der gotländischen Baukunst verleihen.

Die Altarwand ist von einem großen Maßwerkfenster durchbrochen, in dem sich Reste mittelalterlicher Glasmalereien befinden. Auch im Südfenster befinden sich Glasmalereien, jedoch aus einer bedeutend späteren Zeit (1588)

Nach dem Bau des Chores hegte man sicherlich die Absicht, unter günstigen Voraussetzungen mit dem Umbau von Langhaus und Turm fortzusetzen. Darauf deutet u.a. hin, daß der Westgiebel des Chores in Fachwerk konstruiert wurde und nicht als massives Mauerwerk. Dieser Weiterbau kam allerdings nicht zustande. Die Sakristei entstand erst 1821.

Die Kirche zeigt heute keine Wandmalereien mehr. Umso reicher ist das flache Holzdach im Langhaus dekoriert. Im Mittelfeld, das von einrahmenden Feldern mit Akanthus und Amoretten umgeben ist, werden die Dreifaltigkeit und andere heilige Gestalten dargestellt. Das Dach wurde, ebenso wie das nahe verwandte in der Kirche von Halla, am Ende des 17. Jahrhunderts bemalt.

Auf dem Altar steht ein prächtig skulptierter und bemalter Altaraufsatz mit einer Kalvariengruppe in der Mitte. Er wurde in den 1740er Jahren angefertigt und der Kirche vom Bürgermeister Visbys, Carl Hindrich Lange, und seiner Ehefrau gestiftet. Der Meister war wahrscheinlich Johan Hernell. Die Kanzel ist eine Arbeit des frühen 17. Jahrhunderts, die ursprünglich zur Schloßkirche Visborg gehörte. Nach der Überführung nach Follingbo 1684 wurden die Füllungen des Korbs mit Evangelistenportraits ausgemalt, 1744 wurde die Treppe errichtet und 1750 der Baldachin modernisiert.

Das Gestühl stammt in der Hauptsache aus dem 17. Jahrhundert. Auf den vorderen Bankschirmen befinden sich Figuren, die Heilige und symbolische Gestalten darstellen sollen; gemalt 1707 von Abraham Beck. In der Sakristei werden weitere Bankschirme mit figuraler Malerei aufbewahrt. Die Orgelempore entstand im 18. Jahrhundert. Die Evangelisten in den Füllungen sind von Johan Weller 1771/72 gemalt worden. Die Orgel wurde 1857 angeschafft.

Die Taufe stammt aus dem Mittelalter. Sie ist in ihrer Form becherähnlich, ohne Skulpturen aber mit später ausgeführter, dekorativer Malerei.

Rechts im Chor hängt ein Epitaph aus dem Jahre 1771 für die Pastorsfrau Helena Maria Stockman, gemalt von Johan Weller. Im Turm befindet sich ein modernes Epitaph für den Kreishauptmann Lars Söderhielm und seine Ehefrau.

Schließlich müssen noch zwei Ölgemälde in der Turmkammer erwähnt werden, die die Anbetung der Hirten und die Betrauerung Christi, beides Kopien nach Originalen des 17. Jahrhunderts, darstellen, sowie ein Bild in der Sakristei, das Christus zeigt, "wie er wirklich aussah, als er in Menschengestalt umherging" (mit Angabe der Maße!), letzteres eine Kopie von 1697.

Die Kirche wurde 1955/56 nach Plänen des Architekten B. Romare restauriert.

G.S.

Fröjel

Die Kirche von Fröjel an der Westküste ist eine der schönstgelegenen Kirchen Gotlands. Man hat eine weite Sicht über das offene Meer bis zu den Karlsinseln. Die Plazierung auf der hohen, schwerzugänglichen Klippe war sicherlich vor allem durch fortifikatorische Aspekte motiviert. Zusammen mit dem nahegelegenen Kastal (heute eine Ruine) bildete sie im Mittelalter eine Verteidigungsanlage für die Bewohner des Kirchspiels (vgl. Gothem, Gammelgarn, Sundre).

Fröjel, der Evangelist Lukas, Malerei am Treppengeländer der Kanzel

Fröjel ist eine sog. Sattelkirche, d.h. mit einem hohen, großen Chor, einem niedrigen Langhaus und einem Turm im Westen. Der älteste Teil des jetzigen Kirchengebäudes ist das kleine romanische Langhaus mit seinen einfachen rundbogigen Portalen an der Nord- und Südseite. Es ist am Ende des 12. Jahrhunderts erbaut worden. In der ersten Hälfte des 13. Jahrhunderts wurde der Turm angefügt. Der große Chor steht als ein Monument der neuen, kühnen Baupläne, die die Gemeinde um 1300 realisieren wollte. Der romanische Chor, wahrscheinlich mit Apsis, wurde niedergerissen und stattdessen wurde der heutige Chor errichtet, dem sicherlich ein größeres Langhaus und ein hoher gotischer Turm folgen sollten. Aus unbekanntem Grund mußten diese Pläne aufgegeben werden.

Der Innenraum ist durch die typische Dreiteilung geprägt und besteht aus einem kleinen, dunklen Turmraum, dem recht hellen Langhaus, das mit einem Tonnengewölbe aus bemalten Brettern (von 1938) versehen ist, sowie dem großen eingewölbten Chor. Die Wände und das Gewölbe des Chores sind mit Kalkmalereien geschmückt, die kurz nach Vollendung des Chores um 1300 entstanden.

Man beachte die Tierfiguren in den Kreisen im Scheitel des Gewölbes: Drachen, Hirsch, Löwe und Greif. Nördlich des östlichen der drei Chorfenster sieht man einen heiligen Bischof sowie Engel, die ein Weihrauchgefäß schwenken.

In der Nordwand des Chores befindet sich ein Sakramentsschrank mit prächtig gestalteten Holztüren aus dem 14. Jahrhundert: u.a. geschnitzte Drachenfiguren und Blattornamentik. Im Triumphbogen hängt ein großes, gut erhaltenes Triumphkreuz aus derselben Zeit mit der charakteristischen Ringscheibe. Der Fuß der Taufe aus Sandstein ist eine Arbeit aus dem späten 12. Jahrhundert des anonymen Meisters "Byzantios". Die Cuppa hingegen mit ihren naiv gehauenen Figuren entstand im 14. Jahrhundert (Fröjel-Gruppe).

Unter den nachreformatorischen Inventarstücken ist besonders der Altaraufsatz aus Sandstein aus dem Jahre 1634 sehenswert, der von Peter van Eghen und Sohn sowie von Peter Cran hergestellt worden ist. Die Kanzel stammt gemäß Angaben aus dem Jahre 1600. Man beachte die Malereien am Treppengeländer, die die vier Evangelisten darstellen.

Die Kirche wurde 1935-38 nach Plänen des Architekten Erik Fant umfassend restauriert. Eine kleinere Restaurierung, die hauptsächlich das Äußere betraf, wurde 1973 durchgeführt.

E.L.

Gammelgarn

Gammelgarn gehört zu den sehenswertesten Kirchen Gotlands, und das vor allem wegen ihres prächtig gestalteten Südportals aus dem 14. Jahrhundert. Das Langhaus, der Chor und die Sakristei dürften gleichzeitig in der ersten Hälfte des 14. Jahrhunderts errichtet worden sein, während der "Turm" ein Überbleibsel vom Langhaus einer älteren, romanischen Kirche ist. Vermutlich hatte man beabsichtigt, auch diesen Teil im Zusammenhang mit dem Bau der gotischen Anlage abzubrechen, um stattdessen einen großen Turm zu errichten. Der Dachreiter im Westen kam 1755 hinzu.

Gammelgarn, Geschichte Kains und Abels am östlichen Kapitellband des Langhauses, 14. Jh.

Das Chorportal und die beiden skulptierten Köpfe darüber sind wiederverwandtes Material der romanischen Kirche. Am stattlichen Südportal des Langhauses wird in lebendigen Szenen die Schöpfungsgeschichte des Alten Testaments erzählt: Sündenfall, Ausweisung aus dem Paradies, Adam und Eva bei der Arbeit (Eva wiegt Kain und Abel). Auf dem östlichen Kapitellband ist die Geschichte von Kain und Abel wiedergegeben. Die Plastik schließt mit Noah in der Arche ab. Das Portal ist eine Arbeit aus der Werkstatt des anonymen Steinmeisters "Egypticus".

Der Innenraum ist ein schönes Beispiel für die Raumgestaltung der Hochgotik. Die vier hohen Gewölbe des Langhauses werden von einer zierlichen Mittelsäule getragen, die allerdings eine Rekonstruktion ist. Sie wurde bei einem Brand im Spätmittelalter beschädigt. An der Nordwand des Langhauses sieht man fragmentarisch Szenen von Kalkmalereien, die in der Mitte des 15. Jahrhunderts vom "Passionsmeister" ausgeführt worden sind.

Vom mittelalterlichen Inventar sind der skulptierte Flügelaltar, der von ungewöhnlich hoher Qualität ist und aus dem 14. Jahrhundert stammt, sowie die Taufe aus Kalkstein erhalten, deren Fuß mit den skulptierten Köpfen (vgl. die Skulpturen über dem Chorportal) aus der Mitte des 13. Jahrhunderts stammt, während die Cuppa im 14. Jahrhundert entstand.

Die Kanzel ist vermutlich ein Werk des Visbyer Tischlers Jochim Sterling vom Ende des 17. Jahrhunderts. Das Gestühl aus dem 18. Jahrhundert ist zum Teil von Magnus Möller 1768 bemalt worden, wie auch die Chorbank und der Wandschmuck im Westen (vgl. Inschrift in der Kartusche).

Im Fußboden des Chores liegt ein Grabstein mit Runeninschrift, die in Übersetzung lautet: "Jesus Christ sei Hallvis Seele gnädig! Unga-gannes(?) Frau, des Anga-Smeds Tochter ruht hier. Ein jeder, der den (Stein) sieht, bete ein Paternoster für Hallvis Seele. Meister Gefs machte mich. Der Schmied Botvid ließ mich machen ... sei uns gnädig." - Im Ring des Kreuzes steht: "Sigtjaud(?), seine Frau, die ..."

Die Kirche wurde 1956-58 nach Plänen der Architekten Erik Fant und Olle Karth umfassend restauriert.

In der südwestlichen Ecke des Friedhofes steht ein mächtiges, gut erhaltenes Kastal aus dem Ende des 12. Jahrhunderts (vgl. den sog. Pulverturm in Visby sowie die Kastale in Lärbro, Gothem und Fröjel).

E.L.

Ganns Kirchenruine

Im Kirchspiel Lärbro liegt die gut erhaltene Ruine Gann einer vermutlich schon seit dem 16. Jahrhundert verfallenen Kirche. Es gibt nur wenig und knappes Quellenmaterial über dieses Bauwerk. Im Jahre 1699 wurde dem Domkapitel in Visby gemeldet, daß die Mauersteine des Friedhofs gestohlen und in Kalköfen verbrannt würden. Daraufhin wurde verordnet, den Friedhof zu schließen, "der Toten zuliebe, die dort begraben liegen". Der Wahrheitsgehalt einer alten Erzählung, der zufolge Elinghem und Gann ein Pastorat gebildet haben sollen, ist schwer zu prüfen. Nach dem Verlauf der alten Wege zu urteilen, scheint dies jedoch wenig wahrscheinlich.

Die Ruine besteht aus Chor, Langhaus und Turm. Der Turm erhebt sich über dem westlichen Teil der Langhausmauer. Ein abgeschrägter Sockel umläuft die gesamte Kirche, ist beim Turm aber etwas höher. An den Ecken befinden sich Putzränder, was darauf hindeutet, daß das gesamte Kirchengebäude ursprünglich verputzt gewesen war. Das Südportal des Langhauses ist gut erhalten. Man beachte die ungewöhnlichen Kapitelle!

Die Gewölbe sind vollständig eingestürzt. Das Langhaus besaß anscheinend vier Gewölbe, die von einer Mittelsäule getragen wurden. Diese soll 1673 in die Kirche von Fleringe verbracht worden sein. Der Chor besaß eine ungewöhnliche Gewölbezusammenstellung: im östlichen Teil ein Tonnengewölbe und ansonsten ein Zeltgewölbe.

Der Chor und das Langhaus sind, nach den erhaltenen Portalen und Fenstereinfassungen zu urteilen, in der Mitte des 13. Jahrhunderts errichtet worden. Der Turm dürfte etwas später erbaut worden sein, wahrscheinlich im dritten Quartal desselben Jahrhunderts.

Man beachte die Reste von ornamentaler Kalkmalerei über dem Triumphbogen. Die Malereien entstammen vermutlich der Entstehungszeit der Kirche.

Die Ruine wurde im Jahre 1924 auf Staatskosten unter Leitung von Alfred Edle restauriert und konserviert.

E.L.

Ganthem

Die Kirche von Ganthem ist ein typischer Repräsentant einer romanischen gotländischen Landkirche. Sie besitzt einen Chor mit Apsis, ein etwas höheres Langhaus sowie einen relativ hohen Turm, der mit einer Haube aus Holz bekrönt ist. Es liegt also ein Höhenanstieg von Osten nach Westen vor. Mit Ausnahme der Fensteröffnungen aus dem 19. Jahrhundert und der 1930 hinzugefügten Sakristei ist das Kirchengebäude seit seiner Entstehung in der Mitte des 13. Jahrhunderts unverändert geblieben. Der Chor mit der Apsis ist der älteste Teil, entstanden in der zweiten Hälfte des 12. Jahrhunderts.

Zu Beginn des 13. Jahrhunderts wurde der Kirchbau mit dem zweischiffigen Langhaus fortgesetzt, dessen östlicher Giebel nicht auf übliche Weise auf und um den Westgiebel des Chores gebaut worden ist, sondern im Anschluß an diesen auf eigenem Fundament (man beachte die beiden Triumphbögen). Der Turm dürfte mit dem Bau des Langhauses begonnen und Mitte des 13. Jahrhunderts fertiggestellt worden sein. Neben dem einfachen Südportal des Langhauses befindet sich eine Kalksteinplatte mit einem eingemauerten Relief: das Brustbild eines Mannes, der mit beiden Händen einen Stab hält, möglicherweise der Apostel Jacob der Ältere, der Schutzpatron der Pilger.

Der Innenraum wird von dem ziemlich hohen Langhaus beherrscht, dessen vier Gewölbe von einer Mittelsäule getragen werden. Es wird teils durch das ursprüngliche Fenster über dem Südportal, teils durch das vergrößerte, östliche Fenster erhellt. In der Spitze des Chorgewölbes befindet sich ein eingemauerter Schalltopf. Er soll bei Gesängen den Klang im Chor verstärken (vgl. Akebäck, Stenkumla).

Die Wände des Langhauses sind mit Kalkmalereien aus dem 15. Jahrhundert geschmückt. An der Nordwand beginnt ein Passionsfries des auf Gotland üblichen Typus' (s. Abb. S. 33). Er ist jedoch ungewöhnlich, weil er nie übertüncht worden ist und so die Farben viel von ihrer ursprünglichen Leuchtkraft behalten haben. Der Passionsfries an der Südseite mit u.a. der Grablegung Christi und der Auferstehung sowie einer Seelenwägung über der Kanzel war dagegen bis 1967 überkalkt. Als man die Empore im selben Jahr entfernte, konnten im Turm drei Apostelabbildungen freigelegt werden.

Unter dem mittelalterlichen Inventar sticht vor allem die Taufe aus Sandstein aus der Zeit um 1200 hervor, die dem Steinmeister "Hegwald" zugeschrieben wird. An der Cuppa wird in Reliefs die Kindheitsgeschichte Christi geschildert: die Erscheinung der Hirten - zwei wandernde Könige - der thronende Herodes - Christi Geburt - Flucht nach Ägypten - das Erntewunder - der Kindermord (3 Szenen) - Herodes und Herodias, die dem Kindermord zusehen.

Das Triumphkreuz, das nunmehr im größeren Triumphbogen hängt, ist eine gut erhaltene Arbeit aus der Zeit um 1200. Der Altaraufsatz ist eine 1901 gefertigte Kopie des Retabels aus dem 14. Jahrhundert, das 1900 an das Staatliche Historische Museum (Statens historiska museum) in Stockholm verkauft worden ist. Die Kanzel ist 1655 hergestellt worden. Die übrigen Einrichtungsgegenstände kamen im großen und ganzen bei einer Restaurierung 1882 hinzu.

1966/67 wurde die Kirche nach Plänen des Domkirchenarchitekten Eiler Græbe restauriert.

E.L.

Garde

Die erste Kirche in Garde war vermutlich eine Holzkirche. Bei einer Grabung 1968 wurden Pfostenlöcher vorgefunden, die darauf hindeuten.

Das heutige Kirchengebäude ist in Etappen von der Mitte des 12. bis in die erste Hälfte des 14. Jahrhunderts errichtet worden. Am ältesten ist das Langhaus, das einige altertümliche Züge aufweist: es fehlen Sockel, die Portale sind einfach und schmal. Garde gehört offensichtlich zu den frühesten auf Gotland errichteten Steinkirchen. Man beachte die ursprünglichen, gemauerten Steinbänke im Langhaus. Der ebenfalls romanische Turm dürfte im Zusammenhang des Langhausbaues angelegt worden sein. Er wurde im 13. Jahrhundert zu seiner jetzigen, ansehnlichen Höhe erweitert. Der heutige Chor mit Sakristei, entstanden im zweiten Viertel des 14. Jahrhunderts, ersetzte einen romanischen Chor mit Apsis aus dem 12. Jahrhundert.

Dem Bau des großen gotischen Chores hätten ein größeres Langhaus und ein Turm folgen sollen. Als man feststellte, daß diese Pläne nicht verwirklicht werden konnten, wurden die Wände von Chor und Langhaus durch dünne provisorische Mauern miteinander verbunden. Über dem westlichen Teil des Langhauses befindet sich ein gut erhaltener mittelalterlicher Dachstuhl (dendrochronologische Datierung auf 1140), dessen elegante Formgebung berühmt ist. Man erreicht ihn durch einen Aufgang in der Turmkammer.

Der westliche Teil des Langhauses und der Turmbogen sind mit Kalkmalereien geschmückt, die im 12. Jahrhundert vermutlich von einem herbeigeholten russischen Künstler (byzantinischer Stil, vgl. Källunge) ausgeführt worden sind. Die beiden Heiligenfiguren im Turmbogen sind nie übertüncht worden, was ihren guten Erhaltungszustand erklärt (siehe Abb. S. 19).

Garde, Kirche und Kirchhof von Südwest

Unter den mittelalterlichen Inventarstücken ist die Taufe mit ihren interessanten Figurenreliefs an der Cuppa hervorzuheben. Sie wird dem anonymen Steinmeister "Byzantios" zugeschrieben, der in der zweiten Hälfte des 12. Jahrhunderts tätig war. Die Taufe ist heutzutage wieder an ihrem ursprünglichen Platz im Langhaus aufgestellt. Auch das Triumphkreuz aus dem 12. Jahrhundert ist erhalten. Der Altaraufsatz aus Sandstein, vermutlich in Burgsvik gehauen, wurde 1689 angeschafft. Die Kanzel ist auf 1662 datiert, aber erst 1699 bemalt worden.

An der Nordwand des Chores hängen zwei Epitaphe aus bemaltem Holz. Das kleinere ist für den Gemeindepastor Pofvel Nilsøn (gest. 1670), das größere für den Propst Niels Lauritzsøn (gest. 1661). Die Orgel, die bei der Restaurierung der 1960er Jahre hinzukam, ist an der Nordwand des Chores aufgestellt. Sie hat sechs Stimmen, ein Manual und Pedal. Im Ostfenster des Chores befindet sich eine Glasmalerei, die 1974 von Randi Fisher geschaffen wurde.

In den Jahren 1963-70 wurde die Kirche nach Plänen des Architekten Karl Erik Hjalmarson, Stockholm, innen und außen umfassend restauriert.

Der Friedhof in Garde mit seinen vier Torhäuschen nach jeder Himmelsrichtung ist ein sehr schönes Beispiel dafür, wie ein gotländischer Friedhof im Mittelalter ausgesehen haben konnte. Das ungewöhnlich große Torhäuschen im Westen hat eine Zeitlang als Gemeindemagazin gedient.

E.L.

Gerum

Die meisten der mittelalterlichen gotländischen Kirchen bestehen aus Bauteilen verschiedener Jahrhunderte. Die in der Ebene im Südwesten der Insel gelegene Kirche von Gerum gehört dieser Gruppe ebenfalls an.

Der älteste Teil des Bauwerkes ist der Chor mit Apsis, der zu Beginn des 13. Jahrhunderts entstanden ist. Zu diesem Chor gehörte wahrscheinlich ein romanisches Langhaus. Das jetzige Langhaus kam am Ende des 13. Jahrhunderts hinzu. Man beachte die Winkel am Sockel der Ostseite des Langhauses, die zeigen, daß man einen neuen, größeren Chor geplant hatte. Der Turm, der nicht vollendet worden ist, wurde wahrscheinlich zeitgleich mit dem Langhaus errichtet (die Sockel sind im Verband). Die Portale an der Süd- und Westseite sind mit skulptierter Blattornamentik verziert. Die Sakristei entstand 1835.

Der Innenraum ist von einem ungewöhnlichen Farbreichtum geprägt, der durch Kalkmalereien aus drei Epochen hervorgerufen wird: 1: Ornamentale Malerei im westlichen der beiden Triumphbögen und an der Ostwand des Langhauses, vermutlich vom Ende des 13. Jahrhunderts im Zusammenhang der Erbauung des Langhauses. 2: Malereien an der Nord- und Südwand des Langhauses vom "Passionsmeister", Mitte 15. Jahrhundert. Ein Passionsfries, der mit dem Einzug Christi in Jerusalem beginnt und mit einer Seelenwägungsszene abschließt; an der Südwand vier Szenen aus der Kindheitsgeschichte Jesu sowie fünf Rahmen mit jeweils zwei Aposteln. 3: Reiche Akanthusmalerei in der Apsis, datiert auf 1771, als sie von Lars Pärson, Smeds, gestiftet wurden. Zum Farbreichtum trägt außerdem eine Scheibe mit Glasmalereien aus dem 14. Jahrhundert im südlichen Fenster des Chores bei, die St. Olof darstellt.

Zum Inventar gehört eine gut erhaltene Taufe (spätes 12. Jahrhundert) von dem Steinmeister "Majestatis" (s. Abb. S. 22). Man beachte die Farbspuren, die ursprünglich zu sein scheinen. Die Reliefs an der Cuppa zeigen: Verkündigung Maria und Elisabeth - Christi Geburt - Hirtenverkündigung - Anbetung der Könige. Am Fuß vier Untiersköpfe, die in Schlangen beißen.

Drei mittelalterliche Kruzifixe sind erhalten. Das Triumphkruzifix, an seinem ursprünglichen Platz im Triumphbogen, ist eine einzigartige Arbeit vom Ende des 12. Jahrhunderts. An der Nordwand des Chores hängen zwei

Prozessionskruzifixe, das linke von ca. 1200, das rechte aus dem 14. Jahrhundert. Im Turm hängt eine der ältesten Glocken des Stiftes Visby, vermutlich vor 1250 gegossen.

Der Altaraufsatz mit einer aufgemalten Abendmahlsdarstellung im Mittelfeld ist eine Arbeit von 1667. Auch die Kanzel entstand im 17. Jahrhundert (1699), während die Stundenuhr aus dem Jahre 1747 stammt. Das Gestühl kommt aus dem 18. und 19. Jahrhundert. Man beachte auch die Grabsteine, die in der Turmkammer aufgestellt sind.

Die Kirche wurde 1951/52 nach Plänen des Architekten Olle Karth umfassend restauriert.

E.L.

Gothem

Gothem gehört zu den größten und sehenswertesten Kirchen Gotlands. Zu dem großen Kirchengebäude mit seinem hohen Turm gesellen sich die mächtige Kastalruine sowie die relativ hohe Friedhofsmauer mit drei erhaltenen mittelalterlichen Torhäuschen (siehe Titelbild). Diese Bauwerke bilden zusammen eine besonders interessante Anlage aus Gotlands reichem Mittelalter.

Gothem, Ritter, Detail einer Kalkmalerei am südwestl. Langhausgewölbe

Der älteste Teil des heutigen Kirchengebäudes ist der Chor mit Apsis und Sakristei, entstanden zu Beginn des 13. Jahrhunderts. Bald darauf wurde das Langhaus mit seinem ungewöhnlich großen romanischen Portal (man beachte die eingemauerten Steinskulpturen, die ursprünglich zu einer älteren Kirche aus dem 12. Jahrhundert gehörten) errichtet. Bei der Planung der Kirche des 13. Jahrhunderts beabsichtigte man, über dem Westteil des Langhauses einen Turm zu errichten. Dies wurde allerdings nicht ausgeführt. Stattdessen begann man am Ende desselben Jahrhunderts, westlich im Anschluß an das Langhaus einen Turm aufzuführen. Dieser erhielt seine jetzige ansehnliche Höhe aber erst in der Mitte des 14. Jahrhunderts, als er vom Meister "Egypticus" vollendet wurde (vgl. die Turmbauten in Rone, Dalhem, Stånga, Öja).

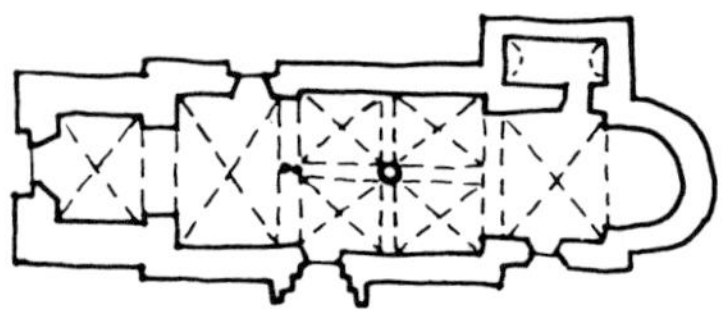

Der Innenraum wird ganz und gar von den verschiedenen mittelalterlichen Kalkmalereien geprägt, die bei einer Restaurierung 1950 hervorgebracht wurden. An der Nordwand des Langhauses beginnt ein großfiguriger Fries: die Kindheitsgeschichte Jesu sowie die Passionsgeschichte, die an der Ost- und Südwand fortsetzt. An der Nordwand befindet sich außerdem eine Borte mit interessanten Monatsbildern. Die Monate werden vor allem durch die Arbeit des Bauern auf Acker und Wiese illustriert, z.B. Heuernte im Juni, Dreschen im September etc.

Auch das Gewölbe des Langhauses ist mit Malereien desselben Meisters dekoriert: Lebensbaum, stilisierte Adler und Harpyien, feuerspeiende Drachen, Kentauren mit Bögen, Ritter mit erhobenem Schwert, Ritter mit Lanze und Fahne. Um das gesamte Langhaus läuft ein Inschriftenband mit lateinischen Bibelzitaten aus dem ersten Evangelium des Johannes: "Am Anfang war das Wort ... - IN PRINCIPIO ERAT VERBUM ..." Diese genannten Malereien sind wahrscheinlich von einem deutschen Künstler um 1300 ausgeführt worden.

Am Westteil der Langhausnordwand befindet sich eine große gemalte Szene, die in den 1690er Jahren entstanden sein dürfte: Christophorus trägt das Jesuskind flankiert vom Papst und Mohammed sowie einem Eremiten mit brennender Fackel. Ein Propagandabild gegen die römisch-katholische Kirche und den Islam.

Die Einrichtung und die Inventarstücke der Kirche entstammen hauptsächlich der nachreformatorischen Zeit. Aus dem Mittelalter ist jedoch die prächtige Chorbank (14. Jh.) mit Malerei, die Christus als Weltenrichter zeigt. In der Apsis befindet sich nördlich vom Altar ein Sakramentsschrank mit gemalten Figuren an den Türen. Das Gestühl stammt größtenteils aus dem 17. Jahrhundert, es wurde in den 1680er Jahren mit allegorischen Figurendarstellungen und Tierbildern bemalt. Die Kanzel ist eine Arbeit von Christian Fedder aus dem Jahre 1709, bemalt 1726 von Johan Hernell. Der Altaraufsatz aus gotländischem Sandstein wurde der Kirche 1689 gestiftet. Die Taufe aus Holz ist von 1741. Die große Orgel mit zwölf Stimmen, zwei Manualen und Pedal wurde 1959 angeschafft; sie wurde von der Firma Frobenius & Co. in Dänemark gebaut.

Im Turm hängt eine der größten Glocken Gotlands, datiert auf 1374 (ursprünglich in Alva plaziert), die seit alters her für ihren prächtigen Klang berühmt ist. Der lateinische Text am Glockenhals lautet in Übersetzung: "Diese Glocke ist zu Ehren des heiligen Bischofs Nicolaus im Jahre 1374 gegossen worden."

Die Kirche wurde 1949/50 einer umfassenden Restaurierung des Innenraums nach Plänen von Professor Erik Lundberg unterzogen.

E.L.

Grötlingbo

Einer 1296 ausgestellten, päpstlichen Bulle zufolge war die Kirche dem Evangelisten Lukas geweiht. Die damalige Kirche war eine bedeutend kleinere, romanische Steinkirche, von der unter dem Fußboden der heutigen Kirche Mauerreste gefunden wurden.

Die Mauern waren aus feingehauenen Sandsteinblöcken, von denen mehrere in der Südfassade der Nachfolgekirche wiederverwendet worden sind. Dort sieht man daher eine Reihe Reliefs von einem Rundbogenfries, der unter dem Dachfuß der alten Kirche verlief, nun aber ganz ohne Ordnung eingesetzt wurde. Die meisten zeigen Jagd- und Kampfmotive, die symbolisch die Vorstellungen der Hetzjagd böser Mächte auf die Menschen illustrieren. Möglicherweise flossen auch Motive aus frühgeschichtlichen

Heldensagen mit ein. Die Reliefs ermöglichen es, jene Kirche um 1200 zu datieren und sie als ein Werk des Steinmeisters Sigraf zu bestimmen. Derselbe Meister hat die im Triumphbogen aufgestellte, außerordentlich gut erhaltene Taufe gehauen, deren zierliche Reliefs die Kindheitsgeschichte Jesu schildern.

An die romanische Steinkirche wurde in der ersten Hälfte des 13. Jahrhunderts der heutige Turm angefügt. Die primitiven Reliefs am Westportal entsprangen einer anderen Hand als die Rundbogenfriese und die Taufe.

Die originelle Turmspitze, die von aufgemalten Uhrenattrappen geschmückt wird, entstand am Ende des 18. Jahrhunderts. Auf der Glocke, die eine der ältesten Gotlands ist, befindet sich eine lateinische Inschrift, die berichtet, daß sie 1384 zu Ehren des Hl. Lukas gegossen worden ist.

Das heutige Langhaus und der Chor wurden in der Mitte des 14. Jahrhunderts unter der Leitung des "Magister Egypticus" errichtet, wie ihn die kunstgeschichtliche Forschung in Unkenntnis seines tatsächlichen Namens genannt hat. Seine charakteristischen, feixenden Gesichtsmasken erscheinen am deutlichsten an den Kapitellbändern der Langhausportale. Das dortige Tympanon wird von Reliefs geschmückt, die die Madonna und das Jesuskind sowie einige Heilige darstellen; ihnen begegnen wir auch in Malereien am Chorgewölbe.

Das gleichartige, doch stärker ornamental geschmückte Chorportal zeigt im Wimperg eine große Darstellung der Auferstehung Christi.

Der Kirchenraum - eine dreischiffige Halle mit vier kräftigen Rundpfeilern - ist in seiner geschlossenen Form außerordentlich wirkungsvoll. Die Eigenart der gotländischen Architektur zeigt sich u.a. darin, daß die Nordwand oft, so wie hier, keinerlei Fensteröffnungen besitzt (s. Abb. S. 30).

Im Chor befinden sich Gewölbe und Wandmalereien aus der Mitte des 14. Jahrhunderts. Über dem Mittelfenster sieht man Christus als Weltenrichter mit der Jungfrau Maria und Johannes dem Täufer als Fürbitter der Menschen. Die Drachen und Ranken im östlichen Gewölbe symbolisieren den ewigen Kampf zwischen dem Guten und dem Bösen.

Im westlichen Gewölbe ist wieder der Weltenrichter, hier assistiert von der Jungfrau Maria mit dem Jesuskind, Johannes dem Täufer und dem Hl. Olof, dargestellt.

Die Glasmalereien im Chorfenster entstammen derselben Zeit wie die genannten Kalkmalereien. Die Apostelfiguren der Seitenfenster, die einen etwas avancierteren Stil aufweisen als die neutestamentarischen Szenen des Mittelfensters, könnten etwas jüngeren Datums sein als die letzteren.

Mittelalterliche Inventarstücke gibt es kaum. Außer der Taufe des Meister Sigraf und einigen mit Runen versehenen Grabsteinen im Chor ist das Triumphkreuz das einzige, was erhalten ist. Dieses wurde in der Mitte des 13. Jahrhunderts für die ältere Kirche angeschafft. Die Farbe ist nicht die ursprüngliche. Zwei schwer beschädigte Holzplastiken, die den Hl. Olof und den Hl. Lukas(?) darstellen, werden in Gotlands Fornsal in Visby aufbewahrt.

Grötlingbo, Südfassade der Kirche mit eingemauerten Reliefs einer älteren Kirche

Aus der Zeit nach der Reformation stammen einige interessante Gegenstände. Am bemerkenswertesten ist die Kanzel von 1548, die älteste erhaltene Gotlands, die ursprünglich der Marienkirche in Visby von dem dänischen Lehnsherren Eiler Hardenberg und seiner Frau gestiftet worden war. Der Baldachin ist aus dem späten 17. Jahrhundert. Von einfacherer Art ist der Altaraufsatz, eine Sandsteinarbeit aus dem Jahre 1699 mit Malereien von Jacob Andersson Blass.

Das Gestühl stammt von 1710, die schönen Blumenmalereien der Banktüren wurden aber erst in den 1740er Jahren ausgeführt. Einige besitzen abweichendes Dekor aufgrund ihrer besonderen Funktionen. Die beiden vordersten Bänke in den Reihen für die Männer - mit Landschaftsmalerei anstelle von Blumendarstellungen an den Türen - waren für den männlichen Bevölkerungsteil des Pastorats bzw. fremde Kirchenbesucher reserviert. Die Darstellung des eleganten, perückengekleideten Edelmanns an der dritten Bank in der zweiten Männerreihe bedeutete, daß der Kronkommissar Adam Winter hier seinen Platz hatte, während seine Frau in der zweiten Reihe in einer Bank für die Frauen saß, deren Tür mit einem Frauenportrait verziert wurde. Die abschließbare Bank in der ersten Frauenreihe mit einer Blumenvase an der Tür war der Pastorenfrau zugedacht.

Die Kirche wurde 1956/57 nach Plänen des Domkirchenarchitekten Eiler Græbe restauriert. Eine äußere Restaurierung wurde 1986/87 durchgeführt. 1989 wurde der Turmraum durch eine Glaswand als besonderer Gottesdienstraum abgeteilt, der vor allem im Winterhalbjahr zur Anwendung kommt.

G.S.

Guldrupe

Ein paar Eichenplanken (in Gotlands Fornsal, Visby), die mit Drachenschlingen verziert sind, scheinen von einer Stab- oder Fachwerkkirche zu stammen, die der heutigen Steinkirche weichen mußte. Diese wurde im späten 12. Jahrhundert aus Mauern mit gehauenem, unverputztem Kalkstein erbaut und bestand damals aus einem Langhaus und einem kleineren, später abgebrochenen Chor. Der Turm wurde in der ersten Hälfte des 13. Jahrhunderts hinzugefügt. Der jetzige Chor sowie die Sakristei entstanden am Ende desselben Jahrhunderts. Man hatte zu der Zeit noch die Absicht, in einer späteren Bauetappe auch ein größeres Langhaus zu errichten, wodurch das Bauwerk ein harmonischeres Aussehen erhalten hätte, doch die schlechter gewordenen wirtschaftlichen Verhältnisse vereitelten diese Pläne.

Das einfache rundbogige Portal des Langhauses ist ursprünglich. Die in mittelalterlichem Stil ausgeführten Fenster stammen hingegen aus dem Jahre 1865. Entlang dem Dachfuß haben sich die mittelalterlichen flechtbandornamentierten Rahmenstücke erhalten. Der in gotischem Stil erbaute Chor besaß im Unterschied zum Langhaus ursprünglich verputzte Außenwände. Die Tympanonform des Chorportals wird teilweise an dem danebensitzenden Fenster wiederholt.

Das Langhaus hatte anfangs wahrscheinlich einen offenen Dachstuhl. Als später eine Decke eingezogen wurde, schnitt diese ein Stück des Triumphbogens ab. Bei der letzten Restaurierung wurde daher die Decke dergestalt erhöht, daß die Bogenöffnung frei wurde.

In der südwestlichen Ecke des Langhauses steht ein mittelalterlicher Seitenaltar mit einem Bild des Hl. Olof vom Ende des 13. Jahrhunderts. Die Kanzel stammt aus dem späteren 17. Jahrhundert. Sie wurde von der Kirche in Vänge 1776 erworben und im Zusammenhang damit neu bemalt. Das Gestühl wurde im 18. Jahrhundert errichtet und 1965 bemalt.

Der spartanisch eingerichtete Chor erhält sein Gepräge durch die Dreifenstergruppe der Ostwand und die hohen Zeltgewölbe. Im Altar, der keinen Aufsatz besitzt, wurde im 19. Jahrhundert eine Schachtel vorgefunden, die Reliquien des "heiligen Bekenners Vociferus" und den

Märtyrern der thebanischen Legion beinhaltete. Das Portal der Sakristei dürfte von dem älteren Chor übernommen worden sein. An der Südwand des Chores sieht man eine Runeninschrift: "Botulf Krasse kaufte Meßgewand und Leinentuch(?)".

Als der Turm dem etwas älteren Langhaus zugefügt wurde, hat man in dessen Westwand eine weite Öffnung geschlagen, die ein einfaches Dekor in rot und grau erhielt - im übrigen die einzige mittelalterliche Malerei, die sich in der Kirche befindet. Eine Runeninschrift an der nördlichen Turmbogenstütze ergibt keinen Sinn, während eine andere in der südöstlichen Ecke der Turmkammer den bekannten Engelsgruß wiedergibt: AVE MARIA, GRATIA PLENA.

In der Turmkammer steht eine Taufe; es ist eine Arbeit des anonymen Steinmeisters "Byzantios" aus der zweiten Hälfte des 12. Jahrhunderts. Eine Treppe in der Südwand führt zu den oberen Geschossen des Turmes. Die pyramidenförmige Haube ist von besonderem Interesse, da diese Konstruktion größtenteils ursprünglich ist. An den Stämmen befinden sich eingehauene Runen, die als Anleitung bei der Montage dienten.

In älterer Zeit feierte man in Guldrupe am Tage des Hl. Dionysius (9. Okt.) Kirchmeß, was darauf hindeuten dürfte, daß die Kirche diesem Heiligen geweiht war.

Die Kirche wurde 1964/65 nach Plänen des Architekten Olle Karth restauriert.

G.S.

Gunfiauns Kapelle

Die Kapellenruine von Gunfiaun, ungefähr 3 km südlich der Kirche von Ardre, scheint niemals als Gemeindekirche gedient zu haben. Einer Legende zufolge soll die Kapelle zur Erinnerung an den Sohn des gotländischen Häuptlings Hafder, Gunfiaun, errichtet worden sein, der aus der Gemeinde Ardre stammte. Dieser Gunfiaun war ein heiliger Mann, der durch eine Kapelle bei seinem Grab geehrt werden sollte. Ebenso wahrscheinlich ist jedoch, daß das Gebäude zum Abhalten des Gottesdienstes in der Nähe des mittelalterlichen Marktplatzes, den man unmittelbar östlich von der Ruine auf Kopungsklint vermutet, erbaut worden ist. Es ist ungewiß, ob das Bauwerk überhaupt jemals fertiggestellt wurde.

Die Ruine der Kapelle besteht nunmehr aus einem rechteckigen Bau, der in seinem östlichen Teil einen beinahe quadratischen Chor einschloß. Die am besten erhaltene Partie ist die Ostwand des Chores mit ihrem dreigeteilten Fenster.

Die nördlichen und südlichen Mauern sind bedeutend niedriger als sie ursprünglich waren, hier und da, besonders bei den Portalöffnungen und den Fenstern, sind sie auch ganz zusammengefallen. Nach der Gestaltung des östlichen Fensters und einiger Portaldetails zu urteilen, dürfte die Kapelle in der Mitte des 14. Jahrhunderts errichtet worden sein.

Im Jahre 1948 wurden an der Kapelle umfassende Reparatur- und Konservierungsarbeiten durchgeführt. Sie war zu jener Zeit mit Bäumen und Sträuchern überwachsen, die das Mauerwerk gänzlich zu zerstören drohten. Man besserte die Mauern an den erforderlichen Stellen aus und nivellierte die Mauerkrone, die man dann mit Grassoden abdeckte. Die untersten Teile der Triumphbogenmauer und die beiden Seitenaltäre wurden rekonstruiert. Am Platz des Hauptaltares im Ostteil des Chores wurde die mittelalterliche Altarplatte auf zwei Steinplinthen aufgelegt. Die Ruine wird im Sommer zu Freiluftgottesdiensten benutzt.

E.L.

Hablingbo

Die Gemeinde Hablingbo im "Sudret", im südlichen Drittel der Insel, besitzt eine der größten Kirchen Gotlands. Der gotische Chor und das Langhaus aus der Mitte des 14. Jahrhunderts sind einem kleinen romanischen Turm hinzugebaut worden, dem einzigen erhaltenen Bauteil einer romanischen Anlage aus dem 12. und dem Anfang des 13. Jahrhunderts. Die Sakristei entstand 1730.

Das schönste erhaltene Detail der romanischen Kirche ist das Portal, das nunmehr an der Nordseite des Langhauses plaziert ist, das aber vermutlich das Hauptportal der älteren Kirche war und als solches ursprünglich an der Südseite lag. Dieses reich ausgeformte Portal gehört zweifellos zu den bemerkenswertesten Stücken, die im ganzen Land aus romanischer Zeit erhalten sind. Das Tympanonfeld besitzt eine ikonographisch sehr interessante Reliefdarstellung: die Geschichte von Kain und Abel. In der Mitte der thronende Gott Vater, flankiert von Abel mit seinem Opferlamm und Kain mit der Korngarbe, die er von der Teufelsfigur rechts entgegen genommen hat. Ganz links wird der Brudermord dargestellt. Auf der rechten Seite unter der Teufelsfigur sieht man zwei streitende Vögel, wahrscheinlich eine Anspielung auf den Brudermord. Das Portal, das bei seiner Eingliederung in die gotische Kirche umgestaltet wurde, ist von dem anonymen Meister "Majestatis", der in der zweiten Hälfte des 12. Jahrhunderts tätig war, geschaffen worden. Man beachte die Spuren von ursprünglicher Farbe an den oberen Partien des Portals.

Die großen Portale der gotischen Kirche an der Südwand sind ebenfalls reich mit gehauenen Reliefs verziert. Das Chorportal, das etwas kleiner ist als das Langhausportal, zeigt am Kapitellband folgende Darstellungen: (im Osten) Mariä Verkündigung - Maria und Elisabeth - Christi Geburt - Hirtenverkündigung; (im Westen) Anbetung der Könige sowie (ganz im Westen) ein Schaf und daneben eine Sau, die fünf Ferkel stillt.

Hablingbo, Kopfabbildung am Südportal des Langhauses. 14. Jh.

Die beiden Kapitellbänder sind offensichtlich von verschiedenen Meistern gehauen worden, die allerdings in derselben Steinmetzwerkstatt unter ein und derselben Leitung, wahrscheinlich dem anonymen Steinmetz und Baumeister "Egypticus", tätig waren. Sowohl Chor als auch Langhaus in Hablingbo mit aller skulpturaler Ausschmückung scheinen von dieser Werkstatt ausgeführt worden zu sein.

Das Langhausportal gehört zu den wichtigsten Werken dieser Steinmetzwerkstatt. Leider ist es aber von der Witterung stark in Mitleidenschaft gezogen worden. Am Kapitellband werden in tiefen Reliefs stehende

Männerfiguren dargestellt, vor allem Apostel, mit Spruchbändern in den Händen. Die äußeren Pfosten krönen groteske Gesichtsmasken, die durch ihre dominierende Plazierung dem Portal einen merkwürdigen Charakter verleihen. Die Pfosten sind außerdem mit figuralen Reliefskulpturen verziert: die vier Kirchenväter (Augustinus, Ambrosius, Gregorius und Hieronymus) in ädikulaähnlicher Rahmung, geschmückt mit Fialen und gehauenen Pflanzenschlingen. Auf der von der Witterung stark beschädigten Tympanonscheibe erkennt man zuoberst die Krönung Mariens.

Der Innenraum der Kirche ist von starker Monumentalität geprägt. Es sind vor allem die breiten, hohen Gewölbe und die kräftigen, gedrungenen Säulen mit ihren schweren Kapitellen, die diesen Raumeindruck vermitteln. Man beachte die vier stilisierten Gesichtsmasken am östlichen Kapitell. U.a. diese veranlaßten Johnny Roosval, dem anonymen gotländischen Meister des 14. Jahrhunderts die Bezeichnung "Egypticus" zu geben.

Im Chor befinden sich einige Fragmente einer mittelalterlichen Malerei, die wahrscheinlich in der Mitte des 15. Jahrhunderts entstand. An der Westwand neben dem Triumphbogen ist St. Michael als Drachentöter dargestellt und an der Nordwand sind zu sehen: die Apostel Petrus und Paulus sowie Johannes der Täufer, eine Heilige, möglicherweise Maria Magdalena, sowie der Hl. Bernhard von Siena (kanonisiert 1455).

An der Westwand der Turmkammer sieht man ein aufgemaltes Labyrinth, eine sogenannte Trojaburg. Solche Trojaburgen kommen auch an anderen Stellen bei den gotländischen Kirchen vor, aber im allgemeinen sind sie in den Putz eingeritzt. An der Südwand und im Turmbogen sieht man ein Vielzahl eingeritzter Fahrzeuge, Figuren etc.

Von den mittelalterlichen Einrichtungsstücken ist nicht viel erhalten. Die Kirche besaß eine große Sammlung, die aus Holzplastiken, einem Triumphkruzifix und Heiligenbildern bestand. Da die Gegenstände inzwischen ziemlich beschädigt sind, werden sie in Museen verwahrt. Der älteste Grabstein

Hablingbo, Nordportal des Langhauses, 12. Jh.

der Kirche steht in der Turmkammer. Es ist ein Bildstein mit Runeninschrift, wahrscheinlich aus dem 12. Jahrhundert. Die Runeninschrift lautet in Übersetzung: "Hallgair und Fruste und Atle(?) sie(?) ... nach ... ihrem Vater, einem tüchtigen Mann".

Der jetzige große Altaraufsatz aus Sandstein kam einer Inschrift zufolge 1643 hinzu und ist von dem Bildhauer Peter van Eghen und seinem Sohn Gert van Eghen ausgeführt worden. Im unteren Bildfeld wird das Abendmahl in einem beinahe drastischen Szenarium dargestellt. Die stattliche Kanzel, die heute stark übermalt ist, ist möglicherweise eine Arbeit des bekannten Visbyer Tischlers Jochim Sterling oder einem seiner Mitarbeiter aus dem späten 17. Jahrhundert.

Die Kirche wurde 1891 in neugotischem Geist (z.B. das Gestühl) umfassend restauriert. Die Empore im Westen wurde schon 1869 nach Plänen des Architekten A.W. Lundberg installiert. 1956 wurde eine kleinere Restaurierung vorgenommen, bei der die mittelalterlichen Kalkmalereien zum Vorschein kamen.

E.L.

Hall

Das zweischiffige Langhaus mit seinen vier Gewölben und der im Osten gerade abschließende Chor sind im zweiten Viertel des 13. Jahrhunderts errichtet worden, während der Turm erst einige Zeit später im selben Jahrhundert hinzukam. Hall ist also ein recht einheitliches Bauwerk an der Grenze zwischen romanischem und gotischem Stil. Das Chorportal ist in seiner Ausführung ausgeprägt romanisch, während das Langhausportal deutlich gotische Stilzüge aufweist. Die Sakristei entstand 1899.

Der Innenraum wird vom Langhaus beherrscht, dessen vier Gewölbe von einer kräftigen Mittelsäule getragen werden. Der Kirchenraum ist reich geschmückt mit mittelalterlichen Malereien, die bei einer Restaurierung 1956 zum Vorschein kamen. An der Nordwand des Chores: Lebensbaum, Maria mit dem Kinde, Christus am Kreuz, Christus in Mandorla; wahrscheinlich aus dem 14. Jahrhundert. Südwand des Chores: Christus am Kreuz flankiert von zwei knieenden Gestalten in protziger Renaissancekleidung (die Stifter?); datiert auf 1603. Im Langhaus bei der Kanzel: Seelenwägungsszene. An der Nordseite: Krönung Mariens (unter einer hervorspringenden Altarscheibe aus Kalkstein, auf der vermutlich ein Marienbild aus Holz plaziert war); 14. Jahrhundert. Am Gewölbe befindet sich ornamentales Dekor aus dem 13. Jahrhundert.

Auf dem Altar, der nunmehr mit einem einfachen Kreuz aus gotländischer Walnuß geschmückt ist, befand sich früher ein Aufsatz aus Holz von 1692 (im Turmraum). Die Kanzel ist einer Inschrift zufolge 1619 hergestellt worden, doch die jetzige Bemalung, u.a. Glaube, Hoffnung und Liebe,

Hall, Kalkmalerei von 1603 an der Südwand des Chores

stammt aus dem 18. Jahrhundert. Das teilweise ungewöhnlich schöne Gestühl entstammt dem 17. und 18. Jahrhundert.

Die Kirche besaß eine große Anzahl mittelalterlicher Holzplastiken, u.a. ein bemerkenswertes Triumphkruzifix aus dem 12. Jahrhundert. Sie befinden sich nunmehr in Gotlands Fornsal in Visby. Seit 1986 hängt im Triumphbogen eine Kopie des Kruzifix. Das einzige, in der Kirche verwahrte mittelalterliche Inventarstück ist die Taufe vom Muschelcuppatyp, die wahrscheinlich zur Zeit der Fertigstellung der Kirche, um die Mitte des 13. Jahrhunderts, angeschafft wurde.

In der Turmkammer hängt ein Portrait des Kaufmannes Jöns Westöö (1707 - 1742). Des weiteren hängen hier zwei Epitaphe aus Holz, das eine für die Tochter von Peder Lyth und seiner Frau Margareta, Elisabet (gest. 1652); das andere vermutlich für Rasmus Hofman und dessen Familie (1642). Das Votivschiff von 1871 erinnert an die Lage der Gemeinde in der Nähe des Meeres.

Eine umfassende Restaurierung wurde 1956 nach Plänen des Architekten Nils Arne Rosén durchgeführt.

Die erhaltenen mittelalterlichen Torhäuschen stehen im Verbund mit der Kirchhofsmauer, was auf den mittelalterlichen Ursprung der Mauer schließen läßt. Diese war früher offensichtlich bedeutend höher.

Bei Hallshuk, nördlich der Kirche von Hall, liegt eine kleine Kapelle, die wahrscheinlich im 17. Jahrhundert errichtet wurde.

E.L.

Halla

Ein niedriges romanisches Langhaus wird im Westen von einem etwas jüngeren Turm und im Osten von einem hohen gotischen Chor begrenzt. Das Langhaus ist um 1200 aus gehauenem Kalkstein mit teils gewaltigen Blöcken erbaut worden und besitzt ein einfaches rundbogiges Portal an der Südseite. Auf einem der Umfassungssteine erkennt man ein Reiterrelief, das ein wenig an die Taufsteinplastiken des Steinmeisters Sigraf erinnert. Ein kleines rundbogiges Fenster in derselben Wand (nunmehr zugemauert, aber im Putz deutlich zu sehen) war anfangs die einzige Öffnung, die dem Langhaus Licht spendete. Oben am Dachfuß befindet sich ein Balken mit Schnitzereien.

Das niedrige und einfache Portal des Turmes erscheint an seinem jetzigen Platz recht altertümlich. Es könnte einem früheren Apsidenchor entstammen und erst bei dessen Abbruch in den Turm versetzt worden sein, wobei es etwas verbreitert wurde.

Das sehr hohe Erdgeschoß des Turmes besitzt ein Tonnengewölbe, ist aber auf halber Höhe von einem einfachen Holzfußboden unterteilt. Über dem Gewölbe, wohin man ursprünglich nur vom Kirchenraum aus gelangte, liegt eine wohlgebaute Kammer mit Lichtöffnungen nach Norden und Süden, die von einer Kolonnette mit fein skulptiertem Kapitell gegliedert wird, vielleicht eine ehemalige Empore.

Der jetzige Chor sowie die Sakristei wurden in der Mitte des 14. Jahrhunderts ein paar Meter östlich des alten Langhauses errichtet, das man später durch ein neues zu ersetzen gedachte. In der südwestlichen Ecke eingemauert, sitzen zwei Runensteinfragmente. Auf dem einen kann man die Bruchstücke entziffern "Lübecker schlugen tot".

Nachdem der alte Apsidenchor abgerissen worden war, wurde der neue Chor durch dünne, provisorische Mauern mit dem älteren Langhaus verbunden. Dadurch erhielt man Platz für Altäre zu beiden Seiten des neuen, breiten Triumphbogens. Die Kapitellornamentik des Chorportals ist aufgrund ihrer Mischung von stilisierten und naturalistischen Motiven bemerkenswert. Im breiten Maßwerkfenster der Altarwand befinden sich Reste mittelalterlicher Glasmalerei.

Halla, Detail der Malerei an der Decke des Langhauses, 1697

Das Innere des Langhauses wird von einem prachtvoll bemalten Plafond geprägt, der teilweise den Triumphbogen abschneidet. Die Malereien wurden 1697 auf Kosten der Witwe des Ratsherren Hindrich Schmidt ausgeführt und imitieren skulptierten Stuck. In der Mitte werden Adam und Eva vor dem Richterstuhl der Dreieinigkeit dargestellt und in den Medaillons der östlichen Ecke Petrus und Paulus. An der Decke entlang läuft eine teilweise rekonstruierte Akanthusranke.

Der Chor ist reich verziert mit Kalkmalereien aus dem 15. und der ersten Hälfte des 16. Jahrhunderts. Die ältere Schicht, die vom "Passionsmeister" ausgeführt worden ist, ist beinahe verschwunden. Sie umfaßte Apostelfiguren. Auch die jüngeren Malereien sind beschädigt, aber man erkennt deutlich einen gewaltigen Christophorus an der Nordwand, umgeben von Heiligen in kleinerer Ausführung: rechts mit Pfeil St. Ursula, links oben der Evangelist Johannes mit Kelch, darunter eine bekrönte Heilige. An der Südwand sieht man St. Georg und den Drachen sowie St. Martin.

Auf dem Altar steht ein Aufsatz aus Holz von 1686 mit der Darstellung des Abendmahls, gestiftet von dem erwähnten Hindrich Schmidt und seiner Frau. In der Wand rechts vom Altar sieht man einen Wandschrank mit Holzeinfassung aus dem 15. Jahrhundert. Auf den Innenseiten der Türen befinden sich aufgemalte Portraits von Petrus und Paulus, die vom "Passionsmeister" ausgeführt worden sind. Die bemalte Einfassung stammt aus dem Mittelalter, wurde aber 1689 restauriert und mit einer Inschrift versehen.

An der Nordwand des Chores steht eine der bemerkenswertesten Taufen Gotlands. Sie wurde um 1200 von "Hegwald" geschaffen. Die Reliefs um und unter der Cuppa schildern die Kindheitsgeschichte Jesu gemäß der Legende sowie einige noch nicht enträtselte Szenen. Die Taufschüssel ist von 1679.

Im Triumphbogen hängt ein Kruzifix aus der Mitte des 15. Jahrhunderts, wahrscheinlich eine importierte Arbeit, die hier erst mit dem charakteristischen gotländischen Kreuzesring versehen wurde.

Die Kanzel, datiert auf 1697, ist - wie so vieles andere in dieser Kirche - ebenfalls vom Ratsherrn Hindrich Schmidt und seiner Frau gestiftet. Der Baldachin wurde 1747 von Johan Hernell modernisiert. 1965 wurde die Kirche nach Plänen des Architekten Olle Karth restauriert.

G.S.

Hamra

Die interessante und komplizierte Baugeschichte der Kirche wird schon von ihrem ungewöhnlichen äußeren Erscheinungsbild, mit dem asymmetrisch über der südwestlichen Ecke des Langhauses plazierten Turm, angedeutet.

Von einer geplanten dreischiffigen Basilika wurde nur die Ostpartie mit dem Chor, dem Querschiff und dem Turm über der Kreuzmitte vollendet.

Hamra, trauernde Maria, Holzplastik aus dem 14. Jh.

Davon sind der Turm und größere Teile des nördlichen Querschiffarmes erhalten. Bauzeit war um die Mitte des 13. Jahrhunderts. Aus unbekannten Gründen wurde das geplante Langhaus niemals anders als in provisorischer, entstellter Form ausgeführt. (Der Grundriß ist durch Steinplatten im Gras westlich der Kirche markiert.) Stattdessen führte man zu Beginn des 14. Jahrhunderts an den fertiggestellten Teilen einen radikalen Umbau durch, wobei der Chor und der südliche Querschiffarm abgetragen wurden.

Die umgebaute Kirche erhielt den für Gotland typischen Grundriß mit zweischiffigem Langhaus und schmalerem, gerade abschließendem Chor. In letzterem wiederverwertete man Portal, Fenstereinfassungen und anderes Steinmaterial der älteren Kirche. In das Langhaus wurde hingegen ein neues, gotisches Portal mit reicher Blattornamentik eingesetzt, und zwar in die alte Bogenöffnung zwischen Mittelquadrat und abgebrochenem südlichem Querschiffarm.

Im Innern kann man einen Unterschied zwischen dem einzigen erhaltenen Gewölbe der älteren Kirche im alten Chorquadrat und den übrigen Gewölben feststellen.

Das Fenster in der Nordwand mit seiner in Rot und Grau aufgemalten Umfassung gehört ebenso wie das einfache spitzbogige Portal darunter zur ersten Kirche. In der Westwand sieht man einen größeren Gewölbebogen zum niemals gebauten Mittelschiff und (hinter der Orgel) einen niedrigeren Bogen zum nördlichen Seitenschiff.

An der Nordwand erstreckt sich ein Passionsfries aus dem 15. Jahrhundert, beginnend mit dem Abendmahl und abschließend mit dem Pfingstwunder. Er ist die Fortsetzung eines nunmehr verschwundenen Frieses an der Südwand. Die Malereien im Gewölbe stammen vom Beginn des 18. Jahrhunderts.

Der Altaraufsatz aus Sandstein in Form eines Tempelgiebels wurde 1792 hergestellt. Auf ihm befand sich früher die Darstellung eines Lammes mit Kreuzesfahne. 1953 wurde sie durch eine vordem beiseitegestellte Kalvariengruppe von ca. 1280 ersetzt, deren Christusbild Ähnlichkeiten zu dem berühmten Kruzifix von Öja aufweist. Die Gruppe muß ursprünglich auf einem Trabes im Triumphbogen der älteren Kirche plaziert gewesen sein.

Das jetzige Triumphkreuz entstammt, ebenso wie die Seitenfiguren, der Mitte oder zweiten Hälfte des 14. Jahrhunderts. Andere mittelalterliche Holzplastiken sind ein Christus als Schmerzensmann (Mitte 15. Jh.) auf dem großen Pfeiler, ein Hl. Georg (um 1400) über der Sakristeitür sowie Teile eines Flügelaltars mit der Krönung Mariens im Zentrum (ebenfalls um 1400).

Die Taufe vom Ende des 12. Jahrhunderts vom anonymen Meister "Semi-Byzantios" zeigt um die Cuppa laufende Reliefs in Arkaden, die die Kindheitsgeschichte Jesu und den Hl. Michael darstellen. Die Farbe stammt aus dem 18. Jahrhundert.

Auf einem Seitenaltar in der südöstlichen Ecke des Langhauses steht die Kanzel, eine hochklassige Renaissancearbeit aus unbemalter Eiche mit schwarzen Leisten.

Das Gestühl ist einheitlich und wird auf das 18. Jahrhundert datiert. Im Westen sieht man zwei Herrschaftsbänke, die für den kgl. Inspektor Christian Winter (gest. 1795) von Botreifs in Hamra und seine Frau Magdalena bestimmt waren.

Im Fußboden östlich der Mittelsäule liegt ein altertümlicher Grabstein mit einem Reliefkreuz, der aus dem 12. Jahrhundert oder noch früherer Zeit stammt.

Die Kirche wurde 1953 nach Plänen des Architekten Erik Fant restauriert. Eine Renovierung des Äußeren wurde 1973/74 durchgeführt.

G.S.

Hangvar

Wie die Nachbarkirche Hall scheint Hangvar ein einheitlich aufgeführtes Bauwerk aus dem 13. Jahrhundert zu sein. Chor und Langhaus sind allerdings etwas älter als der Turm, der abgeschrägte Sockel besitzt. Die übrigen Bauteile weisen keine Sockel auf. Wahrscheinlich sind sie verwittert (vgl. När). Entstehungszeit: zweites und drittes Viertel des 13. Jahrhunderts. Man beachte, daß beim Turm- und Chorportal sowie bei den Umfassungen der Lichtöffnungen Ziegel verwendet wurden (vgl. u.a. Vall).

Über dem stattlichen Langhausportal mit seinen schön verzierten Kapitellbändern sitzt eingemauert ein gekrönter Männerkopf aus Kalkstein (vgl. Gammelgarn). Die Sakristei entstand im 18. Jahrhundert.

Die vier Gewölbe des Langhauses ruhen auf einer Mittelsäule, deren Basis groteske Eckköpfe besitzt (vgl. Taufe in Björke). Der Chor besitzt noch seine niedrigen rundbogigen Fenster aus dem Mittelalter, während die großen in der Südwand des Langhauses im 19. Jahrhundert hinzukamen.

Die Taufe aus Kalkstein (Muschelcuppatyp) stammt aus der Entstehungszeit der Kirche (ca. 1250). Sie ist der einzige erhaltene Gegenstand aus dem Mittelalter.

Doch befinden sich im Museum Gotlands Fornsal sechs mittelalterliche Holzplastiken, die einst Hangvar gehörten, darunter ein fragmentarisches Triumphkruzifix aus dem 12. Jahrhundert. Eine Rekonstruktion des Kreuzes hängt seit 1986 im Triumphbogen.

Der Altaraufsatz aus Holz mit einer aufgemalten Abendmahlsdarstellung entstand einer Inschrift zufolge im Jahre 1684 (vgl. Hall, Fleringe). Eine Zeitlang wurde als einziger Altarschmuck ein kleines Kruzifix verwandt, das mit G.L.B. 1682 signiert ist. Die Kanzel wurde 1633 hergestellt. Diese Jahreszahl gilt vermutlich nur für den Kanzelkörper, während die Treppe und die Decke im späteren 17. Jahrhundert hinzukamen.

Die Kirche wurde 1952/53 einer Restaurierung nach Plänen des Architekten Erik Fant unterzogen.

E.L.

Havdhem

Von den Bauteilen der Kirche ist der ursprünglich apsislose Chor der älteste, aus der ersten Hälfte oder Mitte des 12. Jahrhunderts. Genauso wie bei den frühen Kirchen in Garde und Källunge fehlt der Sockel. Ein sehr schmales Fenster ist in der Nordwand erhalten. Das später eingesetzte Portal ist ein Werk des anonymen Meisters "Calcarius" vom Beginn des 13. Jahrhunderts. Das Tympanon ist mit Reliefs verziert, die Christus und die Apostel (Insignienüberlieferung) darstellen, das Säulenkapitell mit Darstellungen von Menschenköpfen und vier Ranken.

Das Langhaus, gebaut um 1200, war ursprünglich niedriger und im Westen etwas kürzer. Die Mauern schließen nach oben mit einem Fries aus Rundbogen, Sägezahnleisten und profiliertem Gesims ab. Das Portal erinnert an das nördliche Langhausportal der Domkirche. Wann die Erhöhung erfolgte, weiß man nicht. Vielleicht geschah dies erst nach einem Brand, der die Kirche 1580 heimsuchte. Nach Absätzen an der Langhauswand im Innern der Kirche zu urteilen, war dieses vordem von einer oder zwei in Längsrichtung verlaufenden Tonnen eingewölbt.

An der ursprünglichen Westwand befand sich ein Turm, dessen Erdgeschoß durch eine enge Bogenöffnung mit dem Langhaus verbunden war. Er wurde in der Mitte des 13. Jahrhunderts durch den jetzigen, bedeutend größeren Galerieturm ersetzt, der bis 1910 noch ein weiteres Geschoß mit Lichtöffnungen nach allen Seiten und eine hohe Spitze besaß. Er wurde abgesenkt, weil man befürchten mußte, daß der obere Teil einstürzt.

Die Apsis, die erst im Nachhinein zugefügt wurde, ist rundum mit Blendarkaden wie bei der Hl. Dreifaltigkeitskirche (Drotten) in Visby geschmückt. Sie dürfte zur selben Zeit wie das Langhaus entstanden sein, d.h. um 1200 (s. Abb. S. 18).

Im nördlichen Fensterwinkel bei der Kanzel sind Fragmente byzantinisch beeinflußter Malereien erhalten.

Chor und Langhaus sind seit 1841 mit einem Tonnengewölbe aus Holz eingedeckt, die Turmkammer mit einem mittelalterlichen, aber nicht ursprünglichen Steingewölbe, das 1692 mit Akanthusranken und Bibelzitaten verziert worden ist.

Der Altaraufsatz aus Sandstein ist auf 1667 datiert und von Johan Bartsch d. J. bemalt worden. Die Kanzel wurde 1679 von Jochim Sterling hergestellt und 1685 von Andreas Hamborger bemalt. Auf der Spitze des Baldachins steht ein mittelalterlicher Verkündigungsengel. Zur selben Zeit wurde auch die Taufe bemalt. Die Initialen weisen auf den Pastor Claudius Trogillides und seine Frau Barbara Jörgensdotter hin. Das Portrait des Mannes aus dem Jahre 1701 hängt an der Nordwand des Chores. Das Epitaph an der südlichen Langhauswand trägt die Inschrift "Jytte Salig Trols Nilsons" und die Jahreszahl 1686. Jytte und Trols waren die Eltern von Claudius Trogillides. Das Triumphkruzifix wurde im 15. Jahrhundert geschaffen.

Auf dem Friedhof sind einige Gräber aus ältester christlicher Zeit (11. Jh.) vorgefunden worden. Einiges von den Funden wird in einem Schaukasten in der Sakristei gezeigt.

G.S.

Hejde

Die Kirche in Hejde gehört zu dem auf Gotland nicht ungewöhnlichen Typus der Sattelkirchen, d.h. einem hohen gotischen Chor schließen sich ein älteres niedriges Langhaus und ein Turm an (vgl. Garde, Follingbo, Lye). Am jüngsten ist der hohe Chor, dem ein geplantes größeres Langhaus und ein mächtiger Turm folgen sollten. Der Chor wurde wahrscheinlich in der Mitte des 14. Jahrhunderts errichtet. Ihm ging ein kleiner romanischer Chor voraus, der möglicherweise eine Apsis besaß. Das Langhaus und der Turm mit seinen Galerien an der Nord- und Südseite scheinen während einer Bauphase in der Mitte des 13. Jahrhunderts aufgeführt worden zu sein (vgl. Burs, Lye). Die Sakristei entstand 1795.

Das Südportal des Turmes, dessen Kapitellbänder mit gehauener Pflanzenornamentik verziert sind, ist heute der Haupteingang der Kirche. Größer und mächtiger ist jedoch das Chorportal, obwohl es von der Witterung schwer in Mitleidenschaft gezogen worden ist. Eine direkte Entsprechung zu diesem prächtig gestalteten Portal gibt es in der weitverzweigten gotländischen Portalflora nicht. Gewisse Übereinstimmungen mit dem Turmportal in Lärbro, das zur selben Zeit vom Meister "Egypticus" oder seiner Werkstatt (vgl. die Reliefs der Tympanonscheibe) ausgeführt worden ist, sind jedoch feststellbar. Man beachte die beiden geflügelten Drachen auf dem westlichen Kapitellband.

Das Langhaus besitzt ein Rippengewölbe, was in der gotländischen Kirchenarchitektur sehr ungewöhnlich ist (vgl. Othem). Die Rippen werden in den vier Ecken von Kolonnetten getragen; deren Kapitelle zeigen eine fein gehauene Blattornamentik. Im Chor befinden sich an der gleichen Stelle Konsolen in Form von Menschenköpfen und einem Untier.

Die Kirche besitzt interessante mittelalterliche Kalkmalereien aus zwei Epochen, alle rein ornamental. Im Langhaus sind sie im Gewölbe und an der Westwand über dem Turmbogen konzentriert, sie stammen aus der Mitte des 13. Jahrhunderts. Die Malereien des Chorgewölbes scheinen unmittelbar im Zusammenhang der Einwölbung entstanden zu sein, also in der Mitte des 14. Jahrhunderts.

Die gut erhaltenen Glasmalereien des östlichen Chorfensters zeigen eine ungewöhnliche Farbgebung, hell leuchtende Farben mit Blau als dominantem Ton. In den Szenen werden dargestellt: Sündenfall - Vertreibung aus dem Paradies - Adam und Eva bei der Arbeit mit Spaten und Spindel - Verkündigung der Hirten - Fragment der Verkündigung Mariens - Christi

Hejde, ornamentale Gewölbemalerei

Geißelung - Kreuzigung - Christi Auferstehung - Segnender Christus. Die Glasmalereien in Hejde werden als die am spätesten entstandenen mittelalterlichen Glasmalereien auf Gotland betrachtet (zweite Hälfte 14. Jh.).

Der Altaraufsatz aus Sandstein ist gemäß Inschrift auf das Jahr 1684 datiert; gehauen wurde er in Burgsvik, vermutlich von Jesper Gertson Smitt. Das Triumphkruzifix ist wahrscheinlich eine norddeutsche Arbeit vom Beginn des 16. Jahrhunderts. Die Kanzel entstand um 1700, wurde aber 1770-73 repariert und bemalt, wobei sie eine Kartusche mit der Namenschiffre Gustafs III. (schwed. König 1771-92) erhielt.

Das bemerkenswerteste Inventarstück der Kirche ist aber die Taufe aus Sandstein, die heute beim Turmbogen plaziert ist. Sie ist vom anonymen Steinmeister "Byzantios" gehauen worden, der in der zweiten Hälfte des 12. Jahrhunderts auf Gotland tätig war. In den Reliefs der Cuppa werden dargestellt: Kentaur - Engel mit ausgebreiteten Flügeln - Aspisreiter (Symbol für den schwachen Menschen) - Pfau - Streitende Soldaten (Gut und Böse) - David und der Löwe(?) - Dornauszieher (Symbol der Liederlichkeit). Man beachte die Farbe, die möglicherweise ursprünglich ist.

Die Kirche wurde 1935/36 nach Plänen des Architekten Erik Fant sorgsam restauriert. 1976 wurde eine Renovierung des Innenraums durchgeführt.

E.L.

Hejdeby

Die Kirche sieht, gemessen an gotländischen Verhältnissen, klein und anspruchslos aus, aber der Innenraum birgt vielerlei interessante Malereien und Inventarstücke.

Der scheinbar einheitliche Bau, bestehend aus Apsidenchor, Langhaus und Turm, ist während verschiedener Bauphasen in der genannten Reihenfolge, doch ohne größere Pausen entstanden. Der rein romanische Chor vom Beginn des 13. Jahrhunderts und das einige Jahrzehnte jüngere Langhaus weisen beide ein niedriges romanisches Kreuzgewölbe auf. Der Turm, für den, nach den breiten Seitenmauern zu urteilen, Galerien vorgesehen waren, zeigt gotische Stilformen am Gewölbe, am Turmbogen und an den Lichtöffnungen. Er wurde im späten 13. Jahrhundert errichtet. Das rundbogige Nordportal saß vor dem Bau des Turmes an der Nordseite des Langhauses, direkt gegenüber dem Südportal.

An den Wänden von Langhaus, Chor und Apsis sind kürzlich einige ungewöhnlich gut erhaltene Kalkmalereien aus der Mitte des 13. Jahrhunderts zum Vorschein gebracht worden. Die meisten stellen Konsekrationskreuze tragende Apostel dar.

Die Malereien stehen im Zusammenhang mit einer Einweihung, offensichtlich derjenigen, die nach dem Bau des Turmes stattfand. Über dem Triumphbogen wird die Krönung Mariens dargestellt. An beiden Seiten stehen Johannes der Täufer und Maria, Katharina von Alexandria und St. Nicolaus, St. Martin und St. Laurentius. Im Westen links vom Triumphbogen ist der König Salomon zu sehen. Die Malereien sind vom selben Meister ausgeführt worden, der u.a. in Eskelhem und Hejnum tätig war.

Im 15. Jahrhundert wurden einige Malereien überkalkt und ein neues Dekor in der bekannten Manier des "Passionsmeisters" kam hinzu. An der Südwand des Langhauses scheint er das Werk seines Vorgängers respektiert zu haben und hat seine Heiligen (St. Georg und St. Martin) zwischen die Apostel des Meisters aus dem 13. Jahrhundert plaziert. Der Passionsfries an

Hejdeby, St. Nikolaus und St. Laurentius. Kalkmalerei, ca. 1250

der Nordwand, der teilweise Malereien aus dem 13. Jahrhundert überdeckte, ist nach vorherigem Abfotografieren wieder überkalkt worden.

Im Chor steht eine mittelalterliche Bank aus gedrechselten Teilen. Dort ist auch eine Taufe aus der Gruppe der "Muschelcuppa" zu sehen. Sie besitzt einen zeitgenössischen Holzdeckel in Form einer Kreuzkirche mit Zentralturm und stammt aus der Mitte des 13. Jahrhunderts.

Im Triumphbogen hängt ein kleines Kruzifix vom Beginn des 13. Jahrhunderts. Andere mittelalterliche Holzplastiken der Kirche werden im Museum Gotlands Fornsal in Visby verwahrt.

Die Kanzel wurde der Kirche 1766 vom Visbyer Bürgermeister Abraham Lange gestiftet und 1793 bemalt. Sie steht auf einem mittelalterlichen Seitenaltar. Das Gestühl stammt aus dem Jahre 1734, die Blumenmalereien der Banktüren wurden aber erst am Ende des 18. Jahrhunderts ausgeführt und die der am weitesten westlich stehenden Bänke erst 1803 von Paul Heil.

In der Turmkammer steht ein einzigartiger blau-weiß bemalter Sakristeischrank von 1734 (früher war er im Chor plaziert). Dort werden auch Teile der bei der letzten Restaurierung entfernten Empore ausgestellt, die aus Stücken eines mittelalterlichen Gestühls zusammengesetzt war.

Die Kirche wurde 1966-71 nach Plänen von Professor Erik Lundberg und vom Architekten Per-Erik Nilsson restauriert.

G.S.

Hejnum

Unter dem Fußboden sind Grundmauern einer älteren, sehr kleinen Kirche von ca. 1200 vorgefunden worden, die aus einem Langhaus mit Apsidenchor bestand. Einige Stücke eines Rundbogenfrieses, der ihr zuzuordnen ist, sind - eingemauert in das jetzige Langhaus und den Chor - erhalten geblieben. Unter ihnen auch abgerundete Stücke, die zeigen, daß der Fries auch um die Apsis verlief. Einige Rundbögen sind mit Reliefs verziert worden, die Ritter, Tiere und symbolische Zeichen vorstellen sollen. Sie erinnern an Gleichartiges in Bro. Von besonderer Ausführung sind zwei Reliefs auf beiden Seiten des Südportals des Langhauses, die die Kreuzigung Christi und die Auferstehung darstellen und vielleicht vom Chorportal der ältesten Kirche herstammen. Auch das Langhausportal mit seinen Vogelkapitellen stammt aus der früheren Kirche, wurde aber beim Umbau in ein spitzbogiges umgeändert.

An diese früheste Kirche wurde zu Beginn des 13. Jahrhunderts der jetzige Turm angebaut. Unmittelbar über dem Westportal steht in Runen "Botvid Steinmeister". Zu den oberen Teilen des Turmes gab es ursprünglich nur einen hoch an der Westwand gelegenen Eingang von außen.

In der Mitte des 13. Jahrhunderts wurden das jetzige Langhaus, der Chor und die Sakristei gebaut. Das Chorportal ähnelt mit seinem rankenverzierten Tympanon so sehr dem von Lafrans Botvidarson signierten in Hellvi, daß hier derselbe Meister vorausgesetzt werden muß. Der Haupteingang befindet sich entgegen dem sonst Üblichen auf der Nordseite der Kirche, was auf ihre Lage südlich der Straße zurückzuführen ist. Neben dem Eingang ist ein kräftiger Strebepfeiler hochgezogen worden.

Der Chor besitzt einen geraden Abschluß mit drei lanzettenähnlichen Fenstern in der Altarwand. Derselbe einfache Fenstertyp erscheint auch in dem einschiffigen, mit zwei Zeltgewölben eingedeckten Langhaus. Ein kleines rechteckiges Fenster bei der Kanzel wurde erst nach deren Installation eingesetzt.

Chor- und Langhausgewölbe wurden zeitgleich im Anschluß an die Entstehung des Bauwerkes um 1250 dekoriert. Der Dekor besteht aus ornamentalen Ranken und Lilienmotiven. Aus derselben Zeit stammen die Lilien über dem Sakramentsschrank des Chores und der Lebensbaum über dem

Hejnum, Auferstehung Christi, Relief von ca. 1200

Triumphbogen. Letzterer wurde einige Jahrzehnte später übermalt mit der Darstellung eines Christus als Weltenrichter, umgeben von Johannes und Maria sowie zwei Weihrauchkelche schwenkenden Engeln. Als die Kalkmalereien 1960 zum Vorschein gebracht wurden, zeigte sich, daß diese Figuren allzu beschädigt waren, als daß die Szene als Ganzes sichtbar bewahrt werden könnte. Dagegen war der unter dem Christusbild liegende Lebensbaum gut erhalten geblieben.

Sowohl im Langhaus als auch im Chor sind außerdem Malereien aus dem 15. Jahrhundert vom sogenannten Passionsmeister gefunden worden. Von ihnen sind nunmehr lediglich einige Figuren rechts vom Choreingang zu sehen: ein Bischof und St. Olof, St. Antonius, als Schutzpatron gegen Feuer mit brennendem Haus und Bootshaken dargestellt, sowie St. Bernhard von Siena.

Die Altartafel, die von der Namenschiffre Fredriks I. (schwed. König 1720-51) bekrönt wird, wurde gemäß Inschrift 1738 vom Propst Johan Lutteman gestiftet. In der Malerei wird die Kreuzigung Christi dargestellt. Der Altar ist mittelalterlich mit einem Reliquienversteck sowohl vorn als auch in der Altarplatte selbst. Man beachte rechts ein Relief aus der Zeit der ältesten Kirche, das einen Ritter darstellt.

Die Chorbank besitzt an der Seite interessante Malereien von 1706 aus der Herzenssage und auf der Rückseite Phantasiewappen und Namen.

Im Triumphbogen hängt ein Kruzifix vom Beginn des 13. Jahrhunderts, welches in der Mitte desselben Jahrhunderts auf ein neues Ringkreuz gesetzt worden ist. Eine Armenbüchse aus Holz (!) am Nordeingang der Kirche ist ursprünglich möglicherweise ein Kruzifixsockel gewesen.

Die Kanzel mit noch erhaltener Originalbemalung wurde 1704 hergestellt und 1721 bemalt. Das Gestühl stammt ebenfalls vom Anfang des 18. Jahrhunderts. Die beiden vordersten Banktüren auf der Frauenseite tragen figurale Malereien und die Jahreszahlen 1704 und 1706.

Die Kirche besitzt zwei Taufen; eine einfache Taufe aus dem 13. Jahrhundert steht vor dem Orgelpodium und eine aus dem 17. Jahrhundert bei der Kanzel. Gegen den Strebepfeiler beim Nordeingang gelehnt, steht ein großer, mit einem Kreuz verzierter Grabstein, der der eingravierten Runeninschrift zufolge dereinst das Grab von Gairvatr von Norderby und seiner Frau Rudiaud bedeckte.

Die Kirche wurde 1960 nach Plänen des Architekten Olle Karth restauriert.

G.S.

Hellvi

Die Kirche besteht aus einem frühgotischen, gerade abschließenden Chor, einem im großen und ganzen aus derselben Zeit stammenden Langhaus und einem romanischen Turm. Letzterer sieht nunmehr eigentümlich verkrüppelt aus, weil der obere Teil einer schriftlichen Quelle zufolge im Jahre 1534 zusammenbrach.

Die Turmkammer ist tonnengewölbt und besitzt eine in die Südwand eingebaute Treppe zu den oberen Geschossen. Die Sakristei entstand in den 1850er Jahren.

Das Chorportal trägt eine bemerkenswerte Inschrift, die besagt, daß Lafrans Botvidarson aus Eskelhem die Kirche baute. Die charakteristische Relieftechnik der Kapitellbänder trifft man am Langhausportal sowie an den Säulenkapitellen und Kragsteinen im Innern wieder.

Das Langhaus ist zweischiffig mit zwei Säulen in der Mittelachse, der Chor quadratisch mit Dreifenstergruppe in der Altarwand. Das Gewölbe besitzt in beiden Räumen Zeltform. Die Entstehungszeit liegt in der Mitte des 13. Jahrhunderts.

Der Altarschmuck ist aus Sandstein und trägt die Namenschiffre Karls XII. (schwed. König 1697-1718). Die Jahreszahl 1726 bezieht sich auf die Entstehung der Malerei. Der Aufsatz wurde der Kirche vom Kalkpatron Anders Fries aus St. Olofsholm gestiftet. Davor stand auf dem Altar eine sogenannte Katechismustafel aus Holz (jetzt in der Sakristei), die die Signatur Jochum Målare trägt und auf 1627 datiert ist. Anstelle von figuraler Malerei trägt sie lange Bibelzitate, wie z.B. das Glaubensbekenntnis u.a. (Vgl. die Katechismustafel in der Kirche von Viklau.)

Die Kanzel ist auf 1633 datiert. Das Gestühl, das zum größten Teil aus dem 18. Jahrhundert stammt, besitzt auf den Türen schwungvolle Akanthusmalereien. Die Empore im Nordwesten stand ursprünglich an der Westwand. Auf den Rahmenfüllungen sieht man Christus als Schmerzensmann, umgeben von den zwölf Aposteln sowie zwei Heiligen. Sie wurde 1704 auf Kosten von 16 Schiffern aus Sonderburg hergestellt, ein Verweis darauf, daß Hellvi eine Küstengemeinde ist, die in der Nähe der früher lebhaften Häfen von Kyllaj und St. Olofsholm liegt.

Die Taufe aus Sandstein stammt vom Ende des 17. Jahrhunderts und besitzt eine Taufschale aus versilbertem Kupfer, auch dies die Stiftung eines Schiffers aus Sonderburg aus dem Jahre 1704.

Über der Sakristeitür hängt ein Epitaph aus Sandstein vom Ende des 17. Jahrhunderts mit dem Namen des Ratsherrn Lars Mattsson aus Visby sowie denen seines Sohnes, des Landvermessers Matthias Schilder und dessen Frau Maria Schonfelt. Der ursprüngliche Text ist ausgelöscht und die Jahreszahl 1726 dürfte auf eine Neubemalung verweisen.

Auf dem Friedhof steht eine mittelalterliche Tumba mit der Abbildung des Pastors Halvatus auf dem Deckstein.

Die Kirche wurde 1926 nach Plänen des Architekten Anders Roland restauriert. 1950 wurde die Empore versetzt und einige weitere Umgestaltungen durchgeführt. Bei Sankt Olofsholm, wo der Sage nach Olof der Heilige (König von Norwegen) dereinst an Land gegangen sein soll, befinden sich Überreste einer Kapelle.

G.S.

Hemse

Hemse ist vielleicht am bekanntesten wegen seiner gut erhaltenen Stabkirche, die sich nunmehr rekonstruiert im Staatlichen Historischen Museum (Statens historiska museum) in Stockholm befindet. Ihre Seitenplanken lagen als Fußboden in der heutigen romanischen Steinkirche und wurden bei

Hemse, Triumphkreuz vom Ende des 12. Jh.

einer Restaurierung im Jahre 1896 entdeckt (s. Abb. S. 16). Sie wurden (dendrochronologisch) auf die erste Hälfte des 12. Jahrhunderts datiert.

Diese Holzkirche wurde allmählich als Gottesdienstraum zu klein und zu Beginn des 13. Jahrhunderts wurde an ihrer Stelle eine etwas größere Kirche aus Stein errichtet, der jetzige Baukörper. Er besteht aus einem Apsidenchor, einem kleinen, ziemlich niedrigen Langhaus sowie einem Westturm. Chor und Langhaus scheinen in einer Bauphase errichtet worden zu sein, während der Turm ein wenig später hinzugefügt worden ist und erst in der zweiten Hälfte des 13. Jahrhunderts vollendet wurde. Die Sakristei entstand 1896.

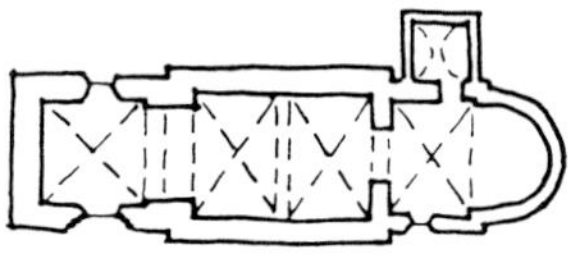

Der gesamte Kirchenraum ist mit farbreichen Kalkmalereien geschmückt; sie alle stammen aus verschiedenen Perioden des Mittelalters. Am ältesten sind die Malereien an der Nordwand des Turmes: zwei Kentauren, die einen Lebensbaum angreifen. Inschrift: FINIS ADEST VERE PRECIUM VULT SCRIPTOR HABERE (= das Ende nähert sich und der Schreiber/Maler will seinen Lohn haben), darunter steht: UT ROSA FLOS FLORUM SIC EST DOMUS ISTA DOMORUM (= wie die Rose der Blumen Blume ist, so ist dieses Haus das vornehmste der Häuser).

Im Chor und in der Apsis befinden sich Malereien aus dem 14. Jahrhundert, u.a. Christus als Weltenrichter mit dem Schwert der Gerechtigkeit und der Lilie der Gnade.

Der lange Passionsfries an der Nordwand von Turm und Langhaus sowie die Heiligendarstellungen über dem Triumphbogen (St. Georg und der Drachen sowie St. Martin, der seinen Mantel mit einem Bettler teilt) entstanden in der Mitte des 15. Jahrhunderts und sind vom "Passionsmeister" oder seiner Werkstatt ausgeführt worden.

Unter den erhaltenen mittelalterlichen Inventarstücken ragen insbesondere das sehr schöne Triumphkruzifix vom Ende des 12. Jahrhunderts (vgl. Väte, Alskog) sowie die Taufe heraus, deren Fuß romanisch ist, während die Cuppa im 14. Jahrhundert entstand - vermutlich als Ersatz für eine zerstörte romanische Cuppa.

Der Altaraufsatz aus Sandstein, eine Donation von 1699, ist wahrscheinlich in Burgsvik hergestellt worden. Die Kanzel wurde 1768 eingebaut und im selben Jahr bemalt.

Die lange Runeninschrift an der Westwand des Chores ist lediglich eine Wiederholung der Sonntagsbuchstaben im Runenalphabet FUTHARK.

Die Glocke im Turm gehört zur sog. Apengetergruppe und wurde vermutlich in der ersten Hälfte des 15. Jahrhunderts gegossen. Die um den Hals verlaufende Inschrift lautet: "Gott mache, daß es uns mit eurer Glocke gutgehe, Herr Sankt Ilian" (= Schutzpatron der Kirche).

Die Orgel wurde im Jahre 1963 von der Orgelbaufirma Frobenius & Co. in Kopenhagen gebaut. Sie besitzt zwei Manuale und ein eigenständiges Pedal mit fünf Stimmen im ersten Manual, fünf im zweiten und drei im Pedal.

Die Kirche wurde 1962/63 einer umfassenden Restaurierung nach Plänen des Architekten Olle Karth unterzogen.

E.L.

Hogrän

Die Kirche von Hogrän liefert bereits durch ihr Profil wichtige baugeschichtliche Aufschlüsse. Neben dem niedrigen romanischen Turm, der lediglich durch seine später hinzugefügte Haube die übrigen Bauteile überragt, erheben sich ein mächtiges gotisches Langhaus und der Chor (vgl. Sjonhem, Ardre u.a.). Der Turm ist der einzige erhaltene Bauteil von einer sog. ikonischen Kirche (mit Reliefs an den Fassaden, vor allem an der Südseite). In die Südwand des jetzigen Langhauses sind einige Reliefsteine eingelassen, die von dieser ersten Steinkirche in Hogrän herstammen. Über dem Wimperg des Langhausportales befindet sich eine schön geformte romanische Fenstereinfassung.

Bei Grabungsuntersuchungen im Zusammenhang mit der Restaurierung der Kirche 1953/54 fand man die Nordmauer des älteren Langhauses unmittelbar neben der heutigen Langhausmauer. Diese ältere Kirche scheint im späten 12. Jahrhundert errichtet worden zu sein, an die um 1200 der Turm angefügt worden ist. Der jetzige Chor mit Sakristei und das Langhaus mit ihren prachtvollen Portalen und großen Fensteröffnungen entstanden wahrscheinlich um 1300.

Das Innere der Kirche wird von der enormen Breite (10 m) des Langhauses beherrscht, die sich durch den breiten Triumphbogen in den hoch gewölbten Chor fortsetzt. Ein schön gehauenes Kapitell (jetzt Unterlagsplatte unter der Taufe) deutet darauf hin, daß das Langhaus ursprünglich zweischiffig werden sollte. Die großen Pilaster in der Nord- und Südwand (beide sowohl innen- als auch außenwändig) dienen als Stützen für das Gewölbe (vgl. Bro und Martebo).

Der große Altaraufsatz aus Sandstein ist einer Inschrift zufolge im Jahre 1634 auf Initiative des bekannten Gotlandforschers Hans Strelow aufgestellt worden. Strelow war zu jener Zeit Pastor in Vall und Hogrän sowie Probst des Mitteldrittels der Insel. Der Aufsatz ist in der Werkstatt des Peter van Eghens entstanden (s. Abb. S. 35).

Das Triumphkruzifix aus dem 12. Jahrhundert gehört zu den ältesten Holzplastiken Gotlands. Es ist nach dem bedeutend niedrigeren romanischen Triumphbogen bemessen.

Zu den erhaltenen mittelalterlichen Einrichtungsgegenständen der Kirche gehören auch die prächtig gestaltete Einfassung und die Türen des Sakramentsschrankes in der Nordwand des Chores, vermutlich vom Anfang des 15. Jahrhunderts. Die Tür zur Sakristei mit ihren Eisenbeschlägen ist ebenfalls mittelalterlich.

Die achtseitige Taufe aus Sandstein aus dem 12. Jahrhundert wird dem anonymen Meister "Byzantios" (vgl. Hejde, Garde u.a.) zugeschrieben. Die um die Cuppa laufenden Reliefs stellen dar: Engel - Mariä Verkündigung - zwei Heilige an einem Kreuz - geflügelter heiliger Ritter - David und der Löwe - Aspisreiter (der schwache Mensch, mit dem der Sündendrache davongaloppiert) - Dornauszieher (Symbol der Liederlichkeit).

Die Kanzel ist einer Inschrift zufolge im Jahre 1637 hergestellt und 1674 von Johan Bartsch d.J. bemalt worden. Das Chorgestühl stammt zum größten Teil aus dem 17. Jahrhundert, besitzt aber auch eine eingearbeitete mittelalterliche Bankvorderseite mit Trifolienarkaden.

Die Kirche wurde 1953/54 nach Plänen des Architekten Ragnar Jonsson restauriert.

E.L.

Hörsne

Die Kirche von Hörsne besitzt die für Gotland typische Kontur: ein großes gotisches Langhaus mit Chor, angefügt an einen relativ kleinen romanischen Turm (vgl. z.B. Hablingbo, Ardre, Etelhem). Der groß angelegte gotische Umbau hat nicht durch einen entsprechenden Turm vollendet werden können. Stattdessen hat man den alten, romanischen Turm stehengelassen und ihn mit einer hohen Spitze versehen, um eine normale Silhouette zu bewirken.

Hörsne, St. Michael, Steinplastik am Wimperg des Langhausportals, 14. Jh.

Der älteste erhaltene Bauteil ist also der Turm aus der ersten Hälfte des 13. Jahrhunderts, der zu einer Kernkirche mit Apsidenchor aus dem 12. Jahrhundert gehörte, deren Grundmauern unter dem Fußboden des Kirchraumes vorgefunden wurden. Der heutige Chor sowie die Sakristei entstanden am Ende des 13. Jahrhunderts, während das Langhaus mit seinem stattlichen Südportal in der ersten Hälfte des 14. Jahrhunderts errichtet worden ist. Im Zusammenhang mit dem Langhausbau scheint der Chor durch die Einsetzung des großen gotischen Fensters in die Ostwand modernisiert worden zu sein. Die Kapitellbänder des Chorportals sind mit gehauener Pflanzenornamentik sowie (auf der Westseite) Figurenreliefs - zwei Fische und ein Löwe - verziert.

Der Haupteingang der Kirche auf der Südseite ist durch seine lebendigen, erzählenden Reliefs eines der interessantesten Portale Gotlands. Zuoberst auf der Spitze des Wimperg reitet St. Michael mit erhobenem Morgenstern und Schild. Auf dem westlichen Kapitellband werden folgende Szenen aus der Offenbarung des Johannes dargestellt: Johannes, der Verfasser der Apokalypse mit dem Buch in der Hand - die apokalyptische Frau, die auf dem Mond steht und mit der Sonne bekleidet ist - die Frau im Kindbett - die geflügelte apokalyptische Frau - St. Michael im Kampf mit dem apokalyptischen Drachen (Offenbarung Johannes 12: 1-14). Das östliche Kapitellband ist mit Pflanzenornamentik verziert. Das Portal scheint von der großen Werkstatt geschaffen worden zu sein, die im 14. Jahrhundert auf Gotland tätig war und deren Hauptmeister der anonyme Steinmetz und Baumeister "Egypticus" war.

Die vier hohen Gewölbe des Langhauses werden von einer zierlichen Mittelsäule getragen, die aus einander abwechselnden rotbraunen und grauen Kalksteintrommeln besteht.

Bei der Restaurierung 1978/80 brachte man sowohl im Langhaus als auch im Chor mittelalterliche Malereien hervor. Die beiden östlichen Gewölbe des Langhauses zeigen Rankenwerk und Drachen, während die Triumphbogenwand figurale Szenen aufweist. Auf der Nordseite: Maria mit dem Jesuskind, umgeben von der Hl. Margareta von Antiochia und der Hl. Katharina von Alexandrien sowie dem heidnischen Kaiser Maxentius, der Katharina zum Heidentum zurückführen will. Auf der Südseite: der thronende Christus, umgeben von zwei schwebenden Figuren, von denen eine einen Bischof darstellt. Diese Malereien sind im 14. Jahrhundert vom "Egypticusmaler" ausgeführt worden. In einer Nische in der Nordwand des Chores wird Christus als Weltenrichter dargestellt. Diese Malerei ist vom "Passionsmeister" im 15. Jahrhundert geschaffen worden.

Im Südfenster des Chores sind einige Reste der ursprünglichen, reichen Glasmalerei der Kirche erhalten geblieben: der Apostel Bartholomäus sowie einige Scheiben mit Architekturmotiven und Pflanzenornamentik. Im Südfenster des Langhauses befinden sich ebenfalls einige Scheiben aus dem 14. Jahrhundert mit Ornamentmotiven.

Der Altaraufsatz ist eine merkwürdige Mischung aus Gotik und Barock. Holzplastiken eines abhanden gekommenen Flügelaltars aus der Mitte des 14. Jahrhunderts sind in einen durchbrochenen Altaraufsatz aus dem Jahre 1701 eingefügt worden.

Im Triumphbogen hängt ein schönes Kruzifix aus dem 17. Jahrhundert, dessen Christusfigur allerdings aus dem 15. Jahrhundert stammt.

Die Kanzel von 1688 ist vermutlich eine Arbeit des bekannten Schreiners Jochim Sterling. Das Gestühl stammt größtenteils aus dem 17. und 18. Jahrhundert. Die Taufe aus Eichenholz von 1730 ist ungewöhnlich.

An der Nordwand des Chores hängt ein Epitaph aus Holz aus dem Jahre 1688 zum Gedenken an den Pastor Petrus Ronander und seine Frau Petronella Dalman.

Die Kirche wurde 1937 nach Plänen des Architekten Erik Fant restauriert. Die Restaurierungsarbeiten der Jahre 1978-80 wurden nach Plänen des Architekten Arne Philip durchgeführt.

E.L.

Källunge

Die Kirche erweckt schon von weitem durch ihre eigenartige Silhouette Aufmerksamkeit. Im Westen steht aus romanischer Zeit (Mitte 12. Jahrhundert oder etwas früher) ein kleines Langhaus mit einem zeitgleich erbauten Turm, im Osten erhebt sich ein gewaltiger gotischer Chor (erste Hälfte des 14. Jahrhunderts). Man hatte damals die Absicht, die gesamte ältere Kirche abzureißen und den gewaltigen angefangenen Neubau nach Westen fortzusetzen und mit einem monumentalen Turm zu vollenden. Hierfür wurden neue Grundsteine gelegt und Portalteile und Pilasterstücke umgesetzt. Dieser Umbau der gesamten Kirche ist jedoch nach Vollendung des neuen Chores nicht weitergeführt worden.

Der jetzige Turm, der im Westen ein einfaches, schmales Portal besitzt, machte in gotischer Zeit einige Veränderungen durch: die Turmkammer wurde eingewölbt, die Bogenöffnung zum Langhaus wurde erweitert und spitzbogig, ein neues Glockengeschoß wurde hinzugefügt und die Spitze erhielt einen steileren Aufbau.

Auch das Langhaus ist zum Teil verändert worden. Es dient nunmehr als Vorhalle zu der gotischen Kirche. Das Portal im Süden stammt aus der Mitte des 14. Jahrhunderts und dürfte ursprünglich für den geplanten neuen Westturm bestimmt gewesen sein. Es hat bemerkenswerte Kapitellreliefs, die verschiedene Aspekte des mittelalterlichen, profanen Lebens schildern. Aus derselben Zeit wie das Portal stammt das daneben sitzende Fenster. Von den Wänden des Langhauses ist die östliche mit dem Triumphbogen am wenigsten verändert. In der nordöstlichen Ecke steht noch immer ein mittelalterlicher Marienaltar.

Bei der Restaurierung der Kirche 1951 wurden die Grundmauern eines mit dem Langhaus zeitgenössischen Apsidenchores freigelegt. Dessen Dachschrägung zeichnet sich übrigens noch immer auf der Ostseite des Triumphbogens ab.

Die romanische Kirche besitzt Fragmente russisch-byzantinischer Kalkmalerei aus dem 12. Jahrhundert. Links vom Triumphbogen sieht man zwei der drei weisen Männer auf dem Weg nach Bethlehem reiten und darüber Jesu Gang nach Golgatha. Rechts vom Bogen erscheint der Kampf des Hl. Georg gegen den Drachen. In der Bogenöffnung selbst sieht man ein

Källunge, zwei mittelalterliche Musikanten, Detail am Langhausportal

Christusmedaillon, umgeben von Heiligen, und auf der Chorseite ornamentale Malerei. Auch die übrigen Wände waren sicherlich dekoriert, im Westen sind Fragmente eines großen Jüngsten Gerichts erhalten geblieben.

Die gotische Kirche zeichnet sich trotz ihrer Unvollendetheit durch eine seltene Größe und Raumfülle aus. Ein prächtiges Portal in der Südfassade zeigt im Tympanon Darstellungen von Christus und zwei weiblichen Heiligen und in einer Nische im Wimperg Maria mit dem Jesuskind.

Der Innenraum wird von einer dreischiffigen Halle mit zwei runden Pfeilern im Osten und zwei achtkantigen im Westen gebildet. An der Nordwand sieht man in Höhe der Pilasterkapitelle Spuren einer zugemauerten Öffnung zu einer Empore, die vielleicht für den Chor gedacht war. Auch die gotische Kirche besitzt Reste von Kalkmalereien. Die Dekoration der Pilaster in rot und grün dürfte aus dem Anfang des 14. Jahrhunderts stammen, während die schwachen Spuren von figürlicher Malerei dem 15. Jahrhundert zugeschrieben werden müssen, als der "Passionsmeister" hier tätig war.

Das bedeutendste Inventarstück der Kirche ist der Flügelaltar, eine norddeutsche Arbeit vom Anfang des 16. Jahrhunderts. Er wurde 1684 von der Domkirche in Visby erworben und kam später hierher. Links vom Altar an der Nordwand sieht man einen monumentalen Sakramentsschrank mit von Säulen getragener Umrahmung. Die Kanzel wurde 1707 vom Visbyer Tischler Christian Fedder geschaffen und 1726 von Johan Hernell bemalt. Das Gestühl kam 1684 in die Kirche und wurde 1741 erweitert. Die Holzwand im Triumphbogen wurde 1686 errichtet und 1751 bemalt. Zu jener Zeit wurde der ältere Kirchenteil als Gemeindemagazin verwandt. Die Taufe mit ihren nahezu verschwundenen Abbildungen ist eine Arbeit des 12. Jahrhunderts vom anonymen Meister "Byzantios". Im Fußboden des Chores liegen mehrere Grabsteine aus dem 14.-17. Jahrhundert. Neben dem Sakramentsschrank in der nordöstlichen Ecke steht eine Stange von der Turmspitze mit Windflügel (das Original befindet sich in Gotlands Fornsal), dessen Dekoration auf die Mitte des 11. Jahrhunderts datiert wird.

Die Sakristei stammt aus derselben Zeit wie der neuere Kirchenteil. Mit ihrer eingewölbten Decke und ihren schmalen Fenstern vermittelt sie einen guten Eindruck davon, wie ein profaner Raum bei den aus Stein gebauten Pfarrhäusern und Bauernhöfen der Insel im Mittelalter ausgesehen haben mag. Man beachte die bemalten Scheiben von 1576 und später.

Die Kirche wurde 1951 nach Plänen des Architekten Erik Fant restauriert.

G.S.

Klinte

Die Kirche von Klinte vermittelt auf den ersten Blick einen einheitlichen Eindruck. Es scheint, als ob sie während einer Bauphase und in kurzer Zeit errichtet worden ist. Bei näherer Begutachtung entdeckt man jedoch, daß sie in zwei Phasen entstand und daher aus zwei Teilen besteht, die sich nach Entstehungszeit und Baustil erheblich voneinander unterscheiden.

Am ältesten ist der untere Teil des Turmes, der in der ersten Hälfte des 13. Jahrhunderts in reinem romanischem Stil (man beachte die Fenster und die beiden Portale) erbaut worden ist. Es ist dies der einzig erhaltene Rest einer Kernkirche. Der Chor mit Sakristei und das Langhaus sind in einer Phase um 1300 aufgeführt worden. Im Zusammenhang hiermit oder etwas später wurde der Turm erhöht, damit er mit der Komposition der übrigen

Klinte, Triumphkruzifix, 15. Jh.

Bauteile besser harmonierte. Man beachte das große, reich verzierte Chorportal mit seinen kunstvoll gehauenen Kapitellbändern.

Das Gewölbe des Chores ist mit Kalkmalereien geschmückt, im Gewölbescheitel befinden sich zierliche Ornamente (vgl. z.B. Rone), die bei der Errichtung des Gewölbes um 1300 entstanden sein dürften. Außerdem befinden sich hier einige figurale Szenen: Krönung Mariens und Christus als Weltenrichter; diese Malereien entstanden etwas später.

Im Ostfenster des Chores, das dereinst eine farbenprächtige Abfolge von Glasmalereien aufwies, befinden sich nunmehr lediglich noch einige wenige, in das reich geformte Maßwerk eingearbeitete Scheiben. Trotz des kleinen Formats besitzen viele von diesen Scheiben Figurenmotive, z.B. Christus als Schmerzensmann - Engel mit Spruchband - König David - Kain mit seinem Opfer, einer Garbe etc. Diese Glasmalereien werden demselben Meister zugeschrieben, der auch in Alskog um 1300 tätig war.

Im Putz der Turmkammerwände sieht man eine große Anzahl von Ritzungen, u.a. Fahrzeuge. Das Triumphkruzifix aus dem 15. Jahrhundert hängt nun wieder an seinem ursprünglichen Platz im Triumphbogen.

Die übrigen Inventarstücke sowie die Einrichtung sind nachreformatorisch. Der Altaraufsatz aus Sandstein mit dem Abendmahl als zentrale Szene ist auf 1643 datiert und wurde von dem bekannten Steinmetz Gert van Eghen geschaffen. Die ungewöhnlich große Taufe ist eine Arbeit von Henrik Hansson Schotte aus dem Jahre 1667. An den Chorwänden hängen zwei Epitaphe, von denen das eine (aus Holz) zum Gedenken an die Frau des Pastors Jens Christensen, Catharina Petrei (gest. 1622), und andere errichtet worden ist; das andere 1668 für den Kroninspektor des südlichen Inselbezirks Johannes Strachoun und dessen Frau Bodilla. Ein Großteil des Gestühls stammt aus dem 17. Jahrhundert.

Die Kirche wurde 1933 nach Plänen des Architekten Erik Fant und 1976/77 nach denen des Architekten Leif Olsson restauriert.

E.L.

Kräklingbo

Obwohl die Kirche keinen Westturm besitzt, zeigt ihr Äußeres einen treppenförmigen Aufbau von Osten nach Westen. Diese harmonische Wirkung wird vor allem durch den Dachreiter mit seiner hohen Spitze erzeugt. Die heutige Kirche ist jedoch kein einheitliches Bauwerk. Der älteste Teil ist der Chor und der Chorvorsprung, ein erhalten gebliebener Rest einer Kernkirche, die gemäß Inschrift 1211 geweiht wurde. Ursprünglich hatte der Chor eine halbrunde Apsis, deren Fundamente im Grasboden östlich vom Chor zu erahnen sind.

Bei der Kernkirche war der jetzige Chorvorsprung der Chor, während der heutige Chor das Langhaus darstellte, doch war dieses seinerzeit beträchtlich länger. Das jetzige gotische Langhaus mit seinen hohen Gewölben wurde um 1300 erbaut, als auch die Sakristei hinzukam. Hierbei wurde der westliche Langhausteil der Kernkirche niedergerissen. Die Gestaltung des Dachreiters stammt wahrscheinlich aus dem 18. Jahrhundert, doch wurde er bei einer umfassenden Restaurierung 1908 neugebaut.

Die beiden großen Portale auf der Südseite entstanden beim Umbau um 1300. Sie sind reich mit figuraler Plastik und Blattornamentik auf den Kapitellbändern und in den Tympanonfeldern geschmückt. Man beachte die Engel mit Weihrauchgefäßen am Chorportal und den gegen einen Drachen kämpfenden Mann am Langhausportal. Die ungewöhnliche Farbgebung, gelb, rot und schwarz, kam wahrscheinlich im 17. Jahrhundert hinzu, könnte jedoch auch eine mittelalterliche Farbgestaltung wiedergeben.

Im Innenraum beachte man die Farbkontraste, mit denen der mittelalterliche Baumeister arbeitete, um den Raum lebendig erscheinen zu lassen. Am Gurtbogen des Langhauses, im westlichen Triumphbogen sowie am Ostfenster des Chores (eingesetzt beim Bau des Langhauses) benutzte er in kontrastreichem Spiel abwechselnd hellgrauen und dunkelgrauen Kalkstein.

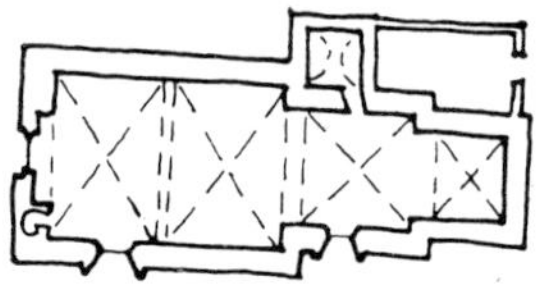

An der Nordwand des Chores befinden sich Kalkmalereien vom Beginn des 13. Jahrhunderts (1211). Sie wurden in späterer Zeit ergänzt oder teilweise übermalt, und einige Szenen wurden beim Bau des Sakristeieingangs um 1300 unterbrochen. Im oberen Fries wird dargestellt: Verkündigung - Zusammentreffen Marias und Elisabeths - Christi Geburt - Anbetung der Könige (ergänzt) sowie die Darbringung im Tempel (ergänzt). Auf dem unteren Fries ist nur die schwer zu deutende Szene ganz im Westen ursprünglich.

Die übrigen Szenen, Kreuzestragung, Kreuzigung und Auferstehung, kamen 1908 hinzu. Die große Szene östlich von den beiden Friesen mit u.a. einer Heiligen und einem Bischof ist in einer anderen Farbe ausgeführt worden, aber vermutlich in derselben Zeit wie die übrigen Kalkmalereien entstanden.

Der Flügelaltar ist vermutlich eine gotländische Arbeit vom Anfang des 16. Jahrhunderts. Bei seinem Besuch in Kräklingbo 1799 notierte der Altertumsforscher C. G. Hilfeling: "Die Altartafel ist alt und ziemlich zerstört, sie

Kräklingbo, Verkündigung sowie Maria und Elisabeth, Kalkmalerei an der Nordwand des Chores, 1211

wird nur deshalb stehengelassen, weil die Bauern ihren guten St. Bartholomäus nicht missen möchten, der der alte Patron der Kirche sein soll!"

Im Triumphbogen hängt ein in romanischer Tradition kunstvoll geschnitztes Triumphkreuz vom Ende des 13. Jahrhunderts. Die Chorbänke an der nördlichen Wand stammen aus dem 14. Jahrhundert. Von den nachreformatorischen Einrichtungsgegenständen ist die Kanzel der bemerkenswerteste, ein Werk des Visbyer Schreiners Jochim Sterling aus dem Jahre 1687. Die Taufe aus Sandstein mit ihrem prächtigen Deckel aus Holz wurde 1670 aufgestellt. Die Kirche wurde 1908 unter der Leitung des Baumeisters Nils Pettersson im Innern restauriert. 1973 wurde unter Leitung des Architekten Leif Olsson eine neue Restaurierung durchgeführt, die hauptsächlich der Stabilisierung des Bauwerkes und der Säuberung des Interieurs diente.

E.L.

Lärbro

Die Kirche besitzt den originellsten Turm Gotlands: ein Oktogon mit Galerien, bekrönt von einer oktogonalen Haube. Der Turm besitzt allerdings seit einem schweren Sturm im Jahre 1522 nicht mehr seine ursprüngliche Höhe, weil dieser derartige Schäden verursachte, daß das oberste Geschoß abgetragen werden mußte. Man muß sich die ursprüngliche Spitze wie die des Galeriegeschosses vorstellen, d.h. mit einem Kranz spitzbogiger Giebel, über die sich eine Haube aus Holz erhob. An den Ecken des Oktogons befinden sich Lisenen, die zwischen den Giebeln der Galerie in Fialen auslaufen. Diese sind durchbrochen von Wasserrinnen, die in phantasievoll geformte Speier münden.

Ein Portal im Westen ist reich mit Skulpturen verziert: auf den äußeren Pilastern rechts St. Petrus und St. Olav, links ein heiliger Bischof und St. Paulus; auf den Kapitellbändern ist die Kindheitsgeschichte Jesu dargestellt. Das Untergeschoß des Turmes bildet einen wohlbeleuchteten, von einem hohen achtkuppigen Gewölbe bedeckten Raum, der eher einer Kapelle ähnelt als einer Turmkammer. Der Baumeister muß von der Oktogonalform der Heiliggeistkirche in Visby und von Details der Großen Kapelle der Domkirche inspiriert worden sein. Letzteres deutet auf eine Entstehungszeit in der ersten Hälfte des 14. Jahrhunderts hin.

Das zweischiffige Langhaus und der gerade abschließende Chor sind von eher gewöhnlichem gotländischem Typus. Sie sind gleichzeitig konzipiert, doch sind der Chor und die Sakristei etwas älter. Möglicherweise ist außerdem eine Unterbrechung beim Bau des Langhauses erfolgt, dessen östliche Partien ein etwas älteres Gepräge aufweisen als die westlichen. Alles jedoch dürfte vor dem Ende des 13. Jahrhunderts fertig gewesen sein.

Schon damals gab es einen Turm, der viereckig war, dessen Aussehen heute aber nicht weiter bekannt ist. Er wurde an eine romanische Kirche angebaut, und im jetzigen Turm sind noch spärliche Reste von ihm zu erkennen. Zu diesen gehört vor allem ein skulptiertes Tympanon über der Sakristeitür mit der Darstellung des Christus als Weltenrichter sowie das Nordportal, zu dem dieses Tympanon wahrscheinlich gehörte. Die ältere Kirche läßt sich hierdurch auf das späte 12. Jahrhundert datieren.

Das Chorportal ist mit seiner energisch gebogenen Wimpergkontur voll jugendlicher Spannung, das Langhausportal eher vornehm beherrscht. Man beachte die kraftvolle Kapitellornamentik des letzteren und besonders die kleine gekrönte Figur ganz rechts.

Der Innenraum der Kirche gehört zu den schönsten Gotlands. Chor, Langhaus und Turmraum bilden, durch weite Bogenöffnungen miteinander verbunden, ein ungewöhnlich einheitliches Ensemble. Wie schlanke Masten eines Schiffes erheben sich die zierlichen Säulen aus dem Steinboden des Langhauses.

Die Kirche besaß offenbar eine reiche, gemalte Ausschmückung, doch das meiste ist in späterer Zeit gewaltsam entfernt worden. Am besten erhalten und von einzigartiger Vollendung ist der Rankenbaldachin des Chorgewölbes. Von den Wandmalereien ist eine Kreuzigungsdarstellung Christi über der nördlichen Sakramentsnische des Chores bewahrt, flankiert von Maria und Johannes, sowie Darstellungen an verschiedenen Stellen im Chor: St. Petrus, St. Paulus und ein nicht zu deutender Heiliger, alle mit einem Weihekreuz in den Händen. Spuren ähnlicher Figuren befinden sich im Langhaus.

Eine ungewöhnliche Kombination von Skulptur und Malerei zeigt eine Gewölbekonsole in Form eines Drachen an der nördlichen Chorwand. Sämtliche Wandmalereien dürften dem späten 13. Jahrhundert zuzuordnen sein, während die Gewölbemalereien etwas älter sein können.

Der Flügelaltar aus der Zeit um 1400 ist 1746 renoviert worden, wobei viele der Heiligen, die die thronende Madonna umgeben, umgesetzt worden sind. Rechts hinter dem Altar sieht man einen elegant geformten Wandschrank mit schönem Eisenbeschlag und in der nördlichen Chorwand eine Doppelnische.

Neben dieser steht ein Stuhl aus gedrechselten Teilen aus dem 13. Jahrhundert. Im Chor befindet sich zudem ein Beichtstuhl aus dem 17. Jahrhundert.

Die Kanzel ist vermutlich von Christian Fedder 1718 geschaffen worden. Aus ungefähr derselben Zeit stammt das Gestühl. Die Taufe ist eine Arbeit aus dem späten 17. Jahrhundert.

Lärbro, Heiliger Bischof, Relief am Turmportal, 14. Jh.

In der Nordwestecke des Langhauses steht eine Orgel (1955). Ein älteres Orgelwerk von 1819, das 1822 der Dreifaltigkeitskirche in Karlskrona vermacht und 1827 von Lärbro erworben wurde, ist im Turmraum aufgestellt. Das Kruzifix über dem dortigen Altar ist eine moderne deutsche Arbeit.

Im Fußboden der Kirche liegen zahlreiche Grabsteine aus verschiedenen Zeiten, u.a. einer von 1274 über Nicolaus Taksten, der in den hiesigen Sagen als großer Missetäter dargestellt wird. Der Grabstein bittet den Leser, seine Verbrechen zu beklagen. Draußen auf dem Friedhof stehen südlich der Kirche zwei mittelalterliche Tumben. Diejenige mit eingemeißelten Figuren auf dem Deckstein ist in der ersten Hälfte des 14. Jahrhunderts über dem Grab des Pastors Botvid errichtet worden, die andere über dem Pastor Nicolaus, der 1342 starb.

Auf dem nördlich der Kirche gelegenen Friedhof beachte man eine Anzahl von Gräbern mit einfachen Erinnerungstafeln über Konzentrationslagergefangene des 2. Weltkrieges, die im Lazarett in Lärbro verstarben.

Westlich der Kirche bei der Friedhofsmauer steht ein sog. Kastal, d.h. ein Verteidigungsturm aus dem 12. Jahrhundert.

Die Kirche von Lärbro wurde 1953-55 nach Plänen des Architekten Olle Karth restauriert.

G.S.

Lau

Lau ist eine der größten Landkirchen Gotlands. Und wäre der geplante Turm zur Ausführung gelangt, wäre sie sogar die größte geworden.

Die Kirche besteht aus einem dreischiffigen romanischen Langhaus und einem gleichbreiten dreischiffigen gotischen Chor mit Sakristei. Das im 13. Jahrhundert entstandene Langhaus ist der älteste Teil der Kirche. Hieran wurde um 1300 der jetzige große Chor angefügt. An seiner Südwand zeichnet sich ein Giebel ab, der offensichtlich ein Überbleibsel eines älteren, kreuzförmigen Chores ist, der in den nördlichen und südlichen Kreuzesarmen Kapellen besaß (vgl. St. Clemens in Visby). Die hoch angeordneten Fenster im Norden und Süden deuten darauf hin, daß die Kapellen ein Obergeschoß aufwiesen. Allem Anschein nach (u.a. aufgrund der Kapitellornamentik) wurde die romanische Kirche, also das jetzige Langhaus und der abgerissene Chor, in einheitlichem Stil in der ersten Hälfte des 13. Jahrhunderts erbaut.

Die Kirche besitzt vier stattliche, prachtvoll gestaltete Portale sowie einen kleineren Eingang. Die ungewöhnlich hohen romanischen Portale an der Nord- und Südseite des Langhauses zeigen Kapitelle mit gehauener Figuren- und Pflanzenornamentik. Die Kapitelle des Nordportals sind einem anonymen Steinmeister zugeschrieben worden, dem man den Namen "Globus" gab (vgl. Alskog, Ala). Die beiden gotischen Portale des Chores aus

Lau, Innenraum nach Nordwesten

abwechselnd rotem und gelbgrauem Kalkstein weisen geschickt gehauene Kapitellbänder mit stilisierter Pflanzenornamentik auf.

Der Innenraum ist überwältigend und einer der schönsten Gotlands. Die hohen Gewölbe werden von kräftigen Säulen getragen, deren Basen und Kapitelle mit einer reichen Flora stilisierter Blattornamentik geschmückt sind. Die Akustik ist ungewöhnlich, der Nachhall bis zu zwölf Sekunden lang.

In dem zugemauerten Turmbogen an der Westwand des Langhauses befinden sich interessante Kalkmalereien, die auf 1520 datiert sind: Christus als Weltenrichter, umgeben von posauneblasenden Engeln; an seiner rechten Seite die Seligen im Himmel; an seiner linken Seite die Verdammten, die in den Höllenschlund hinabgestoßen werden. Im unteren Teil der Malereien wird Christus von Aposteln flankiert dargestellt. Ganz unten eine ornamentale Borte älteren Datums (13. Jahrhundert). Einige wenige Reste der mittelalterlichen Glasgemälde der Kirche aus dem 14. Jahrhundert sind im mittleren Ostfenster des Chores erhalten geblieben.

Die Kirche besitzt einige bemerkenswerte mittelalterliche Inventarstücke. Der Flügelaltar mit der Marienkrönung als zentrale Szene stammt aus dem Anfang des 15. Jahrhunderts, wurde aber im 18. Jahrhundert stark übermalt (das Marienbild wurde 1960 neu geschnitzt). Das Triumphkruzifix, das nunmehr an der Nordwand des Langhauses hängt, ist eines der größten im Norden. Es entstand in der Mitte des 13. Jahrhunderts. Man beachte die Skulpturengruppe auf der untersten Endplatte, die die Grablegung Christi darstellt; sie weist eine ungewöhnlich gut erhaltene Polychromie auf.

Die stark verwitterte Taufe aus Sandstein aus der zweiten Hälfte des 12. Jahrhunderts ist dem Steinmeister Sigraf zugeschrieben worden. Auf der Cuppa werden folgende Szenen dargestellt: Verkündigung - Maria und Elisabeth - Christi Geburt - Anbetung der Könige - Flucht nach Ägypten - Christus vor Pontius Pilatus (?) - Geißelung - Kreuzigung. Die großen Hängeleuchter aus Eisen sind beide mittelalterlichen Ursprungs. Die im Langhaus aufgestellte Glocke stammt aus dem 15. Jahrhundert und ist mit den Apengeterglocken verwandt.

Die Kirche wurde 1958-60 einer ungewöhnlich umfassenden Restaurierung nach Plänen des Architekten Åke Porsne unterzogen.

Unmittelbar nördlich der Kirche liegt die Ruine eines mittelalterlichen Hauses, vermutlich handelte es sich um ein Pfarrhaus.

E.L.

Levide

Die Kirche von Levide ist eine interessante, zum größten Teil romanische Anlage, die keine direkte Entsprechung unter den gotländischen Landkirchen besitzt. Der älteste Teil des Bauwerkes ist der mit Apsis versehene Chor, errichtet im späten 12. Jahrhundert. Das Chorportal erinnert mit

Levide, Innenraum nach Osten

seiner Einfassung stark an das Nordportal am Querschiff der Domkirche in Visby. Das dreischiffige, mit drei Travéen versehene Langhaus scheint zu Beginn des 13. Jahrhunderts erbaut worden zu sein. Wie der Chor und die Apsis besitzt es am Dachfuß einen schönen Rundbogenfries. Die Kapitellbänder des Südportals zeigen gehauene Reliefs, Adler, Taube und Gesichtsmasken sowie Pflanzenornamentik, die dem anonymen Steinmeister "Calcarius" zugesprochen werden.

Der Turm, der jüngste mittelalterliche Bauteil, entstand in der Mitte des 13. Jahrhunderts. Wie die Sakristei (nachreformatorisch ist er verputzt und gekalkt - im Gegensatz zu Langhaus und Chor, deren prächtige Bruchsteinfassaden unverputzt dastehen.

Die Ansicht des Innenraumes ist in ihrer Art einmalig. Die neun Kreuzgewölbe des breiten, dreischiffigen Langhauses werden von vier massiven Pfeilern mit Rundstäben an den Kanten getragen. Diese Hallenkirche scheint deutsche Vorbilder zu haben, die über die Visbyer Marienkirche (Domkirche) vermittelt worden sind. Man beachte die ungewöhnlichen Nischen auf den Seiten des Triumphbogens. Sie sind beide mit kleinen Vierpaßfenstern versehen; in der südlichen Nische ist ein Seitenaltar erhalten.

Die Südwand des Langhauses ist mit Kalkmalereien (hervorgebracht 1956/57) geschmückt, die vor allem Apostel und Heilige darstellen. Beim Südportal befindet sich ein Christophorus, der das Christuskind trägt. Seine Abbildung wurde im Mittelalter gewöhnlich gut sichtbar angebracht, da man meinte, daß derjenige, der seine Abbildung sah, zumindest an dem betreffenden Tag vor einem bösen, plötzlichen Tod geschützt würde. Diese Malereien können dem sog. Passionsmeister zugeschrieben werden, der in der Mitte des 15. Jahrhunderts wirkte. Sie wurden bei der Restaurierung durch einige Szenen ergänzt. Die Quadermalerei des Triumphbogens in rot und grau stammt vermutlich aus dem 13. Jahrhundert, während die Akanthusschlingen im Gewölbe der Apsis im 18. Jahrhundert entstanden sind.

Die Altartafel aus Holz ist von Johan Bartsch 1663 bemalt worden (vgl. z.B. Fole). Auch die Chorbank, die Altarschranke und die Kanzel entstanden in der zweiten Hälfte des 17. Jahrhunderts. An der Nordwand des Chores hängt ein Epitaph aus Sandstein für einen Pastor von Levide, seine Frau und Kinder, datiert auf 1682. Das einzig erhaltene mittelalterliche Inventarstück ist ein Prozessionskreuz aus dem 14. Jahrhundert, das jetzt auf dem Seitenaltar in der südöstlichen Ecke des Langhauses aufgestellt ist. Das Votivschiff, das eine zeitlang im Museum Gotlands Fornsal aufbewahrt worden war, wurde der Kirche im Jahre 1748 von Olof Olofsson aus Silte vermacht.

1956/57 wurde die Kirche nach Plänen des Architekten Nils Arne Rosén restauriert.

E.L.

Linde

Die Kirche von Linde ist eine durch und durch romanische Anlage, die dennoch in verschiedenen Etappen errichtet worden ist. Am ältesten ist der Chor mit der Apsis, beide stammen aus dem Ende des 12. Jahrhunderts. An den Chor wurde in der ersten Hälfte des 13. Jahrhunderts das zweischiffige Langhaus angefügt, und kurze Zeit darauf wurde die Kirche durch den Anbau des Westturmes vollendet. Im 14. Jahrhundert wurde das Bauwerk insofern modernisiert, als ein großes gotisches Fenster in die Apsis eingesetzt wurde. Das Chorportal ist offensichtlich unsachgemäß in späterer Zeit umgebaut worden. Man beachte den oberen Teil der Tür mit einer geschnitzten Tierdarstellung, ein Löwe (?). Das Langhausportal ist mit Adlerkapitellen verziert (vgl. Tingstäde). Auch das Innere des Langhauses, mit der relativ kurzen und kräftigen Mittelsäule, erinnert an die Kirche in Tingstäde, die ungefähr zur selben Zeit entstand.

Der Innenraum, vor allem das Langhaus, ist mit mittelalterlichen Kalkmalereien verziert. An der Nordwand sind der übliche Passionsfries aus dem 15. Jahrhundert sowie Apostel in architektonischer Einfassung (wenig

Linde, "Die tratschenden Weiber", Kalkmalerei aus dem 15. Jh.

einfühlsam restauriert) zu sehen. Diese sowie die übrige ornamentale Malerei dürfte im 14. Jahrhundert ausgeführt worden sein. An der Westwand nördlich vom Turmbogen sieht man eine ungewöhnliche Darstellung: "Tratsch in der Kirche", tratschende Weiber, die von behörnten Teufeln fortgeführt werden (15. Jahrhundert).

Unter den Inventarstücken der Kirche sticht insbesondere der prächtige und gut erhaltene Flügelaltar hervor, der auf 1521 datiert ist, also kurz vor der Reformation angeschafft wurde. Im Corpus Gottvater mit Christus, flankiert von St. Aegidius und St. Olav. Auf den Flügeln die zwölf Apostel sowie St. Knut, St. Erik und St. Brigida von Irland. Auf den Außenseiten der Flügel sind gemalte Darstellungen, u.a. die St. Aegidius-Legende.

Das Triumphkruzifix, das jetzt im Triumphbogen hängt, ist eine Kopie des berühmten Kreuzes aus dem späten 12. Jahrhundert, das die Kirche einst besaß und das nunmehr in Stockholm im Staatlichen Historischen Museum verwahrt wird.

Erstaunlicherweise besitzt die Kirche zwei verzierte Taufbasen, beide vermutlich aus dem 12. Jahrhundert. Die eine, mit Fabeltieren und Vögeln in Relief, scheint vom Steinmeister "Hegwald" ausgeführt worden zu sein. Man beachte auch die verzierte Schranktür in der Südwand der Apsis (13. Jh.).

Die Kanzel entstand im späten 17. Jahrhundert und wurde einer Inschrift zufolge im Jahre 1700 bemalt. Die reich verzierte Nummerntafel ist der Kirche 1854 vermacht worden. Die mittelalterlichen Malereien wurden von C.W. Pettersson 1906 hervorgebracht und ergänzt.

1973-75 wurde die Kirche einer inneren und äußeren Restaurierung unterzogen, die vor allem der Substanzsicherung diente.

Südwestlich der Kirche liegt die Ruine eines mittelalterlichen Pfarrhauses.

E.L.

Lojsta

Mit ihrem gerade abschließenden Chor, ihrem hohen und breiten Langhaus und ihrem Galerieturm sieht die Kirche ungewöhnlich einheitlich aus. Langhaus und Chor, gebaut um die Mitte des 13. Jahrhunderts, sind jedoch älter als der Turm. Vor dessen Errichtung befand sich hier ein Turm über dem Westteil des Langhauses, wie es noch immer bei der Kirche in Anga der Fall ist.

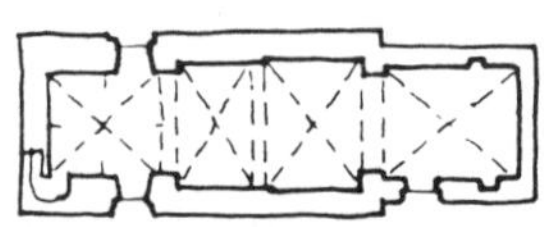

In den aus diesem Grund verstärkten Mauern zeichnen sich noch die Konturen der ursprünglichen Nord- und Südeingänge ab. Deren äußere Einfassungen wurden später in den neuen Turm verlegt. Sie sind rundbogig mit Faltenkapitellen an den Seitenkolonnen. Man beachte rechts im Südeingang eine eingemauerte Weihwasserschale. Im Chorportal, das ebenfalls Faltenkapitelle besitzt, erkennt man einen angedeuteten Spitzbogen.

In der ersten Hälfte des 14. Jahrhunderts wurde der jetzige Turm vor den Westgiebel des Langhauses gesetzt. In Galeriearkaden und Lichtöffnungen zeugen stramme Spitzbogen von einem neuen Zeitgeschmack.

Lojsta, Altar und Ostwand des Chores

Im Innern bildet das lichte Zeltgewölbe der Turmkammer einen augenfälligen Kontrast zu dem eher gedrungenen Langhausgewölbe. Zur selben Zeit wurde der Triumphbogen erweitert und mit spitzer Form versehen, und in die Südwand des Langhauses wurde ein gotisches Fenster gesetzt, dessen Einfassung nunmehr auf dem Kirchhof liegt. Die Fenster wurden nämlich in den 1860er Jahren gänzlich neu gestaltet.

Die Kirche des 13. Jahrhunderts wurde größtenteils mit ornamentaler Malerei in grau und rot um die Chorfenster, im Chorgewölbe und an den Nordwänden von Chor und Langhaus verziert. Sie ist zur selben Zeit wie die Weihekreuze entstanden und wird deshalb mit der Entstehung der Kirche in Verbindung gebracht.

Von derselben Art sind die eingeritzten Ranken am Sakramentsschrank in der Nordwand des Chores.

Trotzdem die genannten Malereien ungewöhnlich gut erhalten sind, werden sie an Leuchtkraft weit von den Glasmalereien in der Dreifenstergruppe des Chores übertroffen. Außer einer (Kreuzestragung, unten in der Mitte) sind alle Scheiben original aus der Mitte des 13. Jahrhunderts. Auf naive und ausdrucksstarke Weise berichten sie von Jesu Leben, Tod und Auferstehung.

Die Malereien im Langhaus über dem Triumphbogen wurden in der Mitte des 14. Jahrhunderts geschaffen. Hier thront Christus als Weltenrichter, umgeben von den Aposteln Petrus und Paulus sowie außen an jeder Seite von einem Drachentöter: rechts der Erzengel Michael, links die Hl. Margareta.

In der Mitte des 15. Jahrhunderts schuf der sog. Passionsmeister an der Nordwand des Langhauses einen Fries mit 12 Szenen aus der Leidensgeschichte Jesu und zu Beginn des 16. Jahrhunderts malte der "Meister von 1520" (Datierung in Lau) den Kampf des Hl. Georg mit dem Drachen an die Südwand. Von diesem Szenarium ist kaum mehr als die Darstellung der Zuschauer des Kampfes erhalten, König und Königin. Der Rest wurde zerstört, als das große Fenster eingesetzt wurde.

Die Altartafel ist ein sog. Retabel aus der Mitte des 14. Jahrhunderts, es wurde allerdings 1896 vollständig neu bemalt. Das kleine Triumphkruzifix an der Nordwand ist eine Arbeit eines Dorfmeisters nach einem Vorbild aus dem 12. Jahrhundert. Es ist nach dem ursprünglichen, kleineren Triumphbogen bemessen.

Vom Typus des 12. Jahrhunderts ist auch die Taufe, doch ist sie dermaßen beschädigt, daß eine sichere Datierung nicht möglich ist.

Im Chorboden neben dem Altar liegt ein Grabstein mit eingehauenen Abbildungen von einem Mann und einer Frau, gestorben 1342 bzw. 1344. Ein im Chor stehender Stein mit der Abbildung des Hl. Petrus dürfte zu dem abgerissenen mittelalterlichen Pfarrhaus gehört haben.

Die Kirche wurde zuletzt 1957 nach Plänen des Architekten Olle Karth restauriert.

G.S.

Lokrume

Für diese Kirche existiert ein glaubwürdiges Einweihungsdatum, nämlich 1277. Das Erscheinungsbild der Kirche ist auch heute noch so wie zu jener Zeit: ein kräftiger, niedriger Galerieturm im Westen, ein einschiffiges, von zwei Zeltgewölben bedecktes Langhaus, ein gerade abschließender Chor mit Rippengewölbe und eine tonnengewölbte Sakristei. Die Kirche ist jedoch nicht in einer Bauphase errichtet worden. Die Nordwand des Langhauses mit ihrem fein gehauenen Fassadenmaterial und ihren zwei von außen sichtbaren, kleinen rundbogigen Fenstern ist das Relikt eines kleineren und niedrigeren romanischen Langhauses aus dem späten 12. Jahrhundert. Zu ihm gehörte ein mit Apsis versehener Chor, dessen Nordmauer zum Teil in diejenige des jetzigen Chores eingegangen ist, sowie ein Westturm, der wesentlich kleiner war als der heutige.

Im zweiten Viertel des 13. Jahrhunderts wurde unter dem Einfluß der Visbyer Architektur der jetzige Chor erbaut, dessen Rippengewölbe Entsprechungen u.a. im Chor der Dreifaltigkeitskirche (Drotten) in Visby besitzt und dessen Portalornamentik verwandte Züge zu dem der Domkirche zeigt. Nach kurzer Unterbrechung wurde der Umbau des Langhauses fortgesetzt, wobei die alte Südwand um ungefähr einen Meter nach außen versetzt wurde, während man die Nordwand beibehielt. Gleichzeitig wurde die Sakristei errichtet. Das neue Langhaus überdeckte man mit vier Kreuzgewölben, die von einem runden Mittelpfeiler getragen wurden. Drei von den Konsolen der Gurtbogen sind noch erhalten, wenn auch ohne Funktion, und auf dem Kirchhof liegt eine runde Basis, die vermutlich zu dem Mittelpfeiler gehörte. Diese Umbauarbeit dürfte in der Mitte des 13. Jahrhunderts beendet worden sein.

Der letzte große Umbau fand in den 1270er Jahren statt, als der romanische Turm durch den jetzigen ersetzt wurde. Das Westportal ist wahrscheinlich vom Langhaus, dessen jetziges Südportal sekundär ist, hierher versetzt worden. Der obere Teil des Turmes ist später umgebaut worden, doch die Höhe des Mauerwerkes dürfte die ursprüngliche sein. An den Ecken befanden sich skulptierte Wasserspeier aus Stein, von denen Reste auf dem Kirchhof liegen. Die Haube ist auf 1752 datiert.

Gleichzeitig mit dem Bau des Turmes wurden der Mittelpfeiler und die Gewölbe aus dem Langhaus entfernt, die durch zwei Kreuzgewölbe ohne Mittelstütze ersetzt wurden. Der Turmteil mit dem breiten maßwerkversehenen Westfenster und das Langhaus, miteinander durch eine weite Bogenöffnung vereint, bildeten danach einen zusammenhängenden, langgestreckten Kirchenraum. Bei derselben Gelegenheit vergrößerte man das östliche der beiden Südfenster des Langhauses und versah es mit Maßwerk. Daneben wurde ein neues Portal mit reichem Kapitellschmuck und (später entferntem) spitzbogigem Wimperg eingesetzt.

Von der einst umfangreichen gemalten Dekoration der Kirche ist nur noch am Triumphbogen die Quadermalerei und Rankenornamentik in rot und grau aus den 1250er Jahren erhalten. Bei der letzten Restaurierung wurden an mehreren Stellen Spuren von Malereien aus dem 15. Jahrhundert entdeckt, doch waren sie allzu fragmentarisch, als daß sie hätten zum Vorschein gebracht werden können. Die Akanthusranken der Sakristei stammen vom Anfang des 18. Jahrhunderts.

Auf dem Altar steht ein Aufsatz aus Sandstein aus dem Jahre 1707 mit dem dornengekrönten Christus als Hauptmotiv. Im Mittelalter befanden sich in der nordöstlichen und südöstlichen Ecke des Langhauses Seitenaltäre. Eine in der Nordwand erhaltene Konsole zeigt, daß der Altar dort von einem Baldachin bedeckt war. Die Kanzel, die früher im Mittelgang stand, stammt aus dem späten 17. Jahrhundert. Das Gestühl kam 1903 hinzu. Die Empore wurde 1889 errichtet und die Orgel 1891 angeschafft.

Im Triumphbogen hängt ein bemerkenswertes Kruzifix aus der Zeit um 1200. Im Zusammenhang mit dem ersten Umbau des Langhauses wurde es durch einen die Kreuzesarme vereinigenden Ring und durch Reliefs in den Kreuzeswinkeln modernisiert. Die Taufe ist ein Werk des anonymen Meisters "Majestatis" aus dem späten 12. Jahrhundert. Auf der Cuppa sieht man neben der Majestas Domini beidseitig Szenen aus der Kindheitsgeschichte Jesu. An der Nordwand des Chores steht eine Chorbank mit Vorderschirm und Rückenstück aus dem 17. Jahrhundert und durchbrochenen Giebeln aus dem 13. Jahrhundert. Eine Pastorenbank beim Triumphbogen stammt aus dem Jahre 1659. Im Boden des Chores liegt ein Grabstein von 1380 für den Landesrichter Gervid Lauks.

Die Kirche wurde 1957-62 nach Plänen des Architekten Leif Olsson restauriert.

G.S.

Lummelunda

Langhaus und Turm entstammen einer um 1200 errichteten Kirche, an die sich im Osten ein niedrigerer und schmalerer, möglicherweise mit Apsis versehener Chor anschloß. Das Langhaus besitzt die klassischen gutnischen Maße, zehn gutnische Ellen breit und 15 lang. Die ursprünglich kleine Öffnung zur Kammer des Turmes wurde im späten 13. Jahrhundert erweitert, wobei die reiche ornamentale Malerei an der Gewölbeöffnung zur Turmkammer angebracht worden ist. Sie bildet einen effektvollen Rahmen für die schmucklose Taufe.

In der Mitte des 14. Jahrhunderts begann ein Umbau, der auf eine vollständige Erneuerung der gesamten Kirche zielte, schließlich aber nur auf den Chor begrenzt blieb. Aus den Plastiken am Portal geht hervor, daß man die Portale in Martebo nachzubilden versuchte, doch ist die Ausführung hier bedeutend gröber. Dargestellt wird die Kindheitsgeschichte Jesu, die Krönung Mariens und Simson mit dem Löwen.

Lummelunda, ornamentierter Turmbogen mit Taufe

Der neue Chor, der sich deutlich über den stehengebliebenen älteren Teil der Kirche erhob, ist mit diesem durch provisorische Mauern verbunden worden. Im Gewölbe und an den Wänden sind unmittelbar danach einige Malereien angebracht worden. An der Südwand sieht man den Apostel Paulus, zu erkennen an seinem großen Schwert, und im Gewölbescheitel Lilienornamentik. In der zweiten Hälfte des 15. Jahrhunderts entstand die große Malerei an der Nordwand des Chores, mit dem Motiv des Jüngsten Gerichts. Aus derselben Zeit und derselben Werkstatt stammt die Darstellung der Passion Christi an der Nordwand des Langhauses. Ähnliche Malereien aus der Kindheitsgeschichte Jesu haben sich an der Südwand befunden.

Die winkelförmige Betondecke des Langhauses entstand 1961 und wurde 1989 unter Leitung des Künstlers Harald Norrby durch Wolkenformationen dekoriert, die denjenigen ähneln, die sich auf der älteren Holzdecke aus dem Jahre 1751 abgebildet fanden.

In einer Nische des Chores steht eine Holzplastik von ungefähr 1500, die den Hl. Antonius darstellt. Sie ist von Wind und Wetter in Mitleidenschaft gezogen, da sie jahrhundertelang auf der Spitze des Wimperg des Chorportals stand. Ursprünglich dürfte sie einen Seitenaltar der Kirche geschmückt haben.

Die Gemeinde Lummelunda nahm in der zweiten Hälfte des 17. Jahrhunderts auf Gotland eine herausgehobene Stellung ein, da hier eine Eisenhütte, Lummelunda Bruk, betrieben wurde. Diese Aktivität spiegelt sich in der Kirche durch das Hinzukommen neuer Inventarstücke wider. Das Altarbild, datiert 1663, ist ein Werk des Visbyer Stadtmalers Johan Bartsch. Aus etwa derselben Zeit stammt die Kanzel und das Gestühl. Auch wurden jetzt neue Fenster in das Langhaus gebrochen, die mittelalterlichen Malereien übertüncht und neue Malereien in Foım von Draperien und Akanthusranken an den Wänden ausgeführt.

Der "Brukspatron" Christoffer Neuman und seine Frau schenkten der Kirche 1652 die noch heute benutzte große Glocke sowie 1661 einen Kronleuchter aus Eisen. Das schöne Taufbecken, eine deutsche Arbeit aus dem 16. Jahrhundert, ist eine Gabe der Tochter Margareta. In der Mitte des Chorbodens kennzeichnet ein fein gehauener Grabstein den Platz des Neumanschen Familiengrabes.

Im Chor hängt eine Gedenktafel für den Obersten Jean Elfcrona und seinen Sohn Gustaf Adolf, der bei einer Pulverexplosion in Visby 1785 umkam. In der Sakristei werden Portraits von Gustav II. Adolf (schwed. König 1611-32) und Karl XII. (schwed. König 1697-1718) aufbewahrt, beides Kopien aus dem 18. Jahrhundert.

Die Kirche wurde 1960/61 nach Plänen des Architekten Åke Porne restauriert.

G.S.

Lye

Die Kirche von Lye ist vor allem wegen ihrer Glasmalereien berühmt, der größten erhaltenen mittelalterlichen Suite im gesamten Norden, doch hat sie dem interessierten Besucher auch viel anderes zu bieten.

Das Langhaus ist der älteste Teil des Gebäudes, es entstand im letzten Viertel des 12. Jahrhunderts. Einige Jahrzehnte später wurde im Westen der Turm angebaut. Der große gotische Chor und die Sakristei, denen ein größeres Langhaus und Turm folgen sollten, wurden im zweiten Viertel des 14. Jahrhunderts errichtet. Beim Westportal des Turmes befindet sich in der Wand ein Reliquienkasten aus Sandstein. Er besitzt bemerkenswerte Reliefs, die vom Steinmeister Sigraf in der zweiten Hälfte des 12. Jh. ausgeführt

Lye, Innenraum nach Osten

worden sind. Man beachte auch das prachtvolle Chorportal des anonymen Steinmeisters "Egypticus". An den Kapitellbändern sind figurale Darstellungen in tiefen Reliefs aus der Kindheitsgeschichte Christi zu sehen, im Wimperg der Thronende Christus.

Der Innenraum der Kirche wird von einer ungewöhnlich reichen Farbgebung geprägt. Im Chor und Langhaus befinden sich Kalkmalereien aus drei Perioden: a) erste Hälfte des 14. Jahrhunderts: Christi Geburt und Anbetung der Könige an der Nordwand des Chores sowie Christus in Majestät und Drachen im Chorgewölbe; b) Mitte des 15. Jahrhunderts vom "Passionsmeister" ausgeführt: Passionsfries, Heiligenlegenden sowie Apostel, vor allem im Langhaus; c) zwei Szenen aus nachreformatorischer Zeit (Mitte 16. Jahrhundert), westlich vom Südportal des Langhauses: Lazarus am Tische des reichen Mannes und die Pein des reichen Mannes in der Höllenglut.

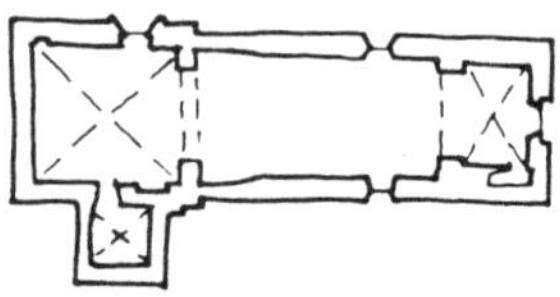

Die gut erhaltenen Glasmalereien im östlichen und südlichen Fenster des Chores entstanden im zweiten Viertel des 14. Jahrhunderts im Zusammenhang mit dem Bau des Chores. Im östlichen Fenster wird die Kindheits- und Leidensgeschichte Christi geschildert, im südlichen befinden sich eine Heiligenfigur, die Hl. Katharina, sowie ornamentale Scheiben.

Die Kirche besitzt eine einfache, ungeschmückte Taufe aus Kalkstein aus der Mitte des 13. Jahrhunderts. Der auf 1496 datierte Flügelaltar ist eine Donation des Bauern Jon von Mannegårda aus der Gemeinde. Im Corpus der Gnadenstuhl, Gottvater mit dem Gekreuzigten in seinem Schoß (s. Abb. S. 32). Man beachte auch die Malereien auf der Rückseite der Flügel. Das Triumphkruzifix stammt aus derselben Zeit wie der Flügelaltar und könnte vom selben Meister geschaffen worden sein. Die Kanzel entstand 1705. Im Chorfußboden liegen fünf mittelalterliche Grabsteine mit Runeninschriften.

Die Kirche wurde 1954/55 nach Plänen der Architekten Erik Fant und Olle Karth einer umfassenden Restaurierung unterzogen.

E.L.

Martebo

Das Profil der Kirche von Martebo sieht wie das vieler gotländischer Kirchen aus, nämlich wie ein zusammengekauertes Lebewesen. Dies liegt daran, daß an einen kleinen romanischen Turm ein großer Chor und ein Langhaus angefügt wurden, die - wie bei vielen dieser Landkirchen - genauso

Martebo, Flucht nach Ägypten, Detail am Kapitellband des Chorportals

hoch sind wie der Turm oder sogar höher (vgl. Sjonhem, Ardre, Vänge). In Martebo wurde die romanische Kirche - mit Ausnahme des Turmes - in der ersten Hälfte des 14. Jahrhunderts niedergerissen und an ihrer Stelle wurden ein neuer großer Chor mit Sakristei sowie ein neues Langhaus an den stehengebliebenen romanischen Turm angebaut.

Die Kirche ist ungewöhnlich reich mit figuralen Skulpturen geschmückt. Alle drei gotischen Portale, zwei an der Südseite und eines im Norden, besitzen Kapitellbänder mit lebendigen Reliefschilderungen. Das Nordportal des Langhauses zeigt: (westliches Kapitellband) Verkündigung - Maria und Elisabeth - Christi Geburt; (östliches Kapitellband) Hirtenverkündigung. Am Chorportal sind zu sehen: (westliches Band) Anbetung der Könige - Kindermord; (östliches Band) Darbringung im Tempel - Flucht nach Ägypten. Am Südportal des Langhauses: (westliches Band) - Christi Taufe - Geißelung Christi - Kreuzigung - Grablegung; (östliches Band) Christus im Totenreich. In einer Nische westlich vom Portal steht eine aus Kalkstein gehauene Plastik des Hl. Dionysius, den man daran erkennt, daß er seinen abgeschlagenen Kopf in seinen Händen trägt. Merkwürdigerweise besitzt die Figur außerdem einen Kopf an der gewöhnlichen Stelle.

All diese Steinskulpturen scheinen von ein und derselben Hand geschaffen worden zu sein. Vermutlich entstammen sie der großen Werkstatt, die

Gotland unter der Leitung des großen anonymen Steinmeisters "Egypticus" (vgl. Norrlanda, Lye, Stånga, Hablingbo etc.) im zweiten und dritten Viertel des 14. Jahrhunderts mit Steinskulpturen versah.

An der Südseite des Turmes liegt ein niedriger Anbau, der aus derselben Zeit wie das Langhaus stammt. In ihm befindet sich eine Gebetkammer mit einem sog. Hagioskop, d.h. eine Zelle, die von Personen benutzt wurde, denen die Teilnahme an der Messe verwehrt war (vgl. u.a. Bro, Vall, Väskinde).

Bei einer Anfang der 1970er Jahre erfolgten Restaurierung der Kirche wurden Malereien hervorgebracht, die im Zusammenhang mit der Errichtung des Chores und Langhauses im 14. Jahrhundert entstanden sind: Drachen im Chorgewölbe, Maria mit dem Kinde an der Ostwand des Chores, ein Christusbild über dem östlichen Chorfenster, Apostel und ein ungewöhnlich gestalteter Löwe über dem Chorportal sowie ornamentale Malereien im östlichen Langhausgewölbe.

Nur wenige mittelalterliche Inventarstücke sind erhalten. Unter ihnen ist die Taufe vom Muschelcuppatypus aus der Mitte des 13. Jahrhunderts beachtenswert. Im Chorfußboden liegen einige mittelalterliche Grabsteine, von denen einer, über Snovald, das Bildnis eines Mannes in fußfreier Tracht zeigt. Ein anderer ist auf 1392 datiert. Die Kanzel aus der Mitte des 16. Jahrhunderts mit in den Füllungen aufgemalten Evangelisten ist eine der ältesten Gotlands (vgl. Alskog). Der Altaraufsatz aus Holz ist einer Inschrift zufolge 1675 geschaffen sowie 1676 von einem Jacob Blåss (Blass) bemalt worden. Die übrigen gut erhaltenen Einrichtungsgegenstände stammen aus dem 17. und 18. Jahrhundert.

Die Kirche wurde 1971/72 innen und außen nach Plänen des Domarchitekten Åke Porne restauriert.

E.L.

Mästerby

Langhaus, Chor und Apsis sind in einer Bauphase um 1200 aus gehauenen Kalksteinquadern errichtet worden. Der kräftige Turm wurde in der Mitte des 13. Jahrhunderts hinzugebaut. Der jüngste Gebäudeteil ist die Sakristei aus den 1790er Jahren.

Vor dem Bau des Turmes lag der Haupteingang auf der Südseite des Langhauses, etwa dort, wo jetzt das westliche Fenster sitzt. Da das Untergeschoß des Turmes ein Teil des Kirchenraums werden sollte und der Brauch forderte, daß man von Süden die Kirche betrat, wurde der Haupteingang, ein Portal mit Trifolientympanon und Faltenkapitell, in die Südwand des Turmes verlegt. Das alte Langhausportal wurde in die Nordwand des Langhauses versetzt, wo es zum Fraueneingang wurde. Auf der Eichentür steht in Runen die Mahnung: "Jungfrauen, betet eure Gebete auf rechte Weise."

Mästerby, Kalkmalerei in einer Nische, um 1200

In der Mitte des 14. Jahrhunderts wurden die Mauern des Langhauses erhöht und Langhaus und Chor eingewölbt. Man beachte die skulptierten Gewölbekonsolen des Langhauses.

In der Apsis sind zwei kleine Fenster unverändert erhalten geblieben (im Osten und Südosten) und im Turm eines mit Ziegelbogen, während die übrigen Fenster verändert worden bzw. später neu hinzugekommen sind. Das gotische Südfenster im Langhaus aus dem späten 14. Jahrhundert, mit einem beachtenswerten Christusportrait als Glasmalerei, entstand im Zusammenhang der Mauererhöhung, alle anderen Fenster, insbesondere auch die

Rosettenfenster des Chores, sind aus den 1860er Jahren. Die Kirche ist reich ausgeschmückt mit Malereien aus dem 13. bis 17. Jahrhundert.

In einer Nische bei dem früheren Marienaltar in der Nordostecke des Langhauses sieht man eine thronende Madonna von ca. 1200, die von Engeln umgeben ist. Die zur selben Zeit ausgeführten Malereien in der Apsis, die Christus als Weltenrichter sowie eine Reihe Beifiguren darstellen, wurden 1633 grob übermalt; der opfernde Abel im Südfenster der Apsis blieb dabei allerdings verschont. Die Gewölbedekoration im Langhaus ist vermutlich aus dem 14. Jahrhundert, jedoch später ausgebessert worden. Der "Passionsmeister" malte im 15. Jahrhundert ein großes Jüngstes Gericht über den Triumphbogen, einen Passionsfries an die nördliche Langhauswand und einen Christophorus in den Triumphbogen. Die Malereien des Chores mit Ranken, Blumen und posauneblasenden Engeln stammen wahrscheinlich aus der zweiten Hälfte des 16. Jahrhunderts, während im Langhaus links vom Triumphbogen ein David mit der Schleuder auf ca. 1600 und Adam und Eva im Triumphbogen durch eine Inschrift auf 1633 datiert werden.

Die Altartafel aus Sandstein mit Darstellungen des Abendmahls sowie Moses und Aarons ist auf 1688 datiert. Die Kanzel wurde in der ersten Hälfte des 18. Jahrhunderts hergestellt. Das Triumphkruzifix ist eine volkstümliche Arbeit der Umgebung und stammt aus dem frühen 13. Jahrhundert.

Die Taufe, mit Holzdeckel aus dem 18. Jahrhundert, wird dem anonymen Meister "Byzantios", der im späten 12. Jahrhundert tätig war, zugeschrieben. Die Reliefs stellen dar: Verkündigung Mariens - Heiliger

Ritter - Zwei Heilige vor dem Altar - Christi Geburt - Hirtenverkündigung - David und der Löwe - Die Bundeslade mit den beiden Engeln - Ein vierfüßiges Tier mit einem anderen Tier auf dem Rücken.

Die Kirche wurde 1922 nach Plänen des Architekten Anders Roland restauriert.

G.S.

När

Viele der mittelalterlichen Kirchen Gotlands waren als Verteidigungsanlagen eingerichtet oder besaßen einen Verteidigungsturm (Kastal) in ihrer unmittelbaren Umgebung. Aus naheliegenden Gründen war dies insbesondere in Gemeinden in Küstennähe der Fall.

När, Evangelist Lukas, Bankmalerei von 1690

Die Kirche von När an der Ostküste besitzt im ersten Geschoß des Turmes deutlich sichtbare Verteidigungseinrichtungen in Form von Schießscharten, die zur Straße hin gerichtet sind. Dieser Turm ist der älteste erhaltene Teil des heutigen Kirchengebäudes, er wurde in der Mitte des 13. Jahrhunderts errichtet. An den Turm wurden um 1300 ein zweischiffiges Langhaus mit drei Travéen sowie der große Chor angefügt. Man beachte die beiden reich skulptierten Portale an der Südseite; das Langhausportal ist größtenteils neugehauen.

Die heutige Kirche hatte eine bedeutend kleinere romanische aus der zweiten Hälfte des 12. Jahrhunderts mit Apsidenchor im Osten als Vorgängerbau, deren Fundamente noch heute unter dem Fußboden der Kirche liegen. Zu der romanischen Kirche gehörte die gut erhaltene Taufe aus Sandstein mit ihren ausdrucksstarken Reliefs, die vom Steinmeister "Hegwald" um 1200 ausgeführt worden sind. Auf der Cuppa wird die Kindheitsgeschichte Jesu geschildert: Christi Geburt - Verkündigung - Maria und Elisabeth - Flucht nach Ägypten - Erntewunder - Hahnenwunder beim Gastmahl des Herodes.

Das kleine spätmittelalterliche Triumphkruzifix hat wahrscheinlich ursprünglich als Prozessionskreuz gedient.

Die Kirche besitzt eine ungewöhnlich interessante nachreformatorische Einrichtung. Der Altaraufsatz ist 1703 in Burgsvik hergestellt worden. Die Kanzel aus dem Jahre 1687 wurde wahrscheinlich von dem Visbyer Tischler Jochim Sterling ausgeführt und von Johan Bartsch d. J. 1689 ausstaffiert. Das Gestühl stammt zum größten Teil aus dem 17. Jahrhundert, wurde aber vermutlich um 1700 von Christian Lorentz Numens bemalt.

In dem südlichen Friedhofsportal steht ein großer mittelalterlicher Grabstein mit folgender lateinischer Inschrift: PRESBITERALE : DECUS : IACOBUS : VIR : HONESTUS : ET : EQUS : MENIA : SACRA : SECUS : HIC : IACET : ECCE : SPECUS : ANNO : DNI : M : CCC : XX : II : E : SEPULT (= die Zierde der Priesterschaft, Jakob, der ehrenwerte und rechtschaffene Mann ruht hier vor den heiligen Mauern. Er, der Kirche Spiegel, wurde begraben im Jahre des Herrn 1322).

Die Kirche wurde in den Jahren 1982-83 einer behutsamen inneren Restaurierung unterzogen.

E.L.

Näs

Die Kirche von Näs im südlichen Teil der Insel (Sandsteingebiet) ist mit Ausnahme der Portale, die aus Kalkstein errichtet sind, aus Sandstein gebaut. Das Gebäude besteht aus Chor, Langhaus sowie einem niedrigen Turm. Es wurde einheitlich während einer Bauphase gegen Ende des 13. Jahrhunderts aufgeführt. Einer Sage zufolge soll der Turm ursprünglich bedeutend höher gewesen, der obere Teil aber bei einem kräftigen Sturm eingestürzt sein - es ist jedoch wahrscheinlicher, daß er nie vollendet wurde.

Die Tympanonscheibe des Chorportals besitzt eine leicht kielbogenförmige Kontur (vgl. das Westportal der Kirche in Östergarn). Die Kapitellbänder des Langhausportals sind geschmückt mit skulptierten Menschenköpfen (am östlichen) und Pflanzenornamentik (am westlichen). An der Nordseite des Turmes befindet sich ein wiedererrichtetes, einfaches spitzbogiges Portal.

Bei einer umfassenden Restaurierung wurden 1989/90 mittelalterliche Kalkmalereien zutage gebracht, vor allem im Chor, sowie interessante Ritzungen in der Turmkammer. Die ornamentalen Malereien im Chor - Quadermalerei - entstanden zur Bauzeit der Kirche, d.h. im späten 13. Jahrhundert. Eine kleine Szene im Turmbogen - die diebische Melkerin - wurde vom "Passionsmeister" oder seiner Werkstatt in der Mitte des 15. Jahrhundert angefertigt. Vermutlich befand sich früher an der Nordwand des Langhauses ein Passionsfries vom selben Meister.

Die Ritzungen stellen vorwiegend Fahrzeuge dar - eine Kogge an der Südwand der Turmkammer und zwei größere Schiffe, Karacken, im Turmbogen. Die Kogge dürfte gegen Ende des 13. Jahrhunderts angebracht worden sein, die Karacken vermutlich im 15. Jahrhundert. Man beachte auch die Zeichnungen im Chor: Schiff - Kreuz - Ornament - Pferdekopf.

In der inneren Laibung des südlichen Langhausportals wurde bei der genannten Restaurierung eine gut erhaltene Weihwassernische hervorgebracht, die lange Zeit zugemauert gewesen war.

Vom mittelalterlichen Inventar der Kirche ist nur sehr wenig erhalten. Das Triumphkreuz, das jetzt im Triumphbogen hängt, ist eine Kopie eines mittelalterlichen Kruzifix. An der Südwand der Turmkammer hängen die Reste eines geschnitzten Kreuzringes sowie einige Kreuzesenden mit Evangelistensymbolen (frühes 14. Jahrhundert).

Der Altaraufsatz aus Sandstein ist in einer von Burgsviks Steinmetzwerkstätten 1692 hergestellt worden. Im Mittelfeld eine Darstellung vom Opfer Abrahams, an den Seiten Moses und Aaron. Die Altarschranke sowie das Chorgestühl sind im 17. Jahrhundert gefertigt worden. Die Kanzel wurde 1728 bemalt. Die Armenbüchse am Südeingang des Langhauses ist auf 1786 datiert. Das Votivschiff wurde der Kirche von einem Seemann, der der Gemeinde angehörte, in den 1870er Jahren vermacht.

In der Sakristei wird ein Teil eines mit einer Runeninschrift versehenen Grabsteins verwahrt. Mitten auf dem Stein befand sich ein Kreuz, dessen unterer Teil erhalten ist. Rechts vom Kreuz steht ein Mann mit gebogenem Stab in der linken Hand, möglicherweise ein Bischof. Die Inschrift lautet in Übersetzung: "... er ließ das Grabgewölbe errichten ... -tjaud, seine Gemahlin ... Söhne ..."

Die Kirche wurde 1989/90 nach Vorschlägen des Architekten Jan Utas restauriert.

E.L.

Norrlanda

Von den beiden mittelalterlichen Torhäuschen, die in den Kirchhof führen, ist das nördliche das größere und besser erhaltene. Sein hohes, spitzes Tonnengewölbe wird in der Mitte von einer Arkadenwand unterteilt, die zwei Durchgänge besitzt - einen hohen, breiten für Beerdigungen und einen kleineren für Kirchgänger.

Die Proportionen der Kirche enthüllen bereits einen Teil ihrer Baugeschichte. An einen ziemlich niedrigen romanischen Turm hat man ein großes gotisches Langhaus samt Chor gefügt (vgl. u.a. Ardre, Hablingbo, Sjonhem). Der Turm ist also der älteste Bauteil, er stammt aus dem frühen 13. Jahrhundert und schloß sich ursprünglich an eine kleine romanische Kernkirche aus dem späten 12. Jahrhundert an. In der zweiten Hälfte des Jahrhunderts oder um 1300 wurde der Chor dieser Kernkirche abgebrochen und der jetzige Chor und die Sakristei aufgeführt. Um die Mitte des 14. Jahrhunderts wurde dann das heutige, stattliche Langhaus mit seinem reich verzierten Südportal errichtet. Im Zusammenhang hiermit scheint der Turm etwas erhöht worden zu sein, um besser mit den neuen Bauteilen zu harmonieren.

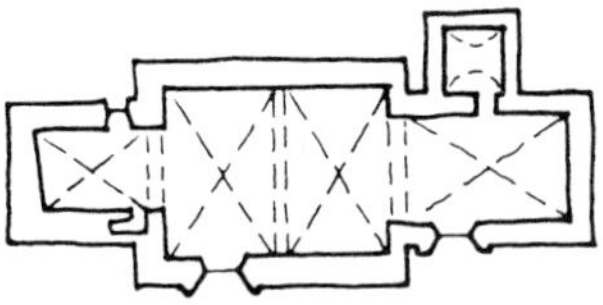

Das Langhausportal von Norrlanda kann man zu den sehenswertesten der vielen berühmten Portale Gotlands zählen. Es ist von dem großen anonymen Steinmeister des 14. Jahrhunderts, "Egypticus", geschaffen worden (vgl. u.a. Hablingbo, Lye, Stånga). Im Wimperg erkennt man eine großfigurige Darstellung der Auferstehung Christi. Auf den Kapitellbändern: (im Osten) Verkündigung - Maria und Elisabeth - Christi Geburt; (im

Norrlanda, Auferstehung Christi, Relief am Südportal des Langhauses, 14. Jh.

Westen) Hirtenverkündigung - Anbetung der Könige - Kindermord in Bethlehem. Derselbe Meister hat die Konsolen im Innern des Langhauses gehauen, die zwei groteske Gesichtsmasken darstellen (vgl. Hablingbo, Grötlingbo). Man beachte die gut erhaltene ursprüngliche Farbe.

Im Langhaus und an der Nordwand des Chores befinden sich Kalkmalereien vom "Passionsmeister" aus der Mitte des 15. Jahrhunderts. Im Langhaus: der übliche Passionsfries, der eingeleitet wird mit dem Abendmahl und der mit dem Abstieg in das Totenreich abschließt. Unter diesem Fries sieht man ganz im Westen einige burleske Szenen, die die Fahrt der "diebischen

Melkerin" in die Hölle schildern. Solcher Art Darstellungen sind in der spätmittelalterlichen Kunst nicht ungewöhnlich, doch findet man sie normalerweise im Wappenhaus oder an anderen, eher verborgenen Stellen plaziert. Auf der südlichen Langhauswand sind der Hl. Georg mit Drachen sowie der Hl. Martin dargestellt. Im Chor wird die Legende der Hl. Katharina von Alexandria auf einem langen Fries berichtet, der von demselben Meister geschaffen worden ist, der die Malereien im Langhaus ausgeführt hat.

Wie der Hochaltar im Chor sind auch die beiden mittelalterlichen Seitenaltäre des Langhauses erhalten. Auf dem südlichen ruht die Kanzel, die einer Inschrift zufolge 1726 hergestellt worden ist, während die Malereien 1735 vom Pastor Nils Lutteman und seiner Frau der Kirche gestiftet worden sind. Eine Taufe aus Sandstein von 1735 steht auf einem mittelalterlichen Taufsteinfuß mit vier skulptierten Löwenköpfen, die nach Schlangen beißen; spätes 12. Jahrhundert. Die Nummerntafel mit Donationsinschrift auf der Rückseite kam 1758 hinzu.

Im Turm hängt eine der ältesten Glocken Gotlands, die wahrscheinlich um 1250 gegossen worden ist. Sie wird als die größte Glocke aus dem 13. Jahrhundert in Schweden angesehen.

Das neugotische Altarretabel sowie die übrigen Einrichtungsgegenstände kamen bei einer umfassenden Restaurierung 1889 in die Kirche. 1953/54 wurde sie nach Plänen des Architekten Olle Karth erneut restauriert.

Südöstlich der Kirche steht ein 1971 aus erhaltenen Teilen wiedererrichtetes Hoftor. Es führte in das ansonsten vollständig verschwundene mittelalterliche Pfarrhaus.

E.L.

Öja

Die Kirche von Öja im "Sudret" (Gotlands südlichster Zipfel) gehört zu den größten und sehenswertesten Kirchenbauten Gotlands. Der Kirchhof ist von einer hohen Mauer umgeben, in die mehrere große Grabplatten eingelassen sind. Viele von ihnen sind mittelalterlichen Ursprungs, einige weisen Runeninschriften auf.

Das Bauwerk ist in mehreren Etappen aufgeführt worden. Der älteste Teil ist der Chor mit eingefügter Apsis (vgl. Stenkyrka), entstanden in der ersten Hälfte des 13. Jahrhunderts. Das Langhaus mit dem großen Portal an der Südseite (man beachte die Farbspuren im Tympanon) scheint gegen Ende desselben Jahrhunderts errichtet worden zu sein. Der Turm im Westen, ein mächtiges Bauwerk des anonymen Steinmeisters "Egypticus", kam in der Mitte des 14. Jahrhunderts hinzu. Bei einer archäologischen Untersuchung wurden 1988 Fundamente einer älteren Apsidenkirche, die vermutlich im 12. Jahrhundert entstand, vorgefunden.

Öja, Triumphkruzifix sowie "Öjamadonna" (Kopie), 13. Jh.

An der Nordseite befindet sich ein reich skulptiertes Portal, das vom Meister selbst oder seiner Werkstatt gefertigt worden ist. Auf dem östlichen Kapitellband wird Christus mit Kreuzesgloriole dargestellt, umgeben von Maria und seinem Lieblingsschüler Johannes. Das westliche Kapitellband wird ganz von einer liegenden Figur beansprucht, St. Eligius (?), der Schutzpatron der Goldschmiede. Oben im Wimperg steht ein segnender Christus. Man beachte auch die Skulpturen im obersten Teil des Turmes in Form von Wasserspeiern und Giebelverzierungen. Die Sakristei entstand im 19. Jahrhundert.

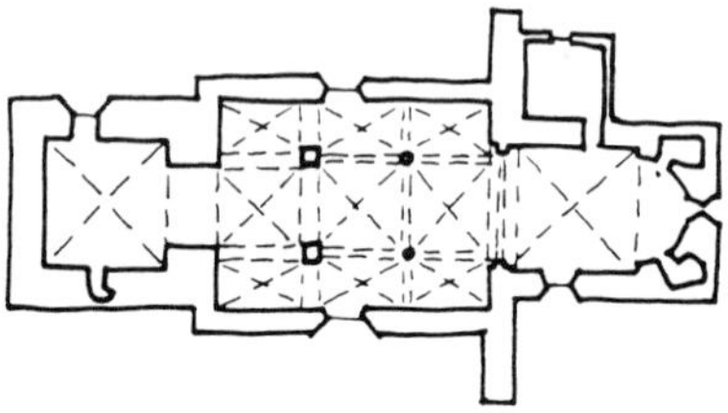

Der Innenraum wird nur durch zwei kleine rundbogige Fenster in der Südwand des Langhauses sowie durch ein relativ schmales Fenster im Chor spärlich erhellt.

Die östlichen Gewölbe des Langhauses werden von zwei schlanken Säulen getragen, während die westlichen auf zwei schweren, groben Pfeilern ruhen. Vermutlich hatte man beabsichtigt, daß der westliche Teil des Langhauses einen Turm tragen sollte. Dieser wurde dann aber, als er in der Mitte des 14. Jahrhunderts hinzukam, an das Langhaus angeschlossen.

Die Wände des Kirchraumes sind mit prächtigen Malereien versehen, die größtenteils aus dem 15. Jahrhundert stammen. Der übliche Passionsfries befindet sich an der Nordwand des Langhauses, desgleichen Szenen aus der Kindheitsgeschichte Jesu sowie die drastische Darstellung einer "diebischen Melkerin". Neben ornamentalen Malereien im Gewölbe, die im 13. Jahrhundert entstanden, findet man im Chor für Gotland ungewöhnliche Malereien, die vermutlich von einem oberschwedischen oder dänischen Künstler am Ende des 15. Jahrhunderts ausgeführt worden sind.

In der Kirche von Öja befindet sich auch "Gotlands meistbewunderte Holzplastik", das Öjakruzifix, eine gut erhaltene gotische Arbeit aus der zweiten Hälfte des 13. Jahrhunderts. Die Madonna, ein Teil der Kruzifixgruppe, ist eine Kopie der berühmten Madonna von Öja, die nunmehr im Museum Gotlands Fornsal aufbewahrt wird; die Johannesfigur ist allerdings eine Neuschöpfung. Beide wurden 1951 von dem gotländischen Holzschnitzer Bertil Nyström geschaffen.

Der Altaraufsatz aus Sandstein ist 1643 vom Steinmeister Peter Cran hergestellt worden. Man beachte auch im Chor die beiden Epitaphe aus derselben Zeit. Die Kanzel ist eine Arbeit des Visbyer Tischlers Johan Holst aus dem Jahre 1628; nach einer Inschrift wurde sie 1733 bemalt.

Die Kirche durchlief 1938/39 eine umfassende innere und äußere Restaurierung nach Plänen des Architekten Erik Fant. Hierbei wurden die mittelalterlichen Kalkmalereien hervorgebracht. 1984-86 wurde nach Plänen des Architekten Börje Blomé eine äußere Restaurierung durchgeführt. Eine Restaurierung des Innenraums geschah 1988/89.

E.L.

Östergarn

Das Bauwerk ist in der Mitte des 13. Jahrhunderts einheitlich errichtet worden. Sowohl Langhaus als auch der gerade abschließende Chor sind nahezu quadratisch; was das Langhaus betrifft, ist dies ein ungewöhnlicher Grundriß. Die Kirche sollte durch einen Turm, der sich im Westen an das Langhaus anschließen sollte, vollendet werden. Diese Baumaßnahme wurde auch vorbereitet (man beachte die eingeritzte Kontur des Turmbogens), doch niemals ausgeführt.

Östergarn, Kirche und Kirchhof von Südosten, Tuschzeichnung von P.A. Säve, 1864, ATA, Stockholm

Stattdessen erhielt die Kirche einen Dachreiter, in dem nun die Glocke hängt. Im Westen befindet sich ein kleines, einfaches Portal mit kielbogenförmiger Tympanonscheibe.

Die beiden übrigen Portale auf der Südseite sind durch Feuer schwer in Mitleidenschaft gezogen, teilweise aber neu gehauen worden (1978). Die Sakristei entstand 1786.

Die Kirche von Östergarn gehört zu den am stärksten heimgesuchten aller mittelalterlicher Kirchen Gotlands. Während des Nordischen Siebenjährigen Krieges wurde sie 1565 durch einen Brand beschädigt, wobei das Gewölbe des Langhauses, die Südportale sowie die mittelalterlichen Inventarstücke zerstört wurden. 1715 und 1717 wurde die Kirche von russischen Truppen geplündert und war danach eine Zeitlang sehr verfallen.

Unter der tatkräftigen Leitung des Probstes Lars Nilsson Neogard (1725-58) wurde sie aber wiederhergestellt (man beachte die Gedenktafel an der Nordwand des Chores). Aus jener Zeit stammen der Altaraufsatz (1756) mit eingearbeitetem mittelalterlichem Kruzifix, die stattliche Kanzel (1737) und die Empore (1744) sowie ein Großteil des Gestühls.

Die Taufe aus Sandstein mit der Namenschriffre des dänischen Königs Christian IV. wurde zu Beginn des 17. Jahrhunderts angeschafft. Die Orgelfassade wurde 1850 nach Zeichnungen F.W. Scholanders ausgeführt. Das Orgelwerk von 1915 besitzt fünf Stimmen.

Auf dem Kirchhof bei der Ostmauer des Chores steht ein Gedenkstein für die umgekommenen Besatzungsmitglieder des deutschen Kriegsschiffes Albatros, das am 2. Juli 1915 in einem Seegefecht mit russischen Schiffen vor Östergarn auf Grund gesetzt worden ist.

Die Kirche wurde 1935 nach Plänen des Architekten Erik Fant restauriert. 1978 wurde eine Außenrestaurierung durchgeführt, bei der u.a. einige Portaldetails durch Nacharbeiten ersetzt wurden.

E.L.

Othem

Langhaus und Chor wurden um die Mitte des 13. Jahrhunderts errichtet, das Langhaus zeigt den für die damalige Zeit charakteristischen breiten, hier sogar quadratischen Grundriß mit vier Zeltgewölben, die von einer Mittelsäule abgestützt werden. Das reliefgeschmückte Kapitell der Säule erinnert an das von Lafrans Botvidarsson geschaffene in der Kirche von Hellvi. Der Chor mit geradem Abschluß ist von einem einzigen Gewölbe überdeckt, dessen runde Diagonalrippen aus schlanken Ecksäulen hervorgehen. Die beiden Südportale ähneln einander sehr. Beide sind spitzbogig mit paßförmiger Tympanonkontur und stilisierter Pflanzenornamentik an den Kapitellbändern. Das Chorportal ist in den Details besser durchgearbeitet, das Langhausportal ist größer, tiefer und mit einem Wimperg versehen. Ein zugemauertes Portal in der Nordwand des Langhauses ist rein romanisch mit einfachen, ungeschmückten Würfelkapitellen an den Seitensäulen. Es entstammt einem Vorgängerbau, von dem im übrigen nur unbedeutende Spuren erhalten sind. Die Fenster wurden 1882 teilweise umgebaut. Das Langhausfenster änderte man von einem spitzbogigen in ein rundbogiges und das Südfenster des Chores wurde nach unten verlängert. Die Sakristei entstand 1882.

Als sich die ältere Kirche noch in Benutzung befand, wurde in der ersten Hälfte des 13. Jahrhunderts der untere Teil des heutigen Turmes gebaut. Der obere Teil wurde nach der Jahrhundertmitte errichtet, nachdem das neue Langhaus entstanden war. Die Architektur ist einfach aber ausdrucksstark. Man beachte u.a., wie die Turmkammer sich, mit zwei durch einen ungeschmückten Vierkantpfeiler voneinander getrennten Rundbögen, zum Langhaus hin öffnet.

Die mittelalterlichen Malereien der Kirche konzentrieren sich auf den Chor, doch befanden sich solche früher auch im Langhaus. Am ältesten - aus der Mitte des 13. Jahrhunderts - sind die Malereien in den vier Gewölbekappen, von denen die östliche die reichsten und interessantesten beinhaltet: ein Lebensbaum, in dessen Geäst sich ein Vogelpaar niedergelassen hat. Es wird von zwei Jägern beschossen, die die bösen Mächte repräsentieren, doch die Pfeile prallen auf die Schützen zurück. Von der gegenüberliegenden Gewölbekappe wird der Lebensbaum von einem Drachen bedroht. Der Baum steht allerdings sicher, denn unter seinem Wurzelwerk sieht man Christus in einem runden Medaillon.

Auf der Nordseite der Triumphbogenöffnung steht in einer Ädikula die Madonna mit dem Jesuskind auf dem Arm, ein Gemälde von ungewöhnlich hoher Qualität aus dem Anfang des 14. Jahrhunderts. Nicht weniger bemerkenswert ist der mächtige Fries mit Darstellungen von Christus, den Aposteln und dem Hl. Dionysius, die in rechtwinkligen Feldern einzeln oder paarweise gruppiert um den gesamten Chor verlaufen. Dieser Fries entstand zu Beginn des 15. Jahrhunderts. Alle mittelalterlichen Malereien wurden 1693 übertüncht. Als sie 1909 wieder zum Vorschein gebracht wurden, wurde besonders der Apostelfries stark restauriert.

Die Kircheneinrichtung stammt größtenteils aus dem 18. Jahrhundert. Die Kanzel kam in den 1730er Jahren in die Kirche, das Gestühl wahrscheinlich in den 1740er Jahren und die Empore 1774. Letztgenannte wurde 1776 von J.N. Weller mit Malereien der vier Evangelisten und dem 12jährigen Jesus im Tempel verziert. Die stattliche Orgelfassade stammt von 1854. Der Altaraufsatz aus Sandstein stellt die Kreuzigung Jesu dar. Er ist auf 1693 datiert.

Das neben den Grabplatten einzige mittelalterliche Inventarstück ist ein stark verwitterter Taufstein, möglicherweise eine Arbeit des Meisters Sigraf vom Ende des 12. Jahrhunderts. Im Chor befindet sich eine moderne, mehrfarbige Holzplastik von Bertil Nyström, die die Madonna mit dem Jesuskind darstellt.

Im Boden zu beiden Seiten des Altars liegen zwei Grabplatten mit Runeninschriften über Halvard aus Agnabo und Niklas aus Kikin (?). Eine dritte Grabplatte, ursprünglich über dem Pastor Nicolaus gelegen, der 133(8) starb, trägt eine Majuskelbeschriftung.

Die Kirche wurde 1952 nach Plänen des Architekten Erik Fant restauriert.

G.S.

Roma Kloster

Das Kloster Sancta Maria de Gutnalia in Roma wurde 1164 von Mönchen gegründet, die vom Zisterzienserkloster Nydala in Småland ausgesandt worden waren. Das Kloster wurde schnell eine bedeutende Einrichtung mit umfangreichen Besitzungen sowohl auf Gotland als auch im Baltikum. Die Anlage in Roma folgte eng dem Muster, das sich in Burgund, dem Ursprungsland des Zisterzienserordens, herausgebildet hatte. Die wichtigsten Klostergebäude lagen in einer Reihe um den rechtwinkligen Klosterhof mit der Klosterkirche im Norden als dominierendem Teil der Anlage. Außer einigen Vorratshäusern außerhalb des Klostergevierts ist die Kirche heute das einzige, was von der Klosteranlage übriggeblieben ist.

Trotz ihres Zustands als Ruine liefert die Kirche ein eindrucksvolles Bild zisterziensischer Baukunst. Sie war eine dreischiffige Basilika mit Querschiff und gerade abschließendem Chor. Jeder Querschiffarm besaß nach Osten zwei Kapellen mit schwach gerundeter Ostwand. Der westlichste Teil des nördlichen Seitenschiffes ist zu einem kleinen Vorraum abgetrennt, einer Art Waffenhaus für diejenigen Kirchenbesucher, die nicht zu den Klosterbrüdern gehörten.

Das in das Waffenhaus führende, einfache rundbogige Portal im Westgiebel wird von Säulen mit becherförmigen Kapitellen flankiert. Im nördlichen Querschiffgiebel befindet sich die "porta mortuorum", die Tür, durch die die Verstorbenen zu dem nördlich der Kirche gelegenen Friedhof getragen wurden. In das südliche Seitenschiff führten zwei Eingänge, von denen der westliche für die Laienbrüder und der östliche für die Mönche vorgesehen war.

Das Mittelschiff der Kirche dürfte anfangs mit einer flachen Holzdecke versehen gewesen sein, während die Seitenschiffe Kreuzgewölbe besaßen. Der Chor, die Querschiffarme und die Kapellen besaßen Tonnengewölbe. Später wurden in das Mittelschiff Kreuzgewölbe eingelassen; man erkennt, daß die für die Gewölbe vorgesehenen Konsolen nicht mit der Arkadeneinteilung in den Mauern zwischen Mittelschiff und Seitenschiffen korrespondieren. Von Umbauten in gotischer Zeit stammen die großen Fenster in der Ostwand des Chores und im Westgiebel sowie das Südfenster des Chores.

Roma Klosterkirche, Innenraum nach Osten

Das Bauwerk ist durch eine äußerst sorgfältige Behandlung des Materials, die ausgewogenen Proportionen und die nüchterne Schlichtheit hinsichtlich der Ausschmückung geprägt, welches Kennzeichen der zisterziensischen Architektur sind. Die Kirche gehört zum klassischen Typ der Zisterzienserkirchen, der heutzutage am besten von der Klosterkirche in Fontenay in Burgund vertreten wird.

Das Kloster wurde in den 1530er Jahren im Zusammenhang mit der Reformation von der dänischen Krone eingezogen und in eine Krondomäne umgewandelt. Da die alten Klostergebäude nur schwer den neuen Funktionen anzupassen waren, wurden sie dem Zerfall überlassen. Die Kirche allerdings wurde schon früh als Stallung verwendet und entging dadurch dem Schicksal der übrigen Bauteile.

Die für das Kloster schlimmste Zeit brach in den 1730er Jahren an, als der Landeshauptmann Johan Didrik Grönhagen einige Gebäude niederreißen ließ, weil er auf der Domäne das neue Corps de logi errichten wollte und hierfür sowie für dessen Seitenflügel Steine benötigte. Die beiden Portale der Flügelbauten zeigen deutlich ihre Herkunft vom Klostergebäude, ebenso ein kreuzförmiges Fenster im Westgiebel des Hauptgebäudes.

Im Park südlich der Klosterkirche stehen eine Säule von einem der niedergerissenen Gebäude des Klosters sowie eine Sonnenuhr mit den Initialen Grönhagens und der Jahreszahl 1732.

Die Gebäude der Krondomäne werden gegenwärtig von der Königl. Fortifikationsverwaltung unterhalten.

G.S.

Roma Gemeindekirche

Die heutige Kirche der Gemeinde Roma besteht aus einem im Osten gerade abschließenden Chor, einem dreischiffigen Langhaus mit Dachreiter im Westen sowie einer kleinen Sakristei nördlich des Chores. Außen zeigt die Kirche eine basilikale Gestalt, während der Innenraum ganz dem einer Hallenkirche entspricht.

Am ältesten ist vermutlich die Sakristei. Sie war ursprünglich an einen älteren, mit Apsis versehenen Chor aus dem späten 12. Jahrhundert angefügt (Apsissteine sind im Mauerwerk der jetzigen Kirche vorgefunden worden). Der heutige Chor und das Langhaus sind allem Anschein nach in einer Bauphase errichtet worden - möglicherweise mit Ausnahme der beiden westlichsten Travéen des Langhauses, die in den Seitenschiffen eine andere, spätere Gewölbeform als im Chor und im östlichen Langhaus aufweisen. Man beachte auch die abweichende Gestaltung der Fenster.

Ein Turm war bereits während des Langhausbaues geplant, was aus dem zugemauerten Turmbogen in der Westwand des Langhauses hervorgeht. Das figurengeschmückte Kapitellband aus Kalkstein, wahrscheinlich von dem großen Steinmeister des 14. Jahrhunderts "Egypticus" geschaffen, das nunmehr im Langhaus am Nordportal seinen Platz gefunden hat, war sicherlich für den geplanten Turmbau vorgesehen. Das große Rundfenster im Westen mit Maßwerk aus gehauenem Kalkstein entstand in den 1880er Jahren. Die Tierfiguren oben am östlichen Chorgiebel stammen vermutlich von dem Vorgängerbau.

Der ziemlich dunkle Innenraum ist durch eine Restaurierung vom Jahre 1902 im Geiste der Neugotik geprägt. Die neun Kreuzgewölbe des Langhauses werden von vier schweren Pfeilern mit Gurtbögen aus fein gehauenem Kalkstein getragen. In der Nordwand des Chores befindet sich eine Nische, deren äußere Umfassung und Türen aus Holz eingeschnitzte Ornamente zeigen (13. Jahrhundert). Man beachte die roten Farbspuren an den Ornamenten!

Die jetzige Altartafel mit aufgemalten biblischen Figuren entstand im Zusammenhang der Restaurierung 1902, ebenso der Altarschrank und das Gestühl.

Eine Altartafel von 1656, gemalt von Johan Bartsch, hängt nun im Langhaus. Einer Inschrift zufolge wurde sie 1736 von Johan Hernell renoviert.

Roma Gemeindekirche, Sakramentsschrank in der Nordwand des Chores

Die Kanzel im Spätbarock wurde der Kirche 1737 vom Landeshauptmann Johan Didrik Grönhagen vermacht, der auf der nahegelegenen Krondomäne residierte.

Die Taufe, im Westteil des Langhauses aufgestellt, ist aus rotem Kalkstein und vom Muschelcuppatyp aus der Mitte des 13. Jahrhunderts.

Die beiden Epitaphe stammen aus dem 17. Jahrhundert. Das eine ist zum Gedenken an den Pastor Magnus Magni Majalander 1654 angefertigt worden; das andere für Bendt Rasmussøn Karby und seine Frau Mette Nielsdatter 1664.

Im Chor liegt eine große Anzahl Grabsteine, von denen einige aus dem Mittelalter stammen. Ein Stein an der Südwand besitzt eine lateinische Inschrift, die in Übersetzung lautet: "Im Jahre des Herrn 1387 starb Johannes Bugge, Bildschnitzer (YMAGINATOR), am Tage der heiligen Jungfrau Agatha (5. Febr.) in der Gemeinde Roma. Seine Tochter Margareta liegt hier. Mögen sie in Frieden ruhen."

E.L.

Rone

Der Turm der Kirche von Rone hat seit dem Mittelalter unter dem Namen Lang Jaku den Seefahrenden als sichere Landmarke gedient. Der hohe Turm (rund 60 m) ist der jüngste Teil des Bauwerkes, er entstand in der Mitte des 14. Jahrhunderts als Zubau eines kleineren Turmes (um 1300).

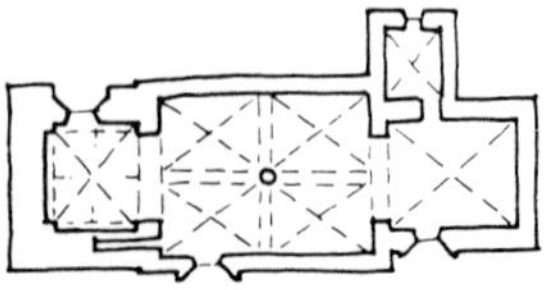

Der Leiter des Turmbaues war der anonyme Baumeister und Steinmetz "Egypticus", der wirklich ein Gefühl für das monumentale Maß besaß (vgl. die Türme in Öja, Stånga, Dalhem, Gothem). Seine schöpferische Hand trifft man u.a. in den Steinskulpturen des nördlichen Turmportals wieder: ein

Rone, Segnender Christus, Malerei am Paneel des Chores, ursprünglich der Altarschrank der Kirche

Mann auf einem Fisch liegend (möglicherweise der Hl. Botvid) sowie auf der Westseite zwei Figuren in einem Boot (vielleicht eine Anspielung auf das Martyrium des Hl. Botvid).

Der Chor mit Sakristei und das zweischiffige Langhaus, dessen vier hohe Gewölbe von einer schlanken Säule getragen werden, sind in einer Bauphase um 1300 erbaut worden. Man beachte die beiden stattlichen Portale im Süden mit ihrer fein gehauenen Blattornamentik an den Kapitellbändern (das Langhausportal wurde bei einer Restaurierung 1915 teilweise erneuert).

Das heutige Langhaus und der Chor besaßen eine kleine romanische Kirche als Vorgängerbau, von der allerdings nur einige Reliefs, die auf der Rückseite des Hochaltars eingemauert sind, sowie Sockelsteine, die in der Turmtreppe Wiederverwendung fanden, erhalten sind.

Der Kirchenraum ist mit Kalkmalereien aus zwei Epochen verziert. In den Gewölben von Chor und Langhaus befindet sich eine reich verzweigte Rankenornamentik, die offenbar gleich nach der Entstehung der Gewölbe um 1300 aufgetragen worden ist.

Die Malerei der anderen Epoche an der Nord- und Südwand des Langhauses gehört zum großen Oeuvre des "Passionsmeisters" aus der Mitte des 15. Jahrhunderts. An der Nordwand wird dargestellt: Abendmahl - Christus in Gethsemane - Judaskuß - Christus vor dem Hohen Priester - Entkleidung - Geißelung - Dornenkrönung - Kreuzestragung - Kreuzigung - Pietà - Auferstehung - Christus im Totenreich. An der Südwand wird die Kindheitsgeschichte Jesu geschildert: Verkündigung - Anbetung der Könige - Darbringung im Tempel - Flucht nach Ägypten - Opfer Abrahams(?).

Im dreiteiligen Ostfenster des Chores befinden sich mittelalterliche Glasmalereien, sechs Scheiben, die bei der Restaurierung 1913-15 mit Nachbildungen komplettiert worden sind. Auf den mittelalterlichen Scheiben wird dargestellt: Christi Geburt - Darbringung im Tempel - Taufe Christi - Erweckung des Lazarus - Maria Magdalena zu Füßen Christi - Christi Verklärung. Diese Glasmalereien aus der Mitte des 13. Jahrhunderts gehören zu den ältesten erhaltenen auf Gotland; möglicherweise stammen sie von dem romanischen Vorgängerbau. Die Kreuzigungsgruppe - Christus am Kreuz, umgeben von der trauernden Maria und Johannes - ist eine gotländische Arbeit aus der Zeit um 1400.

Unter den übrigen mittelalterlichen Inventarstücken sind eine schön gestaltete Taufsteinplinthe beachtenswert, die jetzt in den Boden des Chores neben der Sakristei eingelassen ist, sowie ein textiles Kleinod, ein Chormantel, ausgestellt in der Sakristei.

Die nachreformatorischen Einrichtungsgegenstände sind ungewöhnlich reichhaltig. Der große Altaraufsatz aus Sandstein ist auf 1694 datiert und wurde 1732 renoviert. An der Nordwand des Chores hängt ein Epitaph aus dem Jahre 1664.

Die Kanzel, die durch eine Inschrift auf den "20. Juli 1595" (Einweihung) datiert ist, wurde 1664 bemalt und ergänzt.

Die Taufe aus Sandstein ist ebenfalls aus dem Jahre 1664. Das Paneel im Chor (ursprünglich Altarschrank) sowie das gut erhaltene Gestühl stammen aus dem 17. und 18. Jahrhundert.

Das Orgelwerk wurde 1876 von der Firma Åkerman & Lund in Stockholm hergestellt und 1878 von der Kirche erworben. Es besitzt acht Stimmen, von denen zwei 1944 hinzukamen.

Die Kirche wurde 1954/55 nach Plänen des Domkirchenarchitekten Eiler Græbe restauriert.

E.L.

Rute

Das Kirchengebäude besteht aus einem nach Osten gerade abschließenden Chor, einem zweischiffigen Langhaus, einem Turm mit Galerien auf der Nord- und Südseite sowie einer kleinen Sakristei, die in nachreformatorischer Zeit hinzukam. Es scheint, daß es keine längere Unterbrechung beim Bau der mittelalterlichen Bauteile gab, möglicherweise mit Ausnahme des Turmes. Chor und Langhaus dürften zur Mitte des 13. Jahrhunderts aufgeführt worden sein. Das Bauwerk wurde dann mit der Errichtung des Turmes gegen Ende desselben Jahrhunderts vollendet.

Die sechs Zeltgewölbe des Langhauses werden von zwei vierkantigen, gemauerten Pfeilern getragen, die vermutlich schlanke Säulen des üblichen gotländischen Typs ersetzten.

Rute, Detail eines Grabsteins mit Runeninschrift

Im Westen öffnet sich das Langhaus durch zwei Bögen, die von einer Säule mit blattornamentiertem Kapitell getragen werden, zur Turmkammer.

An der Nord- und Südwand des Langhauses befinden sich mittelalterliche Kalkmalereifriese, die vom "Passionsmeister" in der Mitte des 15. Jahrhunderts geschaffen wurden. An der Nordwand ist der gewöhnliche Passionsfries (fragmentarisch) und an der Südwand die Geschichte der Kindheit Jesu sowie Szenen aus der Legende der Katharina von Alexandrien dargestellt: Ihre Anklage vor dem König - Disput mit neun gelehrten Männern - sie betrachtet einen Märtyrerscheiterhaufen - wird gefoltert - enthauptet (vgl. Norrlanda).

In den Gewölben von Langhaus und Chor befindet sich eine reiche Ausschmückung in Form von Schlingen, die sich in Flechtwerk verzweigen. Diese Gewölbemalereien scheinen in der zweiten Hälfte des 13. Jahrhunderts entstanden zu sein.

Der Altaraufsatz aus Sandstein zeigt die Initialen des dänischen Königs Christian IV. (1588-1648) und dürfte daher in der ersten Hälfte des 17. Jahrhunderts geschaffen worden sein. Auf dem Mittelfeld eine Darstellung von Abrahams Opfer, an den Seiten Moses und Aaron. Der Aufsatz gehörte ehedem zur Schloßkirche der Visborg in Visby.

Das große Triumphkruzifix aus der Mitte des 13. Jahrhunderts mit seinem charakteristischen Ringkreuz ist nunmehr wieder an seinem ursprünglichen Platz (das Kruzifixpiedestal allerdings ist neu). Die Ausstaffierung stammt zum größten Teil aus dem 18. Jahrhundert. Die Kanzel ist nach einer Inschrift 1733 hergestellt worden. Die Taufe, deren Cuppa mit trifolienförmigen Bögen geschmückt ist, ist in der Mitte des 13. Jahrhunderts geschaffen worden.

In der Turmkammer stehen drei bemerkenswerte mittelalterliche Grabsteine aus Kalkstein, von denen einer eine Runeninschrift trägt, die übersetzt lautet: "Si-tris Erben ließen den Stein für Ödvald, seinen Bruder, machen, der in Finnland starb." Zwei der mittelalterlichen Kirchhofsportale sind erhalten, eines im Süden und eines im Norden. Spuren in der Kirchhofmauer und ältere Angaben beweisen, daß es auch im Osten ein Portal gab.

Die Kirche wurde 1950/51 nach Plänen des Architekten Erik Fant restauriert. Dabei wurden ein Großteil der Wandmalereien des Langhauses sowie alle Gewölbemalereien zutage gebracht.

E.L.

Sanda

Die Kirche besteht aus Turm, Langhaus, Chor und Sakristei. Am ältesten ist der Turm - aus der Mitte des 13. Jahrhunderts - danach das Langhaus - aus der Zeit um 1300 - und am jüngsten sind der Chor und die Sakristei - aus der Mitte des 14. Jahrhunderts. Das Dach über Langhaus und Chor war bis

Sanda, St. Nicolaus bändigt den Sturm, Kalkmalerei, um 1300

in die 1860er Jahre mit Brettern bedeckt und steiler als heute. Auch die Turmhaube ist in moderner Zeit erneuert worden, doch die Form dürfte dieselbe geblieben sein - zumindest seit dem 17. Jahrhundert.

Die jetzige Kirche besaß einen kleineren Vorgängerbau aus fein gehauenem Kalkstein. Quadersteine von diesem Gebäude sind in der Südwand des Langhauses wiederverwendet worden, einige von ihnen besitzen eingehauene Verzierungen in Form von mit Drachenköpfen versehenen Ranken. Sie sind stilistisch verwandt mit der Ornamentik auf den Runensteinen der Wikingerzeit.

Die in ihrem Grundriß und Aussehen im übrigen nicht näher bekannte Kirche scheint zu Beginn des 13. Jahrhunderts Steingewölbe erhalten zu haben, die auf zwei runden Pfeilern ruhten. Diese sind mit ihren Basen und reich skulptierten Kapitellen in dem jetzigen Langhaus erneut zur Verwendung gekommen, wobei der Pfeilerschaft verlängert worden ist.

Man weiß, daß der Bischof Lars aus Linköping zu Beginn des 14. Jahrhunderts in Sanda eine Kirchweihe vornahm. Sie dürfte dem Langhaus gegolten haben. In dieses führte ursprünglich ein prächtig gestaltetes Südportal, dessen Konturen sich außen auf der Wand noch abzeichnen. Nachdem die Kirche einen neuen Chor erhalten hatte, wurde das Portal nach dort versetzt, woraufhin das Südportal des Turmes zum Haupteingang wurde. Der Chor zeigt einige ungewöhnliche architektonische Details: die profilierten Pilaster unter dem Gurtbogen und die ebenso profilierten Umrahmungen um die drei Fenster der Ostwand.

Die mittelalterlichen Kalkmalereien im Langhaus gehören zwei Perioden an. Im Anschluß an die Entstehung des Gebäudes wurden die Gewölbemalereien ausgeführt. Sie zeigen hauptsächlich ornamentale Motive, doch im Nordosten zudem die Krönung Mariens, im Südosten die Symbole der Evangelisten und im Gewölbe Szenen aus der Geschichte von Adam und Eva. Aus derselben Zeit oder von ca. 1300 stammen die Malereien auf und bei dem Triumphbogen: rechts Christus am Kreuz, umgeben von Maria und Johannes, sowie die Heiligen Clara und Franziscus, links die Auferstehung. Oberhalb der Kanzel wiegt der Erzengel Michael die Seele Kaiser Heinrichs und an der Nordwand rettet der Hl. Nikolaus ein Schiff aus Seenot.

Der Bildfries an der Nordwand entstand in der Mitte oder zweiten Hälfte des 15. Jahrhunderts und stellt die Leiden Jesu vom Abendmahl bis zum Totenreich dar. Aus derselben Zeit stammt das moralisierende Bild rechts vom Nordportal. Hier lag der Eingang der Frauen. Das Bild zeigt, wie eine Frau zur Hölle fährt, weil sie Milch gestohlen und diese mit Hilfe eines Teufels gebuttert hat.

Die einfacheren Malereien um die Portale und Fenster in der Turmkammer sind in der Mitte des 13. Jahrhunderts ausgeführt worden, während die weich geflochtenen Ranken auf dem Chorgewölbe ungefähr hundert Jahre jünger sind.

Das älteste erhaltene Inventarstück ist die Taufe, die im späten 12. Jahrhundert vom sog. Byzantios-Meister geschaffen worden ist. In ihr liegt ein Taufbecken aus Messing, wahrscheinlich eine Arbeit aus Nürnberg vom Beginn des 16. Jahrhunderts.

Das Triumphkruzifix mit dem charakteristischen großen Ring ist in der Mitte des 13. Jahrhunderts angeschafft worden, als vermutlich der Triumphbogen der älteren Kirche erweitert worden war. Ein neues Kruzifix aus Zinkblech wurde 1885 in Berlin eingekauft. Es hängt nunmehr im Chor.

Die Altartafel mit dem Abendmahl als Hauptmotiv ist eine Sandsteinarbeit aus Burgsvik und datiert auf 1664. Die Kanzel stammt ebenfalls aus dem 17. Jahrhundert, während die Malereien aus dem darauf folgenden Jahrhundert stammen.

Ein dazugehöriger Baldachin wurde bei der letzten Restaurierung entfernt, um die Wandmalereien nicht zu verdecken. Im nördlichen Turmportal hängt die alte kleine Glocke, deren Entstehungsjahr, 1493, mit Runenschrift angegeben wird.

Die Kirche ist 1927/28 (Architekt A. Roland) und 1956 (Architekt Olle Karth) restauriert worden. Bei der letzteren Restaurierung wurde im Chor einer der größten bekannten Bildsteine Gotlands aus dem 5. Jahrhundert vorgefunden (jetzt im Museum Gotlands Fornsal). Ein weiterer auf dem Kirchhof gefundener größerer Bildstein eines jüngeren Typs mit beinahe unkenntlichen Bildern steht an die Sakristeiwand gelehnt.

Der stattliche Pfarrhof südöstlich der Kirche stammt größtenteils aus dem Mittelalter. Auf dem Hofgelände liegt eine Anzahl "Aufstiegssteine", die als Hilfe beim Aufsitzen auf Pferde dienten.

G.S.

Silte

Die Kirche in Silte besteht aus einem im Osten gerade abschließenden Chor, einem rechteckigen Langhaus mit zwei Gewölben sowie einem recht hohen Turm im Westen. Am ältesten ist der Chor mit seinem frühgotischen Portal, entstanden Mitte des 13. Jahrhunderts. Das Langhaus wurde kurze Zeit danach erbaut, wahrscheinlich vom selben Meister, während der Turm erst gegen Ende jenes Jahrhunderts aufgeführt worden sein dürfte. Man beachte den ungewöhnlich hohen Sockel des Turmes.

Sowohl für das Portal als auch für die Fenstereinfassungen wurde verschiedenfarbiger Kalkstein (grau und rot) in kontrastreichem Spiel verwendet. Das Südportal des Langhauses zeigt auf der Tympanonscheibe eingehauene Schlingenornamentik. Sämtliche Fensteröffnungen sind ursprünglich, mit Ausnahme des kleinen Kanzelfensters in der Südwand des Langhauses. In einem Ostfenster des Chores befinden sich Glasmalereien aus der Entstehungszeit der Kirche, die die Verkündigung Mariens, Geburt Jesu und Darbringung im Tempel darstellen.

Der Sockel des Langhauses unmittelbar westlich vom Südportal trägt eine eingemeißelte lateinische Inschrift: HIC REQVIESCIT DNS PETRUS DE WAL (= Hier ruht Herr Petrus aus Vall).

Die beiden hohen Gewölbe des Langhauses werden durch einen breiten Gurtbogen aus gehauenem Kalkstein voneinander getrennt. Über dem Triumphbogen und im vorderen Gewölbe sieht man ornamentale Malereien, die zwei zeitlich nahe beieinanderliegenden Perioden entstammen, wobei die erste in unmittelbarem Anschluß an die Fertigstellung des Bauwerks begann. Beide Malereitypen sind auch im Chor vertreten, die frühere über dem Fenster, die spätere in einem gewaltigen Rankenornament an der Nordwand. In die Zeit um 1300 kann die Reihe von Aposteln, die sich rechts vom Turmbogen an der Westwand des Langhauses befindet, datiert werden: Philippus, Paulus, Petrus, Jacobus und Bartholomäus. Zeitlich später einzuordnen sind die danebensitzenden Szenen aus der Passionsgeschichte, sie können in die Mitte des 15. Jahrhunderts datiert werden, und schließlich

Silte, Chorinnenraum nach Osten. Foto G. Gådefors

einige Szenen von 1495 an der Südwand. Sie stellen eine Frau dar, die mit Hilfe des Teufels Butter herstellt, und ihre Bestrafung: der Teufel reitet sie nackt in den Höllenschlund.

Auf dem Hochaltar steht eine in der gotländischen Kunst einzigartige Altartafel. Auf dem Mittelfeld wird mit skulptierten Figuren das Jüngste Gericht dargestellt, während die Flügel gemalte Figuren zeigen: innen die Madonna auf der Mondsichel und den Hl. Michael, außen die Verkündigung. Die Skulpturen sind in der zweiten Hälfte des 13. Jahrhunderts hergestellt worden, die Malereien um 1500. Die Kanzel, ungewöhnlicherweise ohne Überdachung, ist eine Arbeit aus der Mitte des 18. Jahrhunderts.

Die Taufe aus Sandstein wurde in der zweiten Hälfte des 12. Jahrhunderts von dem gotländischen Steinmeister Sigraf (vgl. Grötlingbo, Lau) geschaffen. Auf der Cuppa Reliefszenen aus der Kindheitsgeschichte Christi, u.a. die Flucht nach Ägypten. Am Fuß Maria mit dem Kinde sowie Heiligen.

Die Einrichtung der Kirche, wie Gestühl, Altarschrank und Windfang am Südeingang des Langhauses, kam bei einer Restaurierung 1902 hinzu. 1960 wurden außen Reparaturarbeiten vorgenommen, wobei das Dach neu gedeckt und die Mauern verputzt und übertüncht wurden.

Eine umfassende innere Restaurierung nach Plänen des Architekten Leif Olsson wurde 1971/72 durchgeführt, wobei u.a. der Fußboden im Langhaus neu gelegt wurde. Dabei wurden die guterhaltenen Fundamente einer Stabkirche vorgefunden, die hier ungefähr 100 Jahre vor der Entstehung der jetzigen Kirche errichtet worden war.

Der Langhausgiebel der Stabkirche hatte zudem in der Triumphbogenwand der Steinkirche deutlich sichtbare Abdrücke hinterlassen. Deren Chor und das Langhaus der Stabkirche fungierten nämlich eine zeitlang gemeinsam als Kirche. Bei der Restaurierung wurden auch die oben beschriebenen Kalkmalereien hervorgebracht und konserviert.

E.L. u. G.S.

Sjonhem

Ähnlich wie viele andere gotländische Landkirchen (z.B. Ardre, Hablingbo, Hörsne) besitzt die Kirche in Sjonhem einen im Verhältnis zu den übrigen Bauteilen auffallend niedrigen Turm. Lediglich durch die Turmhaube wird die natürliche Steigung von Osten nach Westen hervorgerufen.

Daß so viele romanische Türme bei einem gotischen Langhaus verblieben, beruht vermutlich darauf, daß ein Turmbau sowohl zeitraubend als auch teuer war, weshalb man oft von einem Neubau absah.

Der romanische Turm in Sjonhem ist für eine Kirche aus Langhaus und Chor von bedeutend kleineren Dimensionen als die jetzige gebaut worden.

Überreste dieser ersten steinernen Kirche der Gemeinde wurden bei einer Untersuchung vorgefunden, die 1936 während einer Restaurierung durchgeführt worden ist. Dabei konnte festgestellt werden, daß das Langhaus der Kernkirche acht Meter lang und fünf Meter breit war, also ein recht kleiner Raum.

Grundmauern eines Chores dieser ältesten Kirche konnten nicht gefunden werden. Langhaus und Chor der Kernkirche waren vermutlich im späten 12. Jahrhundert errichtet worden, während der Turm zu Beginn des 13. Jahrhunderts hinzugefügt worden ist.

Der jetzige Chor und das Langhaus scheinen während <u>einer</u> Bauphase in der Mitte des 13. Jahrhunderts entstanden zu sein. Die Sakristei, der jüngste Bauteil der Kirche, wurde erst 1818 errichtet.

Bei der Restaurierung der Kirche 1961/62 wurden im Gewölbescheitel des Langhauses ornamentale Kalkmalereien hervorgebracht. Sie sind sicherlich beim Bau des Langhauses und der Errichtung des Gewölbes in der Mitte des 13. Jahrhunderts aufgemalt worden.

Entsprechungen hierzu findet man auf Gotland im Langhausgewölbe der Kirche von Hejde sowie im Chorgewölbe der Kirche von Rone. Man beachte die Spuren ursprünglicher Malereien an den Gewölbekonsolen des Langhauses.

Mittelalterliche Glasmalereien sind in zwei Ostfenstern des Chores bewahrt: (Nordseite) Christi Geburt - Anbetung der Könige - Darbringung im Tempel - (Südseite) Erweckung des Lazarus - Einzug Christi in Jerusalem - Christi Verklärung. Die Glasmalereien, die an diejenigen der Kirche von Lojsta erinnern, sind in der Mitte des 13. Jahrhunderts entstanden.

Das bemerkenswerteste mittelalterliche Inventarstück der Kirche ist die Taufe aus Sandstein, die um 1200 vom Steinmeister "Hegwald" (vgl. Etelhem, När, Stånga etc.) geschaffen worden ist. Ihre expressiven Reliefs sind ungewöhnlich schwer zu deuten. Vermutlich liegt ihnen eine uns unbekannte Heiligenlegende zugrunde. Unter den Darstellungen ist eine Pflugszene zu erkennen.

Derselbe Meister hat auch eine reich skulptierte Piscina für diese Kirche geschaffen, die sich nun im Museum Gotlands Fornsal befindet. Man beachte das große Weihwasserbecken aus Kalkstein beim Südeingang zum Langhaus.

Der Altaraufsatz aus Holz von 1735 bildet die Umrahmung für ein Prozessionskruzifix aus der Mitte des 14. Jahrhunderts.

Die Kanzel ist eine Arbeit aus der zweiten Hälfte des 17. Jahrhunderts, sie wurde 1785 von Johan Weller und 1786 von C.A. Nordberg bemalt.

Die meisten Teile des Kirchengestühls stammen aus dem 18. Jahrhundert.

Wie oben bereits erwähnt, wurde die Kirche 1936 restauriert. 1961/62 wurde eine erneute Restaurierung durchgeführt, diesmal nach Plänen der Architekten Erik Fant und Olle Karth.

E.L.

Slite

Auf Gotland ist die Kirche von Slite eine von dreien der zur schwedischen Staatskirche gehörenden, die nach dem Mittelalter von Grund auf neu gebaut worden sind.

Sie wurde in den Jahren 1959-60 nach Plänen des Architekten Holger Jensen, Kopenhagen, und aus Mitteln der Kirchenstiftung von Slite, die die Kirche der Gemeinde Othem überläßt, errichtet. Die Formgebung ist modern und ohne Anknüpfung an gotländische Traditionen. Die Anlage umfaßt einen Kirchensaal mit rund 200 Sitzplätzen, eine Sakristei und einen mit dieser verbundenen hölzernen Glockenturm mit einem beigefügten großen Holzkreuz. Das Kirchengebäude erhält ihr spezielles Gepräge durch das große hölzerne Walmdach, das innen zum Dachfirst offen ist. Die niedrigen Wände sind zum größten Teil verglast.

Eine weite Sicht über das Meer im Osten ersetzt die traditionelle Altartafel. Das Triumphkreuz ist von Bertil Nyström skulptiert worden. Die Orgel wurde 1961 angeschafft.

G.S.

Sproge

Bevor die jetzige Steinkirche errichtet wurde, befand sich am Ort eine Holzkirche in Bohlenständerbauweise mit Wänden aus ellenbreiten Eichenplanken. Rund 40 von diesen Planken, darunter einige mit eingeritzten konzentrischen Kreisen geschmückt, werden im Museum Gotlands Fornsal aufbewahrt. Diese Holzkirche dürfte in der Mitte des 12. Jahrhunderts entstanden sein.

Die Steinkirche besteht aus Langhaus und Chor mit Apsis, errichtet in einer Bauphase in der ersten Hälfte des 13. Jahrhunderts, sowie einem Turm, der am Ende desselben Jahrhunderts hinzukam. Eine auf einer Inschriftentafel über dem Südeingang angegebene Jahreszahl, 1058, dürfte völlig ohne Bedeutung für die Datierung des Bauwerkes sein.

Die Kirche wurde 1839/40 einem durchgreifenden Umbau unterzogen. Bis dahin war das Langhaus von vier Kreuzgewölben bedeckt gewesen, die von einem Mittelpfeiler abgestützt wurden, dessen Faltenkapitell heute auf dem Kirchhof liegt und dessen Schaftteile den Eingang zu diesem flankieren. Das Steingewölbe wurde durch ein flaches Tonnengewölbe aus Holz ersetzt. Gleichzeitig wurden der Südeingang versetzt und vergrößert, das Chorportal zugemauert, neue Fenster in die Wände gebrochen, ein Rundfenster vom Turm in die Apsis versetzt, der Altar nach vorn verschoben und die Einrichtung erneuert.

Das Kruzifix über dem Triumphbogen und ein stark beschädigtes Madonnenbild in Gotlands Fornsal sind die einzigen Kultgegenstände, die

Sproge, Bildstein mit Runeninschrift, eine Zeitlang als Piscina verwendet

aus dem Mittelalter bewahrt wurden. Beide gehören der ersten Hälfte des 14. Jahrhunderts an.

Im Chorfußboden sieht man drei mittelalterliche Grabplatten, die früher draußen auf dem Kirchhof lagen. Zwei sind von Botvid aus Snoder gelegt worden, der eine über den Vater, der andere über die Kinder.

Die Runeninschrift ist von Audvald verfaßt worden. Der Stein in der Mitte wurde von Rudvid aus Burg über seinen Vater Botulf gelegt. Der erste der genannten Steine ist als "Peststein" bekannt. Der Überlieferung nach wurde die Gemeinde so schwer von der Pestepidemie 1710/11 getroffen, daß sämtliche Überlebenden auf diesem Stein Platz finden konnten.

Im Turmbogen ist ein Runenbildstein aus dem 11. Jahrhundert aufgestellt, der in einer Nische in der Apsis vorgefunden wurde. Der Text erzählt von zwei Männern, Gairvatr und Audvatr, die "Grabhügel" über ihre Mutter errichteten. Man sieht, wie die Verstorbene mit einem Pferdeschlitten ins Reich der Toten geführt wird.

Auf der gegenüberliegenden Seite sitzt eine Steintafel, die an einen englischen Piloten erinnert, der während des Zweiten Weltkrieges in die Ostsee stürzte und dessen Leichnam bei Sproge an den Strand gespült wurde.

Die Altartafel ist eine südgotländische Sandsteinarbeit von 1669, bemalt von Johan Bartsch d. J. Aus derselben Zeit und Gegend stammt die Taufe.

Die Kirche wurde 1965 nach Plänen des Architekten Olle Karth restauriert.

G.S.

Stånga

Der weithin sichtbare hohe Turm der Kirche von Stånga ist neben den Türmen von Rone, Dalhem und Öja Gotlands höchster Kirchturm. Alle diese mächtigen Türme sind zur selben Zeit und vom selben anonymen Baumeister, "Egypticus", der in der Mitte des 14. Jahrhunderts tätig war, errichtet worden. Auch das Langhaus in Stånga ist das Werk dieses Meisters. Im Zusammenhang mit diesen großen Neubauten wurde ein älteres, romanisches Langhaus abgerissen, während ein Apsidenchor aus dem 12. Jahrhundert stehenblieb.

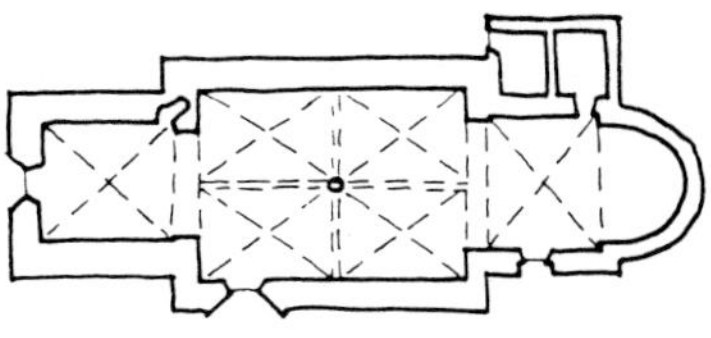

Chor mit Apsis und Sakristei wurden jedoch in den 1860er Jahren, im großen und ganzen in Übereinstimmung mit der ursprünglichen Gestaltung, neugebaut.

Das Langhausportal in Stånga ist eines der merkwürdigsten sakralen Monumente Gotlands. Auf den Kapitellbändern wird die Kindheitsgeschichte Jesu geschildert: Verkündigung - Maria und Elisabeth - Geburt - Anbetung der Könige (Maria und das Kind fehlen !) - Kindermord - Darbringung im Tempel - Flucht nach Ägypten.

Im Tympanon werden die Marienkrönung sowie Apostel dargestellt und im Wimperg die Auferstehung Christi. Unmittelbar im östlichen Anschluß an das Portal befindet sich ein einzigartiger dreiteiliger Relieffries von monumentalem Maß vom selben Meister, der das Portal gehauen hat. Zuunterst die Anbetung der Könige, darüber die Verspottung Christi und zuoberst die Kreuzesabnahme.

An der Tür, deren Beschläge größtenteils ursprünglich sind, hängt ein Ellenmaß (Kopie), die "Stångaelle", mit der Inschrift: "Hitta ier ret gota eln" (dieses ist die rechte gotländische Elle), sie mißt 55,5 cm.

Der Innenraum wird von dem hohen, viergewölbigen Langhaus und dessen gewaltiger Mittelsäule beherrscht. Man beachte die westliche Konsole, die wie eine Gesichtsmaske geformt ist.

Das Triumphkruzifix aus dem 13. Jahrhundert befindet sich an seinem ursprünglichen Platz im Triumphbogen. Die Aufstellung mit Kruzifixpiedestal und Trabes ist eine Rekonstruktion der vermuteten mittelalterlichen Anordnung.

Die Taufe von ca. 1200 wird dem Steinmeister "Hegwald" zugeschrieben. Auf der Cuppa befinden sich sehr expressive Reliefs, die die Kindheitsgeschichte Jesu schildern.

Von den nachreformatorischen Einrichtungsgegenständen ist vor allem der Altaraufsatz aus Sandstein von 1690 beachtenswert. Er wurde 1728 auf Kosten des Kirchenvorstehers Lars Jacobson und seines Sohnes Jacob Larsson aus Bog bemalt. Im Mittelfeld ist ein mittelalterliches Prozessionskruzifix eingesetzt.

Die Kanzel ist gemäß Inschrift im Jahre 1723 hergestellt worden. Die Orgel wurde von P. L. Åkerman, Stockholm, 1871 gebaut.

Im Boden der Apsis liegt neben dem Altar ein mittelalterlicher Grabstein mit folgender lateinischer Inschrift (mit aufgelösten Abkürzungen): ANNO DOMINI 1494 IN VIGILIA OMNIUM SANCTORUM OBIIT DOMINUS PETRUS HEGWALDI; CURATUS HUIUS ECCLESIE, NATUS IN BURS. ORATE PRO EO (= Im Jahre des Herrn 1494, am Tage Allerheiligen starb Herr Petrus Hegwalds, Pastor in dieser Kirche, geboren in Burs. Bete für ihn).

Die Kirche wurde 1962/63 sowohl innen als auch außen einer Restaurierung unterzogen. Die Pläne hierzu wurden vom Architekten Olle Karth ausgearbeitet.

E.L.

Stånga, Südportal des Langhaus, 14. Jh.

Stenkumla

Es gibt Vermutungen, nach denen der Gemeindename Stenkumla darauf hindeutet, daß es hier im frühen Mittelalter eine Kirche aus Stein gab, während die Nachbargemeinde Träkumla (Trä = Holz) zur selben Zeit nur eine Holzkirche besaß.

Wie es sich hiermit auch immer verhalten mag, so sind jedenfalls in dem jetzigen Gebäude Reste einer Kernkirche erhalten, die im 12. Jahrhundert entstanden ist.

Der heutige Galerieturm wurde im zeitlichen Anschluß an jene ältere Kirche in der ersten Hälfte des 13. Jahrhunderts gebaut, dann aber um 1300 beim Bau des jetzigen Langhauses erhöht.

Der jetzige Chor dürfte um 1250 errichtet, doch ebenfalls beim Bau des Langhauses modernisiert worden sein, indem ein großes spitzbogiges Fenster im Osten eingesetzt wurde (vgl. die Chorfenster in Etelhem und Klinte). Im Scheitel des Chorgewölbes ist ein sogenannter Schalltopf eingemauert, um die Akustik zu verbessern.

Das stattliche Langhausportal mit seiner straffen Tympanonkontur und seinen reich verzierten Kapitellbändern weist große Übereinstimmungen mit dem Chorportal in Etelhem auf; zu datieren auf die Zeit um 1300.

Das beinahe quadratische Langhaus wird von vier Zeltgewölben bedeckt, die von einer schlanken Mittelsäule getragen werden, deren Kapitell mit gehauenen Diamantbändern und Palmetten verziert ist. Das Langhaus öffnet sich zur Turmkammer durch zwei Rundbögen, die von einer kräftigen Säule gestützt werden. Bemerkenswert sind auch die Einritzungen an den Wänden der Turmkammer: Schiffe, groteske Tier- und Menschenfiguren sowie Vermessungen (Fenster).

Die Kalkmalereien an den Wänden des Langhauses sind vom "Passionsmeister" in der Mitte des 15. Jahrhunderts ausgeführt worden. An der Nordwand befindet sich der übliche Passionsfries. In beiden Chorfenstern sowie in dem Südfenster des Langhauses sind Reste mittelalterlicher Glasmalerei erhalten, es sind ausschließlich ornamentale Scheiben.

Der Altaraufsatz aus Sandstein weist eine Auferstehungsszene als Relief im Mittelfeld auf. Er wurde 1681 von Johan Bartsch d. J. bemalt.

Derselbe Künstler hat auch den vorderen Schirm des Gestühls bemalt, im Feld Christus und die Apostel, signiert: "JB 1683". Der Sakramentsschrank in der Ostwand des Chores zeigt eine kunstvoll geschnitzte Einfassung aus Holz, die aus dem 14. Jahrhundert stammt.

Das Triumphkreuz, das ursprünglich für den Triumphbogen der Kernkirche gedacht gewesen war, ist das schönste Kunstwerk der Kirche. Es ist eine Arbeit vom Ende des 12. Jahrhunderts, also rund 800 Jahre alt. Man beachte, daß die Füße Christi mit Schuhen bekleidet sind (vgl. Linde). An den Kreuzesenden befinden sich geschnitzte Evangelistensymbole.

Die Kanzel mit ihrem charakteristischen Baldachin entstand in der Mitte des 17. Jahrhunderts.

Stenkumla, Triumphkruzifix, Ende des 12. Jh.

Die Taufe aus Sandstein ist eine südgotländische Arbeit von ungefähr 1700. In der Turmkammer stehen zwei Runensteine vom Bildsteintyp aus der Mitte des 11. Jahrhunderts.

Die Kirche wurde 1952 einer umfassenden Restaurierung nach Plänen des Architekten Erik Fant unterzogen.

E.L.

Stenkyrka

Die Guta-Sage berichtet, daß ein mächtiger Mann namens Lickajr der Weise die erste Kirche im Norddrittel der Insel "an einem Ort, den man jetzt Stenkyrka (Steinkirche) nennt", errichten ließ. Sollte die Erzählung wahr sein, so liegt die Begebenheit auf alle Fälle so lange Zeit zurück, daß es sich bei dieser ersten Kirche um eine Holzkirche gehandelt haben muß. Diese wurde durch eine Steinkirche zu einem Zeitpunkt ersetzt, als solche Bauten noch derart ungewöhnlich waren, daß die neue Kirche ihren Namen nach dem Baumaterial erhielt. Von der Holzkirche ist nichts erhalten, aber von der ersten Steinkirche befinden sich Reste in den Giebelwänden des jetzigen Langhauses, und unter dem Fußboden wurden Fundamente von ihr vorgefunden. Wahrscheinlich stammt auch das jetzige Nordportal von ihr. Es handelte sich dabei um eine Apsidenkirche mit Westturm von gewöhnlichem romanischem Typ.

Gegen Mitte des 13. Jahrhunderts wurde ein Umbau eingeleitet, der darauf zielte, die einzelnen Teile der Kirche nach und nach zu erneuern. In der ersten Etappe wurde der jetzige Chor errichtet, der außen gerade abschließt, aber innen eine tiefe Apsis besitzt - wie die Heiliggeistkirche in Visby und die Kirche in Öja. Zur selben Zeit entstand die lange, schmale und tonnengewölbte Sakristei.

Nach einer kurzen Unterbrechung setzte man mit dem Umbau des Langhauses fort, das den für die damalige Zeit bezeichnenden quadratischen Grundriß erhielt, mit Mittelsäule und vier Kreuzgewölben. Die einander sehr ähnlichen Chor- und Langhausportale sind rundbogig mit Säulen und Pilastern an den Seiten. Die Formen sind einfach und kräftig, und die sparsam vorhandene Ornamentik ist primitiv. Nach einer zuverlässigen Quelle wurde die Kirche am St. Botulfs-Tag 1255 der Heiligen Dreifaltigkeit, der Jungfrau Maria und St. Olof zu Ehren geweiht.

Im späteren 13. Jahrhundert wurde der heutige, auf drei Seiten mit Galerien umgebene Turm gebaut, in seiner Art das beeindruckendste Bauwerk Gotlands. Im Unterschied zu vielen anderen Türme besitzt er ein stattliches gotisches Westportal mit perspektivisch geformten Seiten und ein Tympanon mit gebogener Kontur, das durch Malereien bereichert wurde. Die Turmkammer öffnet sich zum Langhaus durch zwei Spitzbögen, die in einen Vierkantpfeiler mit einer auf jeder Seite vorgelegten Kolonnette übergehen.

Die Kirche besitzt ein sehr reiches mittelalterliches Malereienornat, das in drei Hauptetappen entstand. Am ältesten - aus der Mitte des 13. Jahrhunderts - sind die Quadermalerei und die stilisierten Ranken am Triumphbogen, darauf folgen - aus der Mitte der zweiten Hälfte des 13. Jahrhunderts - die Marmorimitation an den Turmbögen, die Baldachinranken des Turmgewölbes und die kämpfenden Untiere über dem Westeingang. Schließlich folgt - vom Ende des 14. Jahrhunderts - die umfassende figurale Ausschmückung, die sich in teilweise launischer Komposition über die Wände von Chor, Langhaus und Turmraum ausbreitet.

Am straffsten ist die Anordnung im Chor, wo eine obere Zone Apostel in spitzen Ädikulae beinhaltet. Sie setzt sich fort in die Apsis zu einem thronenden Christus, der wegen seines fragmentarischen Zustandes übertüncht werden mußte. Eine untere Zone beinhaltet kleinfigurige Szenen, aber von ihr ist so gut wie nichts erhalten.

Stenkyrka, Innenraum nach Osten

Auch im Langhaus erscheinen Heilige in Ädikulae, doch sind sie dort weniger dominant. Erzählende Szenen, die nunmehr wegen ihres fragmentarischen Zustandes schwer zu deuten sind, waren dort die Hauptsache. Rechts vom Triumphbogen erkennt man die Auferstehung Christi. In der Ecke daneben hat ein großer aufgemalter Baldachin den Hintergrund für das verschwundene St.Olofsbild des Seitenaltars gebildet.

Die interessantesten Malereien findet man im Turmraum. Im Westen über dem Portal ist eine Marienkrönung auf die älteren, aber besser erhaltenen Untiere gemalt worden. Die Krönungsszene wird flankiert von eleganten Engeln und kleinen sitzenden Propheten (?). Unten rechts werden die weltlichen Strafen dargestellt und links ein Gelage, das in eine Prügelei ausartet.

An der Südwand links vom Fenster sieht man die Seelenwägung des Erzengels Michael und rechts den Hl. Martin und den Bettler (oben) sowie turnierende Ritter.

Die rätselhaften Malereien der Nordwand werden teilweise von der Orgel verdeckt. In einer oberen Zone sieht man Christus mit einer Leiter, umgeben von Maria und Johannes sowie Aposteln, und darunter u.a. die Auferstehung (rechts) und die Hölle (links).

Die Altartafel ist eine bescheidene Sandsteinarbeit vom Ende des 17. Jahrhunderts. Die Glasmalerei im Apsisfenster wurde 1960 von Erik Lindholm ausgeführt. Die Kanzel stammt aus dem späten 17. Jahrhundert. Das Gestühl, verteilt auf zwei Seitenbereiche und einen kleineren Mittelbereich, ist mit seinen hohen profilierten Giebeln von besonders hohem Wert. Es geht zum Teil auf den Anfang des 17. Jahrhunderts zurück. Die Landschaftsmalereien auf den Bankluken wurden vermutlich um 1700 von Rasmus Bartsch ausgeführt.

1783/84 malte J. N. Weller Evangelistenabbildungen und Christus als 12jähriger im Tempel auf die Emporenschranke. Die Empore ist jetzt entfernt, aber die Schranke befindet sich im Turmraum vor der Orgel. Die Orgel wurde 1880 angeschafft.

An der Nordwand des Chores steht eine prächtige Kirchenvorsteherbank mit fünf weisen Jungfrauen auf dem Frontschirm, die um 1700 in den zeitgenössischen Trachten gemalt worden sind.

An der Nordwand des Langhauses hängt direkt vor dem Eingang ein künstlerisch hochstehendes Kruzifix aus der ersten Hälfte des 14. Jahrhunderts, das ursprünglich im Triumphbogen hing. Die gemalten Seitenfiguren, die Maria und Johannes darstellen, sind ein Zusatz von 1702.

Besonders sehenswert ist die Taufe aus dem späten 12. Jahrhundert. Die Reliefs auf der Cuppa stellen die Anbetung der Weisen, die Taufe Jesu, die Darbringung im Tempel, Jesu Versuchung durch den Teufel, Abendmahl, Jesus wäscht Petrus die Füße und die Kreuzigung dar. Auf der Unterseite der Cuppa befinden sich Szenen aus der Kindheitsgeschichte Jesu.

Unter den beachtenswerten Grabsteinen befindet sich der älteste datierte Gotlands, gelegt über Licnatus aus Stenstu (Stenstugu) im Jahre 1200. Der mit einer Männerfigur geschmückte Stein stammt aus der Mitte des 14. Jahrhunderts und liegt über Jacob und seiner Frau Botvid. Die Kirche wurde 1954/55 nach Plänen des Architekten Rolf Bergh restauriert. 1978-80 erfuhr sie nochmals eine innere (nach einem Brand) und äußere Restaurierung.

G.S.

Sundre

Am untersten Ende der Südspitze Gotlands liegt die Kirche von Sundre im südlichsten Kirchspiel der Insel. Ihre exponierte Lage mit dem Meer auf allen Seiten machte es notwendig, starke Verteidigungsanlagen für unruhige Zeiten zu bauen. Aus diesem Grunde errichtete man im frühen Mittelalter ein Kastal auf einem Hügel unmittelbar nordöstlich der Kirche (vgl. z.B. Öja, Gammelgarn, Fröjel, Lärbro).

Das Kirchengebäude ist, wie die meisten Kirchen im Süden der Insel, aus Sandstein erbaut. Bei den Portalbauten ist allerdings der beständigere Kalkstein zur Anwendung gekommen. Chor und Langhaus wurden in der ersten Hälfte des 13. Jahrhunderts erbaut, während der Turm etwas später hinzukam, wahrscheinlich um die Mitte desselben Jahrhunderts. Die Kirche von Sundre ist also ein recht einheitliches romanisches Bauwerk.

Chor und Langhaus besitzen keinen Sockel, was ungewöhnlich ist. Die Sakristei an der Nordseite des Chores entstand in späterer Zeit.

Das südliche Langhausportal dient heute als Haupteingang der Kirche. Rechts von ihm sitzen zwei eingemauerte kreisrunde Steine, die vermutlich für eine Säule gedacht waren; ob für diese Kirche oder eine andere ist ungewiß. Man beachte das gut erhaltene Weihwasserbecken im Innenwinkel des Portals.

In den Mauern des Chores befinden sich vier Nischen, von denen die nordöstliche eine mittelalterliche Umfassung und Türen aus Holz mit Eisenbeschlag besitzt. In der südöstlichen Ecke des Chores steht eine kistenähnliche Anordnung aus Stein. Ihre ursprüngliche Verwendung ist unbekannt. Vielleicht diente sie ganz einfach als Aufbewahrungsort für den Abendmahlswein.

Die beiden mittelalterlichen Seitenaltäre der Kirche sind in der nordöstlichen und südöstlichen Ecke des Langhauses erhalten.

Auf dem nördlichen steht eine Holzplastik aus der Mitte des 13. Jahrhunderts, die die trauernde Maria darstellt. Der ursprüngliche Platz dieser Plastik war auf einem Trabes im Triumphbogen, zusammen mit einem Kruzifix und dem trauernden Johannes. Die beiden letztgenannten sind verlorengegangen. Das jetzige Triumphkruzifix entstand erst im 15. Jahrhundert.

Auf dem südlichen Seitenaltar steht eine Kanzel in einer für Gotland ungewöhnlichen Gestaltung vom Anfang des 19. Jahrhunderts.

Sundre, Kirche und Kastal von Nordosten

Das Retabel auf dem Hochaltar ist eine spätere Rekonstruktion eines Altarschmucks aus dem 14. Jahrhundert, von dem Fragmente nunmehr im Museum in Visby aufbewahrt werden. Das Gestühl stammt aus dem 18. Jahrhundert. Die Nummerntafel ist auf 1837 datiert.

Die Kirche wurde 1931 nach Plänen des Architekten Knut Nordenskjöld restauriert. Eine neue, umfassende innere und äußere Restaurierung wurde 1969/70 nach Plänen der Firma Restaureringsteknik AB vorgenommen.

Dabei kamen im Chor ornamentale Malereien aus der Entstehungszeit der Kirche zum Vorschein und im Langhaus ein ungewöhnlich vollständiger Passionsfries. Besonderes Interesse zieht ein Gemälde im Triumphbogen auf sich. Dessen rätselhafter Text lautet in Übersetzung: "Niels Sörensen, Gotländer aus Hablingbo, Däne, besitzt nichts außer der Gnade Gottes". Es entstand um 1620.

Südwestlich der Kirche liegt die Ruine eines mittelalterlichen Pfarrhauses.

E.L. und G.S.

Tingstäde

In der Mauer zwischen dem alten und dem neuen Kirchhof liegt ein Portal, das wahrscheinlich im Jahre 1762 aus Steinmaterial des abgebrochenen mittelalterlichen Pfarrhofs aufgemauert worden ist. Die Reliefsteine mit den Aposteln Petrus und Paulus, die den Eingang flankieren, scheinen in der Mitte des 14. Jahrhunderts entstanden zu sein, während die übrigen gehauenen Steindetails auf das 13. Jahrhundert datiert werden können. Das große treppenstufenförmige Portal auf dem neuen Kirchhof war sicherlich das Zufahrtstor zum Pfarrhof (vgl. Garde, Gothem); 14. Jahrhundert.

Die Kirche von Tingstäde ist aufgrund ihrer Lage und ihres hohen Turms (55 m) weithin sichtbar. Sie besteht aus einem im Osten gerade abschließenden Chor mit Sakristei, einem vierwölbigen Langhaus mit Mittelsäule sowie dem hohen Turm mit Galerien an der nördlichen und südlichen Seite. Der mittlere Gebäudeteil, das Langhaus, ist der älteste. Zu ihm gehörte ursprünglich ein kleinerer Chor mit Apsis, der abgebrochen wurde, als der jetzige Chor und die Sakristei in der Mitte des 13. Jahrhunderts errichtet wurden. Der untere Teil des Turms dürfte zur selben Zeit wie der Chor erbaut worden sein, während der obere Teil erst im 14. Jahrhundert entstand.

Alle Portale der Kirche sind romanisch. Das Südportal des Langhauses besitzt fein gehauene Kapitelle - rechts mit einem Adler, links mit einer Taube -, die im äußersten Winkel von Säulen getragen werden. Das Westportal des Turms ist das größte und mächtigste, es ist überhaupt eines der stattlichsten romanischen Portale Gotlands (vgl. "Brautportal", Domkirche in Visby).

Die vier Gewölbe des Langhauses werden von einer ziemlich gedrungenen Säule getragen, deren Kapitell interessante Reliefskulpturen zeigt: eine Taube mit ausgebreiteten Flügeln (vgl. Südportal) - ein Narr, der auf dem Kopf steht - Dornauszieher (Personifizierung der Liederlichkeit) - vierfüßiges Tier mit langen Hörnern (Bock?). Diese Skulpturen und das Kapitell des Langhausportals sind dem anonymen Steinmeister "Calcarius", der in der ersten Hälfte des 13. Jahrhunderts tätig war, zugeschrieben worden.

Im Westen öffnet sich das Langhaus zur Turmkammer durch zwei Bögen, die von einem niedrigen Pfeiler getragen werden, und im Osten zum Chor durch einen breiten, etwas spitzen Triumphbogen.

Tingstäde, "Dornauszieher", Detail des Kapitells an der Mittelsäule

Der Eingang zur Sakristei (vom Chor) ist das älteste Portal der Kirche. Vermutlich war es ursprünglich das Südportal des älteren, später abgebrochenen Chores aus dem 12. Jahrhundert. Im Tympanon das Lamm Gottes sowie kunstvoll stilisierte Pflanzenornamentik.

Mittelalterliche Kalkmalereien kommen nur spärlich vor. Im Chor befinden sich um die Fenster eine Quadermalerei in rot und grau sowie etwas reicher ornamentierte Umrahmungen über dem Südeingang, an der Sakristeitür sowie am Sakramentsschrank. Sie alle sowie die Kreise im Gewölbe stammen aus der Bauzeit. Die Draperiemalereien sind aus der Zeit um 1700.

In der Turmkammer befinden sich Kalkmalereien aus zwei Epochen: zum einen Heiligenabbildungen in Umrahmungen aus der Zeit um 1300, zum anderen eine neutestamentarische Szene - Jesus jagt die Wechsler aus dem Tempel - vom Anfang des 18. Jahrhunderts (1705).

Die Kirche besitzt zwei sehenswerte mittelalterliche Inventarstücke: eine romanische Taufe und ein gotisches Triumphkreuz. Die Taufe aus Sandstein ist recht verwittert. Unter den szenischen Darstellungen an der Cuppa kann die Geburt Jesu erkannt werden. Die Taufe ist dem anonymen Meister "Majestatis" zugeschrieben worden, der im späten 12. Jahrhundert auf Gotland tätig war. Man beachte den drachenförmig gestalteten Hebebaum für den Taufsteindeckel, eine Kopie des Originals (Museum Gotlands Fornsal, Visby) aus dem 13. Jahrhundert. Der Deckel ist allerdings eine spätere Rekonstruktion. Das Triumphkreuz mit schön geschnitztem Piedestal ist jetzt am Pfeiler des Turmbogens aufgestellt, es stammt aus dem 14. Jahrhundert.

Der Altaraufsatz aus Holz ist eine Arbeit aus dem 18. Jahrhundert mit Malereien von Johan Weller aus dem Jahre 1780. Auch die Kanzel stammt aus jener Zeit, wahrscheinlich wurde sie vom selben Handwerker hergestellt, der den Altaraufsatz fertigte. Die meisten Bänke stammen aus dem 17. Jahrhundert. An der Nordwand des Langhauses hängen Reste einer Emporenschranke von 1780 mit figurativen Szenen, gemalt von Johan Weller.

In den Chorfußboden sind zwei mittelalterliche Grabsteine eingelassen, der eine über einen Priester aus jener Zeit, Botulv. Die dort eingegebene lateinische Inschrift lautet in Übersetzung: "Im Jahre des Herrn 1344, am Donnerstag vor Oculi (= dritter Sonntag in der Fastenzeit), verstarb Herr Botulv, Priester in Tingstäde. Mag seine Seele Frieden haben." Die Glocke im Turm zeigt folgende lateinische Inschrift: INRI. SI DEUS PRO NOBIS QVIS CONTRA NOS (= wenn Gott mit uns ist, wer kann da gegen uns sein).

Eine wenig umfassende Restaurierung des Innenraums wurde 1969 unter Leitung des Konservators Erik Olsson durchgeführt. 1981-83 wurde das Äußere umfassend restauriert.

E.L.

Tofta

Von den verschiedenen Bauteilen der Kirche sind das vierwölbige Langhaus und der gerade abschließende Chor zur selben Zeit, in der Mitte des 14. Jahrhunderts, erbaut worden. Der Turm, dessen untere Teile in das frühe 13. Jahrhundert zurückreichen, war ursprünglich einer kleineren Kirche beigefügt, deren Fundamente unter dem Fußboden des jetzigen Gebäudes vorgefunden wurden. Jene Kirche dürfte am Ende des 12. Jahrhunderts errichtet worden sein. Die Sakristei ist von 1881.

In der Mitte des 13. Jahrhunderts wurde der Turm erhöht, wobei das ursprünglich niedrige Tonnengewölbe der Turmkammer durch das jetzige Kreuzgewölbe ersetzt worden ist. Auch in das Langhaus der damaligen Kirche wurden Gewölbe geschlagen, die auf einem Mittelpfeiler ruhten, dessen Kapitell als Basis unter dem Taufstein erhalten geblieben ist.

Als die jetzige Kirche gebaut wurde, ist das Westportal des Turmes zugemauert worden. Seine Einfassung kam in etwas veränderter Form als Nordportal der neuen Kirche zur Anwendung.

Bei der letzten Restaurierung der Kirche wurden die fragmentarischen Malereien am Triumphbogen aus der Mitte des 14. Jahrhunderts zutage gebracht. Das rechte Feld stellt Golgatha dar, das linke Szenen aus der Legende um den Hl. Martin.

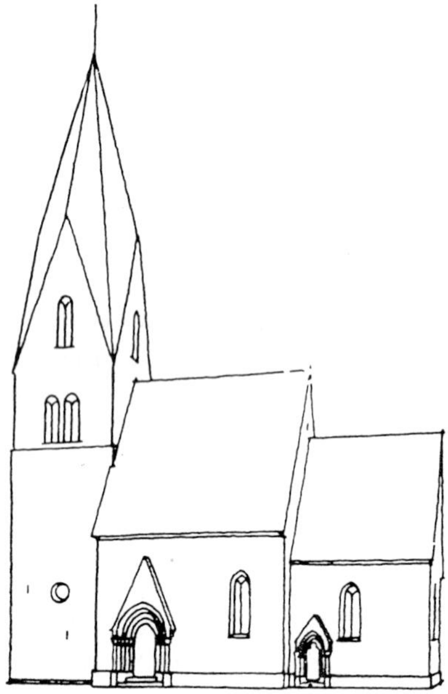

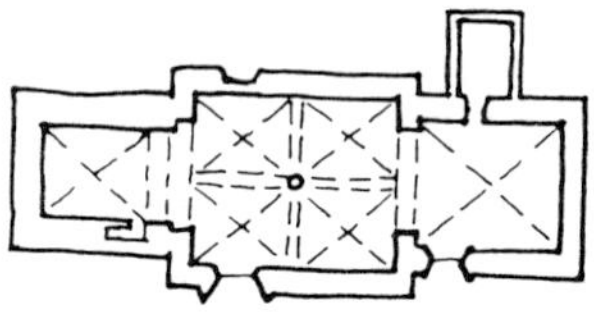

Im südlichen Langhausfenster ist ein Rest der Glasmalereien erhalten, die einst sämtliche Fenster schmückten. Das Motiv ist das Lamm mit der Kreuzesfahne, die Entstehungszeit ist dieselbe wie bei den oben erwähnten Wandmalereien.

Die ornamentalen Malereien im Turm und Turmbogen entstammen der Mitte des 13. Jahrhunderts.

Aus der Zeit der ersten kleinen Steinkirche, d.h. dem Ende des 12. Jahrhunderts, rührt die Taufe mit ihren naiv bezaubernden Bildern zur Kindheitsgeschichte Jesu her. Der unbekannte Meister hat unter dem Namen "Semi-Byzantios" in die Kunstgeschichte Eingang gefunden. Ungefähr zur selben Zeit wurde der Grabstein an der Nordseite des Turmbogens gefertigt, doch ist er mit den Werken eines anderen Steinmeisters verknüpft, dem ebenfalls anonymen "Magister Majestatis". Die Runeninschrift - eingeritzt von einem gewissen Saxe - berichtet, daß Fridgair, Alvald und Rodaid dieses "Steingewölbe" über ihren Vater Rodorm errichten ließen. Die Abbildungen stellen den Verstorbenen und den Hl. Bartholomäus dar.

Der Hochaltar wird durch ein Retabel aus der Mitte des 14. Jahrhunderts mit skulptierten Darstellungen des Gnadenstuhls, d.h. Gottvater mit dem gekreuzigten Christus vor sich, und den zwölf Aposteln geschmückt. Es entstammt wahrscheinlich einer Werkstatt in Lübeck. Aus demselben Jahrhundert stammt der thronende St. Olav auf dem Seitenaltar in der nordöstlichen Ecke des Langhauses sowie die Madonna in der Nische der südlichen Chorwand. Letztere war ursprünglich auf einem Altar in der nordöstlichen Ecke des Langhauses plaziert gewesen.

Mittelalterlichen Ursprungs ist auch das aus gedrechselten Teilen gefertigte Gestühl im Mittelgang, anfangs wohl der Platz des Patrons der Kirche, später als Brautbank verwendet.

Ein Grabstein im Chorfußboden südlich vom Altar (gefunden bei der letzten Restaurierung), wurde für Siglaiver, einen Bauern des Hofes Krokstäde, und seinen Sohn Niklas errichtet, die im Jahr 1340 erschlagen wurden.

Die festen Einrichtungsgegenstände der Kirche stammen in der Hauptsache aus dem 17. und 18. Jahrhundert. An der Kanzel befand sich früher eine Tafel mit folgendem Vers: "Sjutton Hundra XXXI - Jag med fägring blef beklädd - Skrift-Stol, Chor och Bänkar alla - Samma prydnad månn tillfalla (Siebzehn Hundert XXXI - Wurde ich mit Farb bekleidet - Beicht-Stuhl, Chor und Bänke all - Derselbe Schmuck doch wurd zuteil)." Auf dem Baldachin der Kanzel sieht man die Initialen des dänischen Königs Fredrik I. Der Rumpf der Kanzel stammt allerdings aus dem 17. Jahrhundert. Der Korb ruht auf einem profilierten mittelalterlichen Block, vielleicht ein Kruzifixpiedestal. Die Chorbänke - aus dem späten 17. Jahrhundert - und die Luken des Bankgevierts sind mit Akanthusranken verziert, die Bankschirme im Westen mit farbstarken Rokokokartuschen. Die Orgel in neugotischem Stil wurde 1899 angeschafft und war anfangs auf einer Empore plaziert.

In einem Schuppen in der nordöstlichen Ecke des Kirchhofes wird ein Altaraufsatz von 1724 mit Malereien von J. Wulff aufbewahrt.

Die Kirche wurde 1958/59 nach Plänen des Architekten N.A. Rosén restauriert.

Bei der Fischerstelle (Fiskeläge) Gnisvärd liegt eine einfache Kapelle mit rechteckigem Grundriß. Sie wurde 1839 aus Stein erbaut als Ersatz für eine Holzkapelle. Dort findet von Mitte Juni bis Ende August sonntagsabends ein Gottesdienst statt. Das Innere der Kapelle wurde 1970 restauriert.

G.S.

Träkumla

Die Kirche von Träkumla hat einen sehr ungewöhnlichen Grundriß. Im Osten befindet sich ein gerade abschließender Chor und im Anschluß daran ein Langhaus, das in seinem westlichen Teil bedeutend dickere Mauern besitzt, um einen Turm tragen zu können (vgl. die Kirche in Anga, deren östliche Turmmauer jedoch von einer Mittelsäule im Langhaus getragen wird). Der Turm ist aus unbekannten Gründen niemals vollendet worden. Seine achtkantige Haube wurde 1917 gebaut, als die Kirche nach einer langen Verfallsperiode wieder ausgebessert wurde.

Der Chor ist der älteste Teil des Gebäudes, entstanden in der Mitte des 13. Jahrhunderts (man vgl. die Form des Chorportals mit entsprechenden Portalen in Fole und Othem), während Langhaus und Turm im späten 13. Jahrhundert gebaut worden sind. Eine inzwischen fast verschwundene lateinische Inschrift beim Triumphbogen gibt das Einweihungsjahr der Kirche an. Sie lautet in Übersetzung: "Im Jahre des Herrn 1287, am 1. September, wurde diese Kirche zu Ehren Gottes, der Jungfrau Maria und des heiligen Erzengels Michael geweiht."

An der Wand unmittelbar südlich des Triumphbogens befinden sich einige aufgemalte Szenen aus der Olavssage: König Olav begeht Sabbatfrevel und bestraft sich selbst, indem er in seinen Händen die Späne verbrennt, die er geschnitzt hatte. Die Malereien wurden vom "Passionsmeister" in der Mitte des 15. Jahrhunderts geschaffen.

Neben dem Hochaltar im Chor sind die beiden Seitenaltäre in der nordöstlichen und südöstlichen Ecke des Langhauses erhalten. Auf der Altarplatte des letztgenannten ruht nun allerdings die Kanzel.

Das Retabel auf dem Hochaltar mit seinen beiden hohen flankierenden Fialen zeigt im Mittelfeld eine geschnitzte Darstellung der Marienkrönung (entstanden Anfang 14. Jahrhundert). Das Triumphkruzifix dürfte im Spätmittelalter geschnitzt worden sein, scheint aber ein romanisches Kruzifix als Vorbild gehabt zu haben.

Die Taufe aus Sandstein besitzt interessante Reliefs um die achtseitige Cuppa (Bemalung von 1786/87): Kentaur im Kampf mit einem Löwen - Dornauszieher (Symbol der Liederlichkeit) - Aspisreiter (die Sünde, die mit dem Sünder davongaloppiert) - Löwe, der ein vierfüßiges Tier anfällt - vierfüßiges Tier, das von einem Greif bedroht wird - Verkündigung Mariens - vierfüßiges Tier auf dem Rücken eines anderen Tieres - zwei Heilige an einem Doppelkreuz. Die Taufe ist von einem der großen anonymen Steinmeister des 12. Jahrhunderts, der den Namen "Byzantios" erhalten hat, geschaffen worden (vgl. Garde, Hejde, Hogrän, Mästerby u.a.).

Die Kanzel ist altertümlichen Typs und wurde wahrscheinlich am Anfang des 17. Jahrhunderts hergestellt. Die in der Inschrift genannte Jahreszahl 1683 bezieht sich vermutlich auf die Bemalung. Die Nummerntafel ist von 1785, in welchem Jahr sie der Kirche vom Handelsmann Jacob Gerle vom Hof Gottskalks vermacht wurde.

Wie schon erwähnt, stand die Kirche lange Zeit unbenutzt. Im Zusammenhang mit bischöflichen Visitationen 1847 und 1859 wird ausdrücklich von Reparaturen berichtet, die durchzuführen die Gemeinde aus ökonomischen Gründen nicht in der Lage war. Im Jahre 1868 wurde der schicksalsschwere Entschluß gefaßt, daß die Kirche verfallen und die Gemeinde sich derjenigen von Stenkumla anschließen sollte.

Träkumla, Marienkrönung, Detail des Retabels aus dem 14. Jh.

Zu Beginn des 20. Jahrhunderts wurde das Interesse für die Gemeindekirche wieder geweckt und nach längerer Vorbereitungszeit wurde sie 1917 nach Zeichnungen vom Baumeister Nils Petterson wiederhergestellt.

1951 wurde die Kirche nach Plänen des Architekten Lennart Tham restauriert.

E.L.

Vall

Auf den ersten Blick vermittelt die Kirche von Vall den Eindruck einer einheitlichen, gut erhaltenen romanischen Anlage. Doch der ungewöhnlich hohe Turm mit Galerien an der Nord- und Südseite ruft sogleich Bedenken hervor. Der Chor mit Apsis sowie das zweischiffige Langhaus dürften in einer Bauphase zu Beginn des 13. Jahrhunderts errichtet worden sein. Der Bau des Turmes dagegen begann erst zur Mitte desselben Jahrhunderts, wurde aber schon an dessen Ende in seiner jetzigen, imponierenden Höhe fertiggestellt. Zur selben Zeit entstand die Sakristei. Es können also drei Bauphasen unterschieden werden.

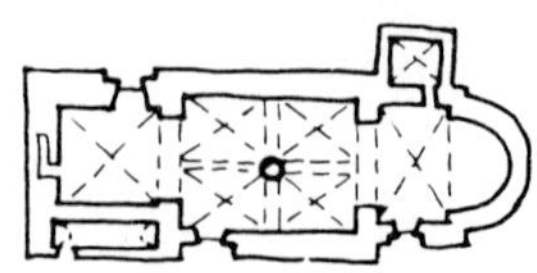

Die Portale der Kirche sind romanisch. Am größten und sehenswertesten ist das Nordportal des Turmes, mit kontrastreich aus grauem Kalkstein und Ziegelstein gebildeten Bögen. Die Kapitellbänder werden durch gehauene Blattornamentik, Diamantstiele und drei Männerköpfe verziert.

Vall, St. Barbara, Detail der Altarborte, z.T. 15. Jh.

Die vier Gewölbe des Langhauses werden von einer Mittelsäule getragen, deren Kapitellornamentik große Ähnlichkeit zu derjenigen im Chor der Visbyer Domkirche aufweist. Derselbe Meister hatte wahrscheinlich einige der Eckblätter an der Säulenbasis gehauen.

In die Südwand des Turmes ist eine kleine tonnengewölbte Zelle mit einem rechteckigen Eingang nach Süden hin eingelassen. Dieser Raum fungierte offensichtlich als Gebetkammer für Personen, die aus unterschiedlichen Gründen vom Betreten des Kirchenraums ausgeschlossen waren und die von hier aus mittels eines sog. Hagioskops (ein vormals viereckiges Loch zur Turmkammer, nunmehr zugemauert) dem Gottesdienst folgen konnten - vgl. u.a. Bro, Martebo und Väskinde. In dem großen gotischen Fenster in der Westwand der Turmkammer ist der Rest eines Glasgemäldes aus dem frühen 14. Jahrhundert erhalten: Darstellung des Segnenden Christus.

In der Südwand der Apsis befindet sich eine Nische mit prächtiger Schnitzerei auf den Türen (um 1300), die den Lebensbaum darstellt, sowie einer kreisförmigen Runeninschrift: "Olav in Himunafi gab dies für seine Kinder Botvid und Bulaid (und?) Ganvid und Rudhaid."

Der Altaraufsatz aus Sandstein mit dem Sündenfall als Relief im Mittelfeld ist nach einer aufgemalten Inschrift im Jahre 1684 vom Steinmeister Rasmus Larsson Ockes in Burgsvik hergestellt worden. Die Altarborte mit gestickten figuralen Szenen, teilweise aus dem 15. Jahrhundert, wird in der Sakristei verwahrt.

Die gut erhaltene Taufe aus Sandstein ist ein Werk des anonymen Steinmeisters "Majestatis", der auf Gotland im späten 12. Jahrhundert wirkte (Hauptwerk: Nordportal in Hablingbo). Auf der Cuppa werden folgende Szenen im Relief dargestellt: Majestas Domini - Marienverkündigung - Maria und Elisabeth - Christi Geburt - Josephs Traum - Verkündigung der Hirten (Fragment) - Anbetung der Könige - Darbringung im Tempel.

Die Kanzel ist eine Arbeit vom Anfang des 18. Jahrhunderts, die einer Inschrift zufolge im Jahre 1728 bemalt worden ist. An der Nordwand hängt ein Ölgemälde, der Segnende Christus, mit der Signatur: "J. W. Ficcit" (!; J.W. = Jöns Wulff). Das Gestühl entstammt größtenteils dem 18. Jahrhundert. Das Triumphkruzifix ist von dem gotländischen Bildhauer Bertil Nyström geschnitzt und im Triumphbogen 1967 aufgehängt worden.

In der Kirche wird ein interessanter Grabstein über Peter Harding, dem Anführer der gotländischen Bauern im Bürgerkrieg von 1288 zwischen der Stadt Visby und dem übrigen Gotland, aufbewahrt. Die lateinische Inschrift lautet in Übersetzung: "Hier hinterließ Harding, genannt Petrus, für dich den Grabstein. Er war mit der Standhaftigkeit seines Gemüts ein Fels für sein Volk. Ich bitte Christus, daß das gefährliche Reich der Toten ihm im Grab nicht schaden möge. Amen."

Die älteste Glocke gehört zur Apengetergruppe, gegossen 1443. Sie war vermutlich ursprünglich im Besitz der Kirche in Hogrän.

Die Kirche wurde 1955 nach Plänen des Architekten Olle Karth restauriert.

E.L.

Vallstena

Das Langhaus und große Teile des pfeilerförmigen Turmes wurden am Anfang des 13. Jahrhunderts erbaut. Dazu gehörte auch ein kleiner quadratischer Chor mit Apsis, dessen Grundmauern unter dem Fußboden der

Vallstena, Innenraum nach Osten

jetzigen Kirche vorgefunden wurden. Das Langhaus ist mit vier schweren Kreuzgewölben überdeckt, die auf einer kräftigen Mittelsäule mit schmucklosem Kapitell ruhen. In der Mitte des 13. Jahrhunderts wurden Turm- und Triumphbogen in so großem Maße erweitert, wie es der Turm bzw. der Chor zuließen. Auf diese Art und Weise sollte der Kirchenraum vergrößert werden.

Der Triumphbogen erhielt eine ungewöhnlich reiche Ausschmückung mit abgestuften Bögen und einem dazwischen liegenden Rundstab aus Holz und besitzt zudem eine außergewöhnlich gut erhaltene, ursprüngliche Bemalung aus abstrakten Mustern.

Am Ende des 13. Jahrhunderts wurde ein Umbau begonnen, der auf eine vollkommene Erneuerung des Bauwerkes zielte. Ein großer Chor mit gerade abschließender Altarwand wurde um den alten Apsidenchor herumgebaut und dessen abgerundete Sockelsteine für die Sockel der neuen Sakristei verwendet.

Man begann ebenfalls mit dem Bau eines neuen Langhaus, das zweischiffig mit zwei Säulen in der Mittelachse werden sollte, das aber, nachdem die östliche Travée fertiggestellt worden war, nicht weitergebaut wurde. Die Mauern wurden provisorisch mit dem stehengebliebenen romanischen Langhaus verbunden was das wenig harmonische aber einzigartige Aussehen der Kirche erklärt.

Der Altarschmuck ist ein sogenanntes Retabel von ca. 1300 (neubemalt 1907) mit dem gekreuzigten und auferstandenen Christus in der Mitte, umgeben von den Aposteln sowie der Jungfrau Maria und dem Hl. Dionysius in den flankierenden Türmchen.

Das kleine Kruzifix, das das Retabel bekrönt, ist ein Prozessionskruzifix aus der Mitte des 14. Jahrhunderts.

1730 wurde eine neue Altartafel angeschafft, gefertigt von Nils Wigman und bemalt 15 Jahre später von Petrus Fjellström. Sie steht nunmehr an der Nordwand des Langhauses.

Die Kanzel läßt sich laut einer Inschrift auf dem Geländer auf das Jahr 1669 datieren. Die Farbe auf dem Korb ist neueren Datums. Das Mitte des 18. Jahrhunderts aufgestellte Gestühl ist von Johan Hernell bemalt worden. Die Taufe vom Muschelcuppatypus stammt aus der Mitte des 13. Jahrhunderts.

Ein sehenswerter mittelalterlicher Einrichtungsgegenstand ist die skulptierte Armenbüchse von ungefähr 1300, ursprünglich vielleicht ein Kruzifixpiedestal, mit Abbildungen der Auferstehung Jesu und der drei Frauen auf dem Weg zum Grab.

Im Fußboden des Chores liegen zu beiden Seiten des Altars zwei Grabsteine von 1326 bzw. 1350, interessant wegen ihrer doppelten Inschriften, die eine auf Latein in Majuskeln, die andere auf Altgutnisch in Runen.

Die Kirche wurde 1957 nach Plänen des Architekten Bengt Romare restauriert.

G.S.

Vamlingbo

Die Gemeinde war im Mittelalter die größte und reichste im südlichen Gotland (Sudret), weshalb dort schon eine Steinkirche gestanden haben dürfte, lange bevor die jetzige Mitte des 13. Jahrhunderts errichtet wurde. Von dem Turm einer solchen Kirche wurden auch Fundamente vorgefunden, und zwar an derselben Stelle, auf der der jetzige steht, doch war jener wesentlich kleiner.

Von jener älteren Kirche stammt die Taufe. Sie gehört zu der Gruppe mit reichem Bilderschmuck, die dem Meister "Byzantios" zugesprochen wird und deren Vertreter größtenteils in der zweiten Hälfte des 12. Jahrhunderts entstanden. Aus derselben Zeit stammen einige in die Südfassade des Langhauses eingemauerte Reliefs, von denen zumindest die mit Darstellungen des Christus und der Apostel einem Grabmonument zugehört haben dürften.

Von der jetzigen Kirche - die wie andere im Sudret auch aus gehauenem Sandstein mit einigen Teilen aus feingehauenem Kalkstein gebaut worden ist - sind das Langhaus und der Chor im großen und ganzen gleichzeitig gebaut worden. Die drei Portale mit Faltenkapitellen und geraden, ungeschmückten Tympana sind einander sehr ähnlich. Der niedrige, gedrungene Turm mit der für Gotland ungewöhnlichen Laternenhaube erhielt sein Aussehen infolge unglücklicher Umstände. Erbaut in der Mitte des 14. Jahrhunderts, wetteiferte er in seiner Größe mit den monumentalsten Turmbauten der Insel. Das jetzige verstümmelte Aussehen erhielt er 1817, als die oberen Teile nach einem Blitzschlag einstürzten. Damals entstanden auch die massiven Stützmauern, von denen eine den Südeingang des Turmes vollständig verdeckt. Dessen eigentümlich primitive Kapitellskulpturen können aber von innen studiert werden.

Das Langhaus ist eine breite dreischiffige Halle mit vier kräftigen Rundpfeilern und neun Kreuzgewölben. Der Wechsel von rotem und grauem Kalkstein an Pfeilerschäften und Triumphbogen, ergänzt durch Quadermalerei in gelb und grau, geben dem Innenraum ein feierliches Gepräge. In der Triumphbogenwand befinden sich halbrunde ausgesparte Nischen für die Seitenaltäre, von denen der südöstliche noch vorhanden ist. In dieser Ecke steht auch eine Kanzel aus dem späten 17. Jahrhundert. Die zu ihr führende Treppe geht durch die Triumphbogenwand zu einer dreipaßförmigen Öffnung, die im Mittelalter als Lesetribüne, Ambo, fungierte, die einzig erhaltene in einer gotländischen Kirche.

An der Nordwand des Langhauses sieht man eine der größten und sehenswertesten figuralen Malereien Gotlands aus dem Mittelalter. Sie stellt den Erzengel Michael dar, der die Seele Kaiser Heinrichs wiegt. Möglicherweise war der Hl. Michael der Schutzpatron der Kirche, denn noch in der Mitte des 17. Jahrhunderts opferte man dort an einer Stelle, von der man glaubte, sie wäre das Grab des Erzengels. Das große Gemälde ist kurz nach der Mitte des 13. Jahrhunderts entstanden. Aus derselben Zeit stammt eine

Vamlingbo, Seelenwägung, Kalkmalerei an der Nordwand des Langhauses

Aposteldarstellung an der Nordwand des Chores. Von den übrigen, dort zu sehenden Malereien wurden die Rankenornamentik des Gewölbes, der Lebensbaum an der Nordwand und das eigentümliche Hundeungeheuer an der Südwand einige Jahrzehnte später ausgeführt, während der riesige Christophorus und die kleinen Figuren über dem Sakramentsschrank an der Ostwand dem 14. Jahrhundert entstammen.

Die Glasmalereien in der Dreifenstergruppe des Chores sind nicht mittelalterlich sondern geschickte Imitationen einer Restaurierung der Jahrhundertwende. Die Gewölbemalereien im Langhaus, die um 1700 entstanden, wurden bei demselben Anlaß stark restauriert.

Neben der Taufe ist die Altartafel das sehenswerteste Inventarstück. Es handelt sich dabei um ein sog. Retabel mit skulptierten Abbildungen von Christus am Kreuz, umgeben von Maria und Johannes sowie daneben paarweise gruppierten Aposteln in Nischen. Sie entstanden unter dem Einfluß rheinländischer Skulpturkunst der ersten Hälfte des 14. Jahrhunderts.

Der für eine Landkirche ungewöhnlich reiche Bestand an Epitaphen aus Sandstein und Holz aus dem 17. und 18. Jahrhundert gedenkt der Pastoren der Gemeinde. Personengeschichtlich interessant sind auch die vielen Grabsteine im Fußboden des Chores, von denen drei über Pastoren liegen, die im späten 15. Jahrhundert tätig waren.

In der Altarnische in der Nordostecke des Langhauses steht eine modern geformte Kalksteinplastik, die die Jungfrau Maria mit dem Jesuskind darstellt und von dem Bildhauer Sven Lundqvist 1971 geschaffen wurde.

Die Kirche wurde 1961 nach Plänen des Architekten Åke Porne restauriert. 1987/88 wurde eine Restaurierung der Außenwände durchgeführt.

G.S.

Vänge

Wie so viele andere Kirchen Gotlands besitzt Vänge einen kleinen romanischen Turm neben einem großen gotischen Langhaus und Chor (vgl. Ardre, Hogrän, Sjonhem etc.). Die gotische Kirche ist folglich nicht vollendet worden.

Der Turm ist also der älteste Gebäudeteil, entstanden um 1200. Chor und Langhaus sind allem Anschein nach während einer Bauphase in der zweiten Hälfte des 13. Jahrhunderts gebaut worden, wobei die älteste Steinkirche am Ort mit Ausnahme des stehengebliebenen Turmes abgerissen wurde. Der ältere Chor und das Langhaus waren am Ende des 12. Jahrhunderts errichtet worden. Die heutige Sakristei entstand 1866 nach Plänen des Architekten A. W. Lundberg.

Obwohl die romanische Kirche größtenteils abgebrochen worden ist, erhalten wir dank glücklicher Umstände dennoch ein recht gutes Bild ihrer Gestaltung.

Bei einer Restaurierung des Gebäudes 1947-50 traf man auf die Fundamente des Vorgängerbaus, die die Bestimmung der inneren Länge und Breite ermöglichten (Langhaus ca. 9 x 7 m, Breite des Chores 4 m).

Die Kernkirche in Vänge war eine sog. "ikonische Kirche", d.h. ihre Fassaden hatten, vor allem auf der Südseite, Reliefsteine mit figuralen Szenen. Große Teile dieser gehauenen Steine bewahrte man nach dem Abriß der älteren Kirche und mauerte sie in die Südfassaden der neuen Bauteile ein, vor allem in die des Chores, sowie in den Wimperg des Langhausportales (Christus als Weltenrichter).

In den Reliefs werden Apostel und einige Heilige dargestellt, aber auch Fabeltiere wie Sphinx und Greif. Neben dem Chorportal sind zwei Reliefsteine eingemauert: Simson und der Löwe sowie eine Meerjungfrau (?). Die Reliefs sind dem Meister "Byzantios" zugeschrieben worden, der im späteren 12. Jahrhundert tätig war. An einigen Reliefs fand man Farbspuren, was darauf hinweist, daß der gesamte Fries ursprünglich bemalt war. Diese gut erhaltene skulpturale Verzierung der Kirche des 12. Jahrhunderts in Vänge gehört zu den bemerkenswertesten Werken der romanischen Architektur im Norden (vgl. Bro, Grötlingbo, Väte).

Vänge, Die Erschaffung Evas, Relief an der Cuppa der Taufe, 12. Jh.

Vänge, Adam und Eva bei der Arbeit, Relief an der Cuppa der Taufe, 12. Jh.

Die beiden Gewölbe des Langhauses sind durch einen breiten Gurtbogen geteilt, der zum Teil von ornamentierten Konsolen auf der nördlichen und südlichen Seite getragen wird. Zum Chor hin öffnet sich das Langhaus durch einen breiten und hohen Triumphbogen, der dieselbe Breite wie der Chor aufweist.

Der Eingang zur Sakristei, der in einem spitzen Bogen endet, hat eine Einfassung aus gehauenem Kalkstein. Man beachte die reich verzierten mittelalterlichen Eisenbeschläge.

Im Chor befinden sich Kalkmalereien aus dem 14. Jahrhundert: Apostel in Einrahmungen mit flankierenden Fialen. Ursprünglich dürfte die Serie sicher alle 12 Apostel enthalten haben. Unter der Konsole an der Südwand des Langhauses befinden sich Ritzungen: zwei Schuhsohlen und ein Beil.

Auf dem Hochaltar im Chor steht ein mittelalterlicher Flügelaltar, der in nachreformatorischer Zeit beträchtlich verändert wurde. Im Mittelfeld eine Golgathadarstellung, auf den Flügeln elf Apostel und drei weibliche Heilige. Der obere Teil stammt aus der Mitte des 17. Jahrhunderts.

Das Triumphkruzifix ist eine sehr bemerkenswerte Arbeit aus dem Ende des 12. Jahrhunderts. Das Kreuz, das für den neuen Triumphbogen hergestellt worden ist, stammt aus dem 13. Jahrhundert.

Zu den mittelalterlichen Inventarstücken der Kirche gehört auch die ungewöhnlich gut erhaltene Taufe, die vom Steinmeister "Hegwald" am Ende des 12. Jahrhunderts geschaffen worden ist. Mit ihren expressiven Reliefs gehört sie zu den interessantesten Werken dieses Meisters. Auf den Reliefs der Cuppa wird folgendes dargestellt: Erschaffung Adams (?) - Erschaffung Evas - Sündenfall und Vertreibung aus dem Paradies - Adam und Eva bei der Arbeit - Bergpredigt (?). Unter der Cuppa die Kindheitsgeschichte Jesu sowie die Legende vom Hl. Stephan, u.a. das Hahnenwunder.

Die Kanzel wurde 1777 von Nils Fries errichtet und 1778 von Johan Weller bemalt. Die Chorbänke kamen 1779 in die Kirche. Das Gestühl besitzt interessante und ungewöhnliche Malereien und stammt größtenteils aus dem 18. Jahrhundert.

Die Orgel besitzt neun Stimmen, zwei Manuale und Pedale. Sie wurde 1957 von der Orgelbaufirma Nils Hammarberg in Göteborg gebaut. Die Fassade ist vom Architekten Jörgen Fåk aus Stockholm entworfen worden.

Die Altarplatte, die früher ein Grabstein gewesen ist, zeigt an der Südkante eine Runeninschrift, die übersetzt lautet: "... ihrer beider Seelen, des Vaters und des Sohnes. Audvat (oder Audvald) machte dieses Grabgewölbe. Gairvald in Väskinde ritzte..."

Die Kirche wurde 1947-50 nach Plänen des Architekten Erik Fant einer umfassenden Restaurierung unterzogen.

E.L.

Väskinde

Nach der Mitte des 13. Jahrhunderts wurde mit dem Umbau einer aus dem späten 12. Jahrhundert stammenden Apsidenkirche begonnen. Dabei baute man zuerst den heutigen Chor. Dieser besitzt ein Kreuzgewölbe und drei leicht spitzbogige Fenster in der geraden Altarwand.

Das mit Skulpturen und früher auch mit Bemalung reich verzierte Chorportal ist im Wimperg mit Reliefs geschmückt - ein segnender Christus, ein

Löwe und eine Eidechse -, die möglicherweise einem älteren Chor entstammen. Das Portal besitzt keine direkten Entsprechungen auf Gotland, dagegen aber in Westfalen.

Um 1300 wurde der Umbau der Kirche mit der Errichtung des jetzigen Langhauses und Turmes vollendet. Das Langhaus ist einschiffig, überdeckt mit zwei hohen Kreuzgewölben, und besitzt ein einziges maßwerkversehenes Fenster in der Südwand sowie ein perspektivisches Portal mit stacheliger, doppelter Tympanonkontur und sehr spitzem Wimpergfeld. Der Turm, der ursprünglich höher war, bzw. höher geplant war, besitzt nach Norden und Süden Galerien.

Ein einfaches spitzbogiges Portal mit undekoriertem Tympanon führt von Norden in die Turmkammer. In der sehr tiefen Südwand sind zwei kleine Räume ausgespart, von denen der dem Langhaus zugewandte - mit Eingang von außen und kleiner Öffnung zum Kirchenraum (Hagioskop) - eine Gebetkammer war. Von ihr aus konnten die aus der übrigen Gemeinde Ausgeschlossenen dem Gottesdienst folgen. Der andere Raum - mit Zugang von der Turmkammer - war eine Sakristei. Der hohe, luftige Turmraum erhält sein Licht durch ein großes Maßwerkfenster im Westen. Die Glasmalerei, die die Taufe Jesu darstellen soll, wurde 1955 von Erik Lindholm ausgeführt.

Die 1953 hervorgebrachten Kalkmalereien stammen aus vier Epochen. Die wenig kunstvollen Ranken und Diagonalbänder im Chorgewölbe stammen ebenso wie das Medaillon im Gewölbescheitel, das den thronenden Christus darstellt, aus der Zeit kurz nach der Mitte des 13. Jahrhunderts.

Von ungefähr 1300 stammen einige Gewölbe- und Wandmalereien im Langhaus sowie die Bemalung auf dem und um den Sakramentsschrank in der Nordwand des Chores. Über diesem sieht man den thronenden Christus und rechts darunter den Hl. Laurentius sowie links Magdalena, die Christi Füße trocknet. Auf den Innenseiten der Schranktüren befinden sich gut erhaltene Darstellungen von Petrus, Paulus und zwei anderen männlichen Heiligen. Die Steinumfassung des Schrankes mit skulptierten Darstellungen vom Hl. Jacob und der Hl. Katharina (?) ist älter, und zwar aus dem Anfang der zweiten Hälfte des 13. Jahrhunderts.

Im Langhaus wird an der Nordwand der Hl. Michael als Seelenwäger dargestellt und die Krönung Mariens, mit der Hl. Margaretha und der Hl. Katharina von Alexandrien als Seitenfiguren. An der Südwand kommen die Malereien nur schwach hervor: ein Bischof, St. Olav, St. Franziscus, St. Petrus, St. Andreas. Diese Malereien stammen wie die Gewölbemalereien von ungefähr 1300. Weiter unten an den Langhauswänden sieht man Passionsfriese aus der Mitte des 15. Jahrhunderts; an der Nordwand schildern sie das Leiden Jesu vom Abendmahl bis zur Auferstehung und an der Südwand Episoden aus der Olavslegende.

Die jüngsten Wandmalereien, ausgeführt zu Beginn des 16. Jahrhunderts, sieht man im Chor. Unter ihnen kann nunmehr lediglich die Abbildung des Hl. Georg an der Nordwand identifiziert werden. Man beachte im

Väskinde, Innenraum nach Osten

Langhaus und im Chor auch die Einweihungskreuze mit Kerzenhaltern aus Eisen.

Die Kirche besitzt drei mittelalterliche Altäre, einen Hochaltar im Chor mit einem Altaraufsatz aus Sandstein von 1690 sowie zwei Seitenaltäre im Langhaus. In der Treppe zum Hochaltar liegen Teile eines Bildsteines aus dem 8. Jahrhundert, der mindestens 5,5 m hoch und damit Gotlands größter bekannter Bildstein war. Der Altarring wurde 1773/74 von E. Lodström gemalt. Die Kanzel, die auf dem südlichen Seitenaltar steht, ist auf 1690 datiert und trägt die Initialen A HB (Andreas Hamborger). Auf ihren Korbausfüllungen sind Holzplastiken befestigt, die von einem mittelalterlichen Altarschmuck herrühren. Das Gestühl stammt größtenteils aus dem 17. Jahrhundert, die Bemalung aus dem 18.

Das Kruzifix über dem Triumphbogen ist eine volkstümliche Arbeit aus der Umgegend und stammt aus der ersten Hälfte oder Mitte des 13. Jahrhunderts. Es weist Einflüsse von älteren, von französischer Skulpturkunst inspirierten Kruzifixen aus Gotland auf. Ein kleineres Prozessionskruzifix aus dem 14. Jahrhundert hängt an der Wand links vom Altaraufsatz.

Besonders wirkungsvoll durch ihre Plazierung und wegen ihrer Abbildungen interessant ist die Taufe im Turmbogen, ein Werk des anonymen Meisters "Majestatis" aus dem späten 12. Jahrhundert. Neben Christus als Weltenrichter werden auf der Cuppa Szenen aus der Kindheitsgeschichte Jesu dargestellt. Die Farben stammen aus dem späten 18. Jahrhundert.

Väskinde, Sakramentsschrank in der Nordwand des Chores

Die Taufe wurde ursprünglich für die ältere romanische Kirche gefertigt. Als sie in die größere gotische Kirche gebracht wurde, ist sie mit einem profilierten Sockel aus Kalkstein sowie einem hohen Podium versehen worden. Im Fußboden des Chores liegen mehrere mittelalterliche Grabplatten.

Die Kirche wurde im Jahr 1953 nach Plänen des Architekten Erik Fant restauriert.

G.S.

Västergarn

Västergarn war im Mittelalter ein bedeutender Ort, vor allem wegen seines Hafens, der neben Visby an der Westküste am häufigsten aufgesucht wurde. Seine Blütezeit dürfte im 13. Jahrhundert gewesen sein, als es hier eine stadtähnliche Bebauung gab, die zum Land hin von einem halbkreisförmigen Wall abgeschlossen wurde. Dieser ist heute noch zum größten Teil erhalten. Im Zusammenhang mit dem Streit zwischen Visby und dem flachen Land, der mit der Niederlage der Bauern im Bürgerkrieg von 1288 endete, scheint Västergarn große Bedeutung als Hauptort der Landbevölkerung besessen zu haben.

Unmittelbar nordöstlich der Kirche befindet sich die Ruine eines großen runden Kastals (Verteidigungsturm), das wahrscheinlich am Ende des 12. Jahrhunderts errichtet worden ist (vgl. Sundre und Öja). Eine andere Ruine liegt nordwestlich der Kirche. Es sind Reste eines romanischen Kirchbaus, der aus einem Chor mit Apsis, einem rechteckigen Langhaus und einem Turm bestand. Diese erste Steinkirche in Västergarn dürfte in der zweiten Hälfte des 12. Jahrhunderts errichtet worden sein.

Merkwürdigerweise ist die neue, größere Kirche nicht gemäß dem sonst üblichen Verfahren um die Fundamente der alten herum aufgebaut worden sondern daneben. Sonst sind nämlich die Fundamente der Vorgängerbauten fast ausnahmslos innerhalb der neuen Kirchen vorgefunden worden.

Die heutige Kirche von Västergarn besteht aus einem einzigen Bauteil, einem nahezu quadratischen Raum, der als Chor für einen größeren Kirchbau angelegt worden ist. Er scheint in der Mitte des 13. Jahrhunderts errichtet worden zu sein, wurde aber am Ende desselben Jahrhunderts u.a. durch größere Fensteröffnungen im Süden und Osten modernisiert (Pfosten und Sprossen stammen aber von 1889).

Im Zusammenhang mit dem Umbau am Ende des 13. Jahrhunderts wurde der Triumphbogen zugemauert und ein rundbogiges Portal eingesetzt, das vermutlich ursprünglich im neu zu errichtenden Langhaus zur Anwendung kommen sollte. Eine Konsole in Form eines Kopfes oberhalb dieses Portals deutet darauf hin, daß dieses geplante Langhaus eingewölbt werden sollte.

Allein der Chor dient auch heute noch als Raum für den Gottesdienst. Wahrscheinlich konnte der Bau nicht beendet werden, weil der Bürgerkrieg von 1288 zu einem wirtschaftlichen Rückgang führte.

Der Kirchenraum wird von einem achtkappigen Zeltgewölbe bedeckt. In der recht tiefen Nordwand gibt es eine Treppe, die zum Dachboden und Dachreiter führt. Im östlichen Teil derselben Wand ist ein schmaler, rechteckiger Raum ausgespart, der jetzt als Sakristei dient.

Die Einrichtungsgegenstände stammen hauptsächlich aus dem 17. Jahrhundert: Gestühl, Kanzel sowie Empore mit Malereien, die Christus und die Apostel darstellen. Man beachte die ungewöhnliche Plazierung der Kanzel in der nordöstlichen Ecke des Kirchenraums in Höhe des Altars.

Der Altaraufsatz aus Sandstein, datiert auf 1641, zeigt im Mittelfeld als Relief das Opfer Abrahams, die Bemalung ist größtenteils ursprünglich. Auf dem Oberteil sind die Initialen des dänischen Königs Christian IV. (1588-1648) sowie das Wappen des Lehnsherrn Holger Rosencrantz und seiner Frau Viveka Tott zu sehen.

Die Taufe aus dem Jahre 1592 ist aus zwei Sandsteinblöcken in einer für Gotland sehr ungewöhnlichen Form gefertigt.

Das Votivschiff wurde einer Inschrift zufolge 1637 von Marcus Schröder gestiftet, der zu jener Zeit Hafenvogt in Västergarn und einer der mächtigsten Männer auf Gotland war.

Die Kirche wurde 1966 einer Restaurierung des Innenraums nach Plänen des Architekten Olle Karth unterzogen.

E.L.

Västerhejde

Die Kirche in Västerhejde gehört zu den wenigen Kirchen auf Gotland, deren Äußeres in späterer Zeit bedeutend verändert wurde (vgl. Fårö und Eksta). Das betrifft allerdings nur den Turm, der mit seinen Treppengiebeln eine für Gotland völlig fremde Gestaltung erhielt. Eine ältere, spitze Turmhaube wurde 1856 abgetragen, woraufhin der heutige Turmabschluß nach einer Vorlage des bekannten Architekten Fredrik Wilhelm Scholander zustande kam. Die Sakristei entstand 1884.

Im übrigen ist die Kirche eine gut erhaltene romanische Anlage, die aus einem Chor mit Apsis sowie einem rechteckigen Langhaus mit Flachdecke besteht. Auch der Turm unterhalb der Treppengiebel ist in romanischer Zeit erbaut worden.

Chor und Langhaus scheinen zu Beginn des 13. Jahrhunderts errichtet worden zu sein, während der Turm erst zur Mitte desselben Jahrhunderts hinzukam. Der Chor hatte ursprünglich an der üblichen Stelle in der Südwand ein Portal. Es wurde beseitigt, als das große Fenster in den 1860er Jahren eingesetzt wurde.

Die Altartafel aus Holz zeigt im Mittelfeld eine aufgemalte Darstellung der Kreuzigung, die einer Inschrift zufolge 1662 ausgeführt worden ist und die Johan Bartsch zugeschrieben wird. An der Chorwand hängt ein Ölgemälde, die Auferstehung Christi, signiert von Fredrik Westin mit der Jahreszahl 1853; wahrscheinlich eine Donation der Prinzessin Eugenie, die während des Sommers im nahegelegenen Fridhem wohnte.

Die Kanzel ist eine Arbeit aus dem 17. Jahrhundert und einer Inschrift zufolge 1672 auf Kosten des Richters Oluf Lundsberg bemalt worden. Das schöne Gestühl stammt größtenteils ebenfalls aus dem 17. Jahrhundert. Es wurde allerdings bei einer Restaurierung 1936 ergänzt. Die ungewöhnlich gut erhaltene Orgelempore in der Turmkammer wurde von "Nils dem Tischler" 1689 hergestellt und einer Inschrift zufolge 1696 bemalt, wahrscheinlich von Johan Bartsch d.J. und seinem Sohn Rasmus.

Die reich mit Skulpturen versehene Taufe aus Sandstein ist laut Inschrift 1681 ebenfalls von dem Richter Oluf Lundsberg gestiftet worden.

Die alte Glocke der Kirche ist heute hinter dem Altar aufgestellt. Aus der nahezu verwitterten Inschrift lassen sich folgende Worte herauslesen: PAS:TOR SVEN. Wahrscheinlich ist dieser Priester identisch mit Sveno Petri Boetius, Pastor der Muttergemeinde Stenkumla 1659-75.

Die Kirche wurde 1936 nach Plänen des Architekten Erik Fant restauriert.

E.L.

Väte

Die Kirche in Väte besteht aus einem dreischiffigen Langhaus sowie einem Chor mit geradem Ostabschluß und Sakristei. Ein geplanter Turm wurde niemals erbaut (man beachte den Turmbogen). An seiner Statt befindet sich über dem Westteil des Langhauses ein Dachreiter, der in seiner jetzigen Form aus dem Jahre 1914 stammt.

Die ältesten Bauteile der Kirche sind der Chor und die Sakristei, die um 1300 errichtet worden sind. Das mächtige Langhaus mit seinen neun hohen Gewölben, die von vier schweren Säulen getragen werden, ist ein Werk des großen anonymen Meisters "Egypticus" bzw. seiner Werkstatt aus der Mitte des 14. Jahrhunderts.

Wie bei der Nachbarkirche Vänge wurde ein großer Teil des Steinmaterials einer romanischen "ikonischen" Kirche beim Neubau der jetzigen Kirche wiederverwendet. Die Reliefsteine sind hauptsächlich in die Südfassade und in die Wände der Sakristei integriert worden. Das Nordportal sowie die Einfassung des Sakristeieingangs sind ganz und gar von dem Vorgängerbau übernommen worden, ebenso einige Fenstereinfassungen. Weil außerdem ein großer Teil des Steinmaterials von dem Vorgängerbau erhalten geblieben ist, läßt sich die erste Steinkirche in

Väte beinahe vollständig rekonstruieren.

Man beachte die Anhäufung von Steinen, die um eines der Südfenster des Langhauses herum eingemauert sind: größtenteils Tierdarstellungen wie Hunde, Pferde, Löwe, Schwein u.a., aber auch ein Ritter und ein Bogenschütze. Ein großer Teil dieser Reliefs illustriert möglicherweise die Legende von Dietrich von Bern.

Westlich vom Langhausportal befindet sich eine Nische mit skulptierter Einfassung: Christus und die Apostel (Schlüsselübergabe) sowie zwei Vögel und ein Ritter. Im Nordportal des Langhauses ist eine große figurale Szene zu sehen: eine Frau, die von zwei schlangengleichen Tieren gestillt wird - vermutlich eine Darstellung der Luxuria. Man beachte die mittelalterlichen Eisenbeschläge der Tür.

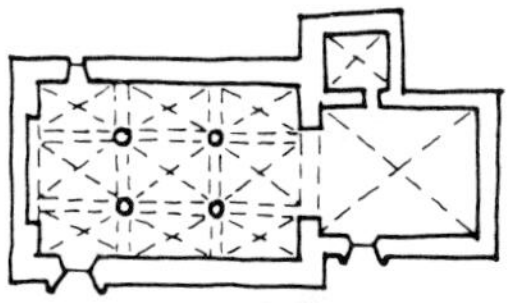

Bei einer Restaurierung der Kirche 1927/28 wurden die Fundamente des älteren Langhauses vorgefunden (inneres Maß: 11 x 7 m). Diese Kernkirche von Väte kann auf das späte 12. Jahrhundert datiert werden. Die Reliefs sind den Steinmeistern "Byzantios" und Sigraf zugeschrieben worden. Auf einem großen Teil der fein gehauenen Steine in der Südfassade der Kirche sind die eingehauenen Steinmetzmarken zu erkennen.

Im jetzigen Langhaus und Chor befinden sich Kalkmalereien aus zwei verschiedenen Perioden: An der Nordwand des Langhauses ein großfiguriger Passionsfries vom "Meister von 1520" (vgl. Alva, Lau). Hier befinden sich wie auch im Chor Apostelfiguren in Umrahmungen, die vom "Passionsmeister" in der Mitte des 15. Jahrhunderts geschaffen worden sind, sowie ornamentale Malereien und Konsekrationskreuze aus der Mitte des 14. Jahrhunderts. Die ornamentalen Gewölbemalereien des Chores scheinen

Väte, romanische Fenstereinfassung

bei der Einschlagung der Gewölbe um 1300 aufgetragen worden zu sein, während die Malereien an der Südwand späteren Datums sind - sie stammen aus der Mitte des 14. Jahrhunderts und die Christophorusfigur ist ein Werk vom "Passionsmeister", also aus der Mitte des 15. Jahrhunderts.

In die Vorderseite des südlichen Seitenaltars sind zwei von der "ikonischen" Kirche stammende Reliefsteine eingemauert. In dieselbe Zeit gehört ein Relief, das einen Löwen und ein Schwein darstellt und an der westlichen Langhauswand aufgestellt wurde. Auf dem Hochaltar steht ein Altaraufsatz aus Sandstein mit aufgemalter Abendmahlsszene im Mittelfeld (1699).

Das schöne Triumphkruzifix aus der Zeit um 1200 gehörte ursprünglich zum Vorgängerbau und ist deshalb für den jetzigen hohen Triumphbogen etwas zu klein. Diese bemerkenswert gut erhaltene Arbeit, die eine unmittelbare Entsprechung in der Kirche von Alskog hat, dürfte vom selben Meister geschnitzt worden sein, der die "Viklaumadonna" schuf. Die Darstellung St. Olavs auf dem südlichen Seitenaltar ist die Kopie einer Plastik, die sich nunmehr im Staatlichen Historischen Museum in Stockholm befindet.

Die Taufe aus Sandstein wurde im 12. Jahrhundert vom anonymen Meister "Byzantios" geschaffen (vgl. Garde, Hejde, Hogrän u.a.). Die um die Cuppa laufenden Reliefs stellen folgendes dar: Kentaur - Jäger mit Bogen - David und der Löwe - Engel - Pfau - Geflügelte Sphinx - Blattornament - Dornauszieher.

Die Kanzel ist einer aufgemalten Inschrift zufolge im Jahre 1781 hergestellt worden, dürfte in einigen Teilen aber bedeutend älter sein. Sie wurde 1782 von Johan Weller bemalt. Das Gestühl stammt hauptsächlich aus dem 18. Jahrhundert. Die Nummerntafel ist eine Arbeit von Johan Hernell aus dem Jahre 1752. Beim nördlichen Eingang des Langhauses sitzen konturierte Abbildungen von Maria und Johannes, die von Johan Weller geschaffen worden sind. Sie befanden sich zwischen 1781 und 1950 auf einem Trabes im Triumphbogen zu beiden Seiten eines Triumphkruzifixes.

Die Kirche wurde 1956 nach Plänen des Architekten Nils Arne Rosén und 1965 des Architekten Olle Karth restauriert.

E.L.

Viklau

Der Name Viklau ist eng verbunden mit der erstaunlich gut erhaltenen Madonnenskulptur aus Holz aus dem 12. Jahrhundert - der Viklaumadonna (s. Abb. S. 24) -, die nunmehr im Staatlichen Historischen Museum in Stockholm verwahrt wird. Die Kirche besitzt eine sehr gute Kopie, die in der Nordostecke des Langhauses steht.

Abgesehen vom Anbau des Chores nach Osten aus dem 19. Jahrhundert, ist die Kirche eine gut erhaltene romanische Anlage. Am ältesten ist der Chor, der ursprünglich eine Apsis besaß (gerundete Sockelsteine von dieser Apsis befinden sich in der Mauertreppe der Sakristei). Dem Bau des Chores folgte unmittelbar der des Langhauses, das vermutlich gegen Ende des 12. Jahrhunderts fertig war. In der Mitte des 13. Jahrhunderts wurde die mittelalterliche Kirche vollendet, indem im Westen ein Turm angefügt wurde (Einweihung möglicherweise 1249). Die Ausweitung des Chores nach Osten wurde dadurch veranlaßt, daß die Kirche eine Sakristei benötigte, die hier in den 1850er Jahren eingerichtet wurde.

Der Innenraum der Kirche ist anspruchslos. Kalkmalereien fehlen ganz und das Langhaus wird von einer flachen Holzdecke abgedeckt. Das schöne Triumphkruzifix wurde vermutlich angeschafft, als das Langhaus am Ende des 12. Jahrhunderts vollendet worden war. Es ist also genauso alt wie die berühmte Viklaumadonna, stammt aber aus einer anderen Holzschnitzerwerkstatt.

Zur selben Zeit dürfte auch die reich mit Reliefs verzierte Taufe aus Sandstein hinzugekommen sein. Sie wurde einem anonymen Meister zugeschrieben, der ein Gehilfe oder Schüler des Steinmeisters "Hegwald" gewesen sein soll. In den oberen Reliefszenen wird dargestellt: Marienverkündigung - Zwei weibliche Figuren - Maria und Elisabeth - Maria neben Christus im Himmel (?) - Martha und Maria betrauern Lazarus - Lazarus wird beerdigt - Christus hebt den Deckel von Lazarus' Sarg - Die Schwestern bringen Lazarus' Kleider. In dem unteren Fries wird die Kindheitsgeschichte Jesu geschildert.

Die Kirche besitzt zudem eine Taufe aus Sandstein von 1737, die zu einer Zeit angeschafft wurde, als die mittelalterliche als zu grob und klobig angesehen wurde. Der Altaraufsatz aus Holz wurde am Ende des 17. Jahrhunderts hergestellt, aber erst 1735 bemalt. Man beachte, daß das Mittelfeld keine bildlichen Darstellungen aufweist; sie wurden durch ein Bibelzitat ersetzt (vgl. die Katechismustafel in der Kirche von Hellvi). Die Kanzel wurde während der Regierungszeit Fredriks I. (schwed. König 1720-51) angeschafft und 1735 bemalt. Das Gestühl stammt größtenteils aus dem 18. Jahrhundert.

Die Kirche wurde 1930 und 1937 nach Plänen des Architekten Sven Brandel restauriert. 1984 fand eine neue, umfassende Restaurierung statt.

E.L.

Ergänzende Literatur

Andersson, A., Die Glasmalereien des Mittelalters in Skandinavien. Corpus vitrearum medii aevi Skandinavien, Sthlm 1964.

Ask, G., A woodcarver on Gotland in the 12th century. Formae. Vol. 36, 1960.

Bohn, R., Gotlandia Irredenta. Festschrift für Gunnar Svahnström, Sigmaringen 1990.

Bohrn, E. und *Svahnström, G.*, Helge Ands ruin och Hospitalet, Sv K, vol 184. 1981 (englische Zusammenfassung).

Bohrn, E. und *Westlund, P.-O.*, S Nicolaus och S Clemens, Sv K, vol 169. Motala 1977 (englische Zusammenfassung).

Gotländska stenmästare, Festskrift till Johnny Roosvals 80-årsdag, Malmö 1959.

Hamner, J. und *Widéen, H.*, Die Grabsteine der Ruinenkirchen in Wisby. Gotlands gravstenar II. Sthlm 1940.

Karlsson, L., Medieval ironwork in Sweden I-II, Sthlm 1988.

Lagerlöf, E., Gotländsk stenskulptur från gotiken, Uddevalla 1975 (englische Zusammenfassung).

Roosval, J., Die Kirchen Gotlands, Sthlm 1911.

Roosval, J., Die Steinmeister Gotlands, Sthlm 1918.

Svahnström, G., Visby Domkyrka. Sv K, vol 175. Uppsala 1978 (deutsche Zusammenfassung).

Sveriges Kyrkor, konsthistoriskt inventarium. Gotland Band I-VI, (etwa 90 Kirchen werden in diesem Werk, dessen Erscheinen in Arbeit ist, ausführlich beschrieben; englische und deutsche Zusammenfassung).

Thümmler, H., Die Nikolaikirche zu Visby. Gedenkschrift, E. Gall, München 1965.

Thümmler, H., Vorstufen der zweischiffigen Hallenkirchen Gotlands. Acta Visbyensia III, Göteborg 1969.

Tuulse, A., Scandinavia Romanica, Wien 1968.

Worterklärungen

Ädikula, skulptierte oder gemalte Einrahmung von Heiligenbildern, die gewöhnlich erst während der Gotik auftritt.

Adorant, Betender, meist zu Füßen Christi oder der Madonna dargestellt.

Akanthus, Gewächsornament, herrührend von einem in den Mittelmeerländern vorkommenden, disteläḧnlichen Gewächs mit stark gelappten Blättern.

Ambo, Rednerpult, Vorgänger zur Kanzel der Reformationszeit.

Antependium, Bekleidung an der Vorderseite des Altars, im allgemeinen aus Stoffmaterial.

Apengetergruppe, Kirchenglocken mit einem Gußzeichen in Form eines laufenden Affen.

Apsis, halbrunder Ausbau, in den gotländischen Kirchen immer nach Osten gerichtet, den Hochaltar umschließend.

Archivolte, der gemauerte Bogenlauf eines Portals; in perspektivischen Portalen sind mehrere Archivolte treppenartig hintereinander angeordnet.

Arkade, Reihe von Pfeilern oder Säulen, die mit Gewölbebogen verbunden sind.

Asylkirche, Kirchen, in denen Gesetzesbrechern samt ihren nächsten Angehörigen 40 Tage Asyl gewährt wurde. Auf Gotland gab es in jedem "Treding" eine dieser Kirchen: in Atlingbo, Fardhem und Tingstäde.

Attribut, der einer heiligen Figur zur Charakterisierung beigegebene Gegenstand, meist auf den Märtyrertod des Betreffenden anspielend.

Baldachin, Schmuck- oder Schutzdach, z.B. über Altar oder Kanzel.

Basilika, hier: Langhauskirche mit mehreren Schiffen, wobei sich das Mittelschiff über die Dächer der Seitenschiffe erhebt. Die Mauern des Mittelschiffs sind dabei von Fenstern durchbrochen.

Basis, der unterste, hervortretende Teil von Säule, Pfeiler oder Pilaster.

Blattstab, gemalte Dekoration, bestehend aus einer um einen Stab gewundenen Blätterranke.

Blendarkade, dekorative Bogen, die eine Mauer in Form einer Arkade gliedern.

Bündelpfeiler, meist ein runder Pfeiler, der rundum mit Dreiviertelsäulen versehen ist.

Corpus, Mittelteil des Altarschreins.

Cuppa, Schale eines Taufbeckens oder Abendmahlkelches.

Dachfuß, die untere horizontale Begrenzung der Dachschräge.
Dachreiter, turmähnlicher Dachschmuck aus Holz.
Dendrochronologie, Datierung von Holz aufgrund der Jahresringabfolge.
Diamantschnitt o. -stab, Verzierung mit einer gleichmäßigen Reihe von Spitzen, die geschliffenen Steinen gleichen.
Dreipaß, eine aus drei Segmentbogen bestehende Bauform, die z.B. für Fenster und Portale Verwendung fand.

Empore, hier: Galerie in dem ersten Geschoß des Turmes, die sich zum Mittelschiff hin öffnet.
Epitaph, Gedenktafel für einen Verstorbenen.
Evangelistensymbole, Attribute, mit denen die Evangelisten gewöhnlich charakterisiert werden: Matthäus mit einem Engel, Markus mit einem Löwen, Lukas mit einem Stier und Johannes mit einem Adler.

Faltenkapitell, nach unten schmaler werdendes Kapitell mit gefalteten Seitenpartien.
Fiale, kleiner, schmückender Turm.

Gardian, Vorsteher eines Franziskanerklosters.
Gebundenes Gewölbesystem, Gewölbesystem, bei dem ein Gewölbe des Mittelschiffes jeweils zwei Gewölben der Seitenschiffe entspricht.
Gesims, waagerecht aus der Mauer hervortretender Streifen, der die Gebäudefassade unterteilt oder abschließt.
Gewölbe, *Tonnengewölbe*: Längsgewölbe mit halbkreisförmigem Querschnitt. *Kreuzgewölbe*: zwei sich senkrecht kreuzende Tonnengewölbe. *Römisches Kreuzgewölbe*: Kreuzgewölbe mit horizontalen Scheitellinien. *Zeltgewölbe*: Kreuzgewölbe mit stark steigenden Scheitellinien. *Rippengewölbe*: Kreuzgewölbe, bei dem die Last des Gewölbes von diagonalen, runden oder profilierten Rippen aus Stein oder Ziegel getragen wird.
Gewölbeanfänger, Anfangsstein des Gewölbes.
Gewölbekappe, Mauerstück zwischen den Nahtstellen oder den tragenden Rippen in einem Kreuzgewölbe.
Gurtbogen, Verstärkungsbogen zwischen zwei gegenüberstehenden Säulen, der in der Regel Gewölbe voneinander trennt.

Hagioskop, kleine Öffnung, durch die Personen, die vom eigentlichen Kirchenraum ausgeschlossen waren, dem Gottesdienst beiwohnen konnten.
Hallenkirche, Langhauskirche, deren Mittelschiff in etwa die gleiche Höhe wie die Seitenschiffe hat.
Hammerband, horizontaler, tragender Balken zuoberst in einer Wand.
Harpyie, Fabeltier, zur Hälfte Vogel, zur Hälfte Frau.
Hohlkehlig, mit konkavem Profil versehen.
Hundszahnornament, Verzierung durch eine gleichmäßige Reihe von Spitzen, die Hundezähnen gleichen.

Kalenderdarstellung, Vorgänger zum Kalender; gibt die kirchlichen Fest- und Feiertage an.

Kalvariengruppe, der gekreuzigte Christus, umgeben von Maria und Johannes.

Kapitell, der oberste, dekorativ gestaltete Teil von Pfeiler, Säule oder Pilaster.

Kartusche, verzierter Rahmen.

Kastal, runder oder viereckiger Verteidigungsturm.

Katechismustafel, Alatartafel, die anstelle von Bildern mit Geboten, Bibelzitaten oder Gebeten beschriftet ist.

Kentaur, Fabeltier, zur Hälte Pferd, zur Hälfte Mensch.

Kernkirche, Die ursprüngliche romanische Kirche, aus der die später auf dem Platz entstandenen Kirchengebäude hervorgegangen sind.

Kielbogen, (auch Sattelbogen oder Eselsrücken genannt) Bogen mit nach oben verlaufender Spitze im Scheitelpunkt; gleicht dem Querschnitt eines auf den Kopf gestellten Bootes.

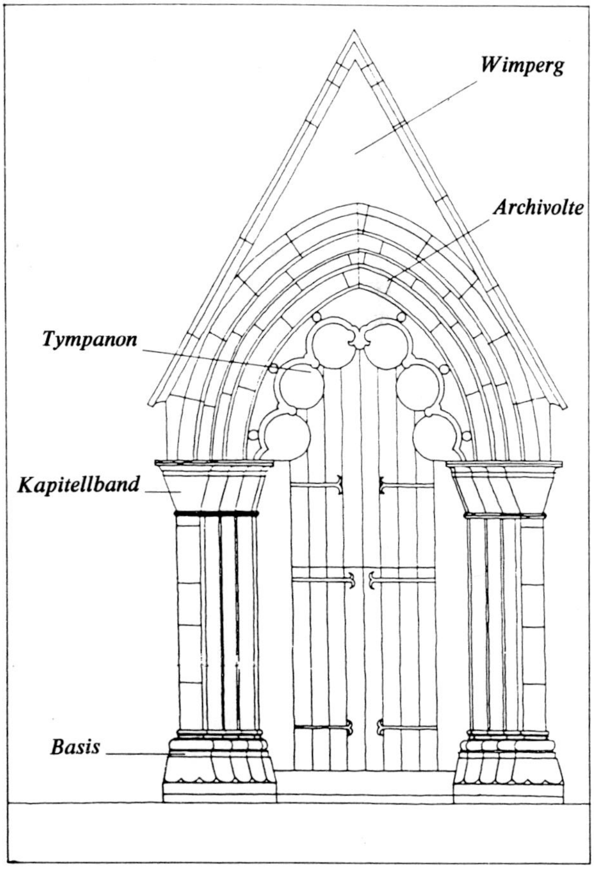

Gotisches Portal mit Bezeichnung der einzelnen Teile (Lärbro, Südportal des Langhauses). Zeichnung von Per Wångstedt, 1980.

Knecht, runder Vorsprung an Pfeiler oder Mauer, oft in Form einer schmalen Säule.

Konsekrationskreuz, in der Regel 12 von einem Kreis umgebene Kreuze; sie befinden sich an den Stellen, die während der Weihe der Kirche vom Bischof mit Weihwasser gekennzeichnet wurden.

Konsole, vorspringender Teil der Mauer, der Bogen oder Gebälk trägt; oft auch als Stellplatz für Skulpturen genutzt.

Konvent, Klosterversammlung von Mönchen und Nonnen.

Kragstein, s. Konsole.

Krümme, Bischofsstab

Laterne, zylindrischer oder mehrseitiger Aufbau mit Fensteröffnungen.

Lisene, senkrecht hervortretendes Mauerband, ohne Basis und Kapitell.

Majuskeln, Großbuchstaben des lat. Alphabets, heute meist Versalien genannt.

Mandorla, mandelförmiger Heiligenschein.

Maßwerk, während der Gotik vorkommende Steinverzierungen in Fenstern und Maueröffnungen, die diese in meist geometrische Figuren einteilen.

Mitra, Bischofsmütze

Monstranz, aufwendig gestaltetes Gefäß zum Vorzeigen der geweihten Hostie (Abendmahlsbrot) oder von Reliquien.

Neugotik, Stilrichtung innerhalb der Kunst, die die gotischen Formen neu aufleben lassen will. Sie trat sowohl während des 18. Jh. als auch während des 19. Jh. auf.

Oktogon, achtseitiges Gebäude.

Palmette, Verzierung in Form einer stilisierten Palmenkrone mit symmetrisch angeordnetem Blätterwerk.

Paneel, hölzerne Wandbekleidung, aus einzelnen Feldern zusammengesetzt und meist in Brusthöhe abschließend.

Pforte, Friedhofstor.

Piedestal, sockelartiger Unterbau eines Stützgliedes, z.B. von rahmenden Säulen.

Pietá, oder Vesperbild; plastische Darstellung Marias mit dem toten Christus auf dem Schoß.

Pilaster, ein aus der Wand hervortretender Pfeiler mit Basis und Kapitell.

Piscina, eine in den Altar oder in die Chorwand meist eingemauerte Schale zum Säubern des Abendmahlkelches. Durch einen Ablauf im Boden der Schale wird das Wasser, das mit dem heiligen Abendmahlswein vermischt ist, zum Grundstein der Kirche geleitet.

Plafond, flache Decke aus Holz, meist mit gemaltem Dekor versehen, das Plafondmalerei genannt wird.

Plinthe, rechteckige oder quadratische Fußplatte von Säule, Pfeiler oder Statue.
Polychrom, vielfarbig.
Polygon, Vieleck.
Postament, Unterbau, Sockel.
Predella, Sockel auf einem Altarschrein, gewöhnlich mit Malereien versehen.
Pultdach, Halbdach, nur aus einer Schrägung bestehend.

Quader, rechtwinklig gehauener Baustein.
Quadermalerei, Malerei zur Imitation von Quadersteinen.

Reliquie, Überreste eines Heiligen oder ein Gegenstand, der diesem gehörte.
Retabel, Altaraufsatz aus Holz oder Stein mit drei Unterteilungen und evtl. zusätzlichen Flügeltüren.
Rundstab, Leistenwerk mit halbkreisförmigem Querschnitt.

Saalkirche, Kirche, die aus nur einem rechtwinkligen Raum besteht.
Saffian, weiches, gegerbtes und gefärbtes Ziegenleder (später auch Schafsleder).
Sägezahnfries, Leiste aus schräggestellten Steinen, die der Zahnung einer Säge ähneln.
Sattelkirche, Kirche, die aus einem Langhaus und im Osten und Westen anschließenden höheren Bauteilen besteht.
Schlußstein, Stein im Scheitelpunkt eines Gewölbes oder Bogens.
Sphinx, Fabeltier mit dem Kopf eines Menschen und dem Körper eines Löwen.
Stabbau, Baukonstruktion aus stehenden Balken, zusammengehalten oben von einem sog. Hammerband, unten mit Hilfe von Schwellen oder durch das Eingraben in den Boden.
Stuck, eine mauerähnliche Masse aus Gips, die für Ornamente und Reliefs der Raumdekorationen verwendet wurde.

Taustab, Leiste in tauartig gedrehter Form.
Trabes, Balken im Triumphbogen, der das Triumphkreuz trägt.
Transept, Querschiff.
Travée, Raum, der von einem Kreuzgewölbe bedeckt ist.
Trifolium, Form eines dreiteiligen Blattes.
Triumphbogen, Öffnung zwischen Chor und Langhaus.
Tumba, Grabüberbau aus vier Wänden, die einen Grabstein tragen.
Tympanon, die oft skulptierte Steinplatte, die die bogenförmige Fläche der innersten Portalarchivolte ausfüllt.

Vierpaß, eine aus vier Segmentbögen zusammengesetzte, dekorative Bauform, die z.B. in gotischen Fenstern und Portalen Verwendung fand.
Votivschiff, ein aufgrund eines Gelübdes gestiftetes Schiff.

Walmdach, Satteldach, bei dem die Giebel durch weitere Dachflächen ersetzt sind.

Wechselbau, Baukonstruktion aus horizontal liegenden Balken, die in stehende Balken eingezapft sind.

Weihwasserschale, innerhalb der Kirche befindliche Aushöhlung in Wand oder Säule für das vom Priester geweihte Wasser, in das während der katholischen Zeit Kirchgänger ihre Finger tauchten, um sich rein zu waschen.

Widerlager, der Teil eines Mauerwerkes, auf den sich der unterste Stein eines Gewölbes stützt.

Wimperg, dreieckiges Giebelfeld über Portal, Fenster oder Nische.

Zentralbau, Kirchenbau mit einem allseitig symmetrischen Grundriß, z.B. einem Kreis, Quadrat oder griechischen Kreuz.

Ikonographische Erklärungen

Agatha, christliche Jungfrau, die die Aufwartungen eines Staatsmannes abwies, weshalb ihr die Brüste abgeschnitten wurden. Sie wird meist mit diesen in ihren Händen abgebildet, gelegentlich zusätzlich mit einer Zange.

Ägidius, in Schweden Ilian, in Frankreich Gilles genannt. Ägidius, der als Eremit lebte, schützte einen Hirsch, wobei seine Hand von einem Pfeil des Jägers durchbohrt wurde.

Andreas, Bruder Petri. Erlitt den Märtyrertod durch Kreuzigung.

Anna, Mutter der Jungrau Maria.

Ansgar, Apostel des Nordens.

Antonius, Eremit in Ägypten. Seine Attribute, das Schwein, ein brennendes Haus und ein Bootshaken, spielen auf seine Hilfeleistungen bei der Rotlauferkrankung von Schweinen und der Gürtelrose (oder anderen Hauterkrankungen) beim Menschen sowie bei Feuersbrünsten an.

Apollonia, Märtyrerin in Alexandria. Sie ist die Schutzpatronin der Zahnärzte, das ihr zugeordnete Attribut zumeist eine Zange.

Aspis, laut eines mittelalterlichen, zoologischen Handbuches, dem "Physiologus", ein gefährlicher Drache, Abbild der Sünde. Er galoppiert mit einem Menschen auf dem Rücken in die Hölle.

Augustinus, gleich Gregorius, Hieronymus und Ambrosius einer der vier großen lateinischen Kirchenväter.

Barbara, Fürstentochter, die im 3. Jh. lebte und von ihrem Vater aufgrund ihres Glaubens getötet wurde. Das ihr zugeordnete Attribut ist der Turm, in dem sie festgehalten wurde.

Bartholomäus, Heiliger, der vom König der Armenier ausgepeitscht wurde und deshalb mit Haut oder Messer oder beidem zusammen abgebildet wird.

Bernhard v. Siena, berühmter Franziskanerprediger, gest. 1444. Dreimal wurde ihm die Bischofswürde angeboten, die er jedoch ablehnte. Bernhard wird deshalb mit drei Mitren zu seinen Füßen dargestellt. Bei seinen Predigten pflegte er eine Tafel mit dem Namen Christi vorzuzeigen, weshalb auch diese zu seinen Attributen zählt.

Botulf, Bischof von Utrecht im 7. Jh.

Botvid, Apostel von Södermanland, getauft in England. Nach einem geheimnisvollen Fischfang wurde er von einem russischen Knecht ermordet. Seine Attribute sind Fisch und Axt.

Bundeslade, Kiste aus dem Tempel Salomons, in der die Gesetztestafeln verwahrt wurden; auch der Thron, auf dem Jahve gesessen haben soll, umgeben von zwei Cherubinen.

Christophorus, Mann mit dem Wuchs eines Riesen, der Menschen über einen Fluß trägt. Laut der Legende trug er einmal ein derart schweres Kind, daß er drohte unter der Last zusammenzubrechen. Er erfährt, daß er Christus getragen hat. In der Kunst wird Christophorus großformatig und gut sichtbar dargestellt, weil derjenige, der ihn gesehen hat, an diesem Tag gegen das Böse und einen plötzlichen Tod geschützt ist.

Christus als Majestas, Christus auf einem Regenbogen thronend, mit der Erde als Fußbank.

Christus als Schmerzensmann, Darstellung des leidenden Christus, der seine Wunden zeigt.

Die weisen und die törichten Jungfrauen, illustrieren ein Gleichnis aus Matthäus 25, in dem fünf weise Frauen einer Braut mit brennenden Lampen zur Hochzeit folgen, während die fünf törichten Frauen abgewiesen werden, da sie ihre Lampen nicht mit Öl versehen haben.

Dietrich von Bern, d.h. Theoderich d. Große. Um sein Leben und Werk hat sich eine umfangreiche mittelalterliche Sagenwelt gesponnen.

Dionysius, der erste Bischof von Paris. Dionysius, der den Märtyrertod erlitt, trug sein geköpftes Haupt vom Montmatre in Paris bis St. Denis, wo später ein Kloster gegründet wurde.

Dominikus, gründete 1206 den Dominikanerorden. Dargestellt wird er zusammen mit einem Hund.

Dornauszieher, Nachbildung einer antiken Skulptur gleichen Namens. Wurde u.a. als Symbol für Heidentum und Erbsünde interpretiert.

Dorothea, Tochter eines Senators, erlitt den Märtyrertod um ca. 300. Ihr Attribut ist ein Blumenkorb.

Ecclesia, Personifikation der christlichen Gemeinde.

Eligius, starb als Bischof von Frankreich um ca. 660. Er war zuvor Goldschmied und königlicher Münzmeister. Seine Attribute sind Schmiedezange, Hammer u.ä.

Elisabeth, Frau des Priesters Zacharias, Mutter von Johannes dem Täufer.

Erich, schwedischer Heiligenkönig, gest. 1160. Wird in Rüstung und Mantel sowie mit Reichsapfel und Zepter dargestellt.

Franz von Assisi, stiftete 1206 den Orden der "Minderen Brüder" (später Franziskanerorden genannt) und 1212 den Klarissenorden.

Erntewunder, laut der Legende kommen die Knechte des Herodes bei der Verfolgung der heiligen Familie, die sich auf der Flucht nach Ägypten befindet, an einem Getreidefeld vorbei. Auf die Frage, ob die Familie dort vorbeigezogen sei, erhalten sie die Antwort: "Ja, als wir die Saat ausgetragen haben". Durch ein Wunder war die Saat während weniger Stunden zu Getreide herangewachsen. Als die Knechte die Antwort hören, geben sie die Verfolgung auf.

Gnadenstuhl, Darstellung der Dreieinigkeit, wobei Gottvater vor sich den gekreuzigten Christus hält und über ihnen die Taube des Heiligen Geistes schwebt. Während des Spätmittelalters erhält diese Darstellung eine andere Form: Gottvater mit dem toten Christus in seinem Schoß.

Gregor der Große, Papst 590-604, einer der großen lateinischen Kirchenväter. Während einer Messe in der Kirche St. Croce hatte er ein wundersames Erlebnis: die Hostie verwandelte sich zur wirklichen Gestalt des blutenden Christi, "Gregorianische Messe".

Hahnenwunder, s. Stephanus.

Herodes, Statthalter in Galilea.

Herodias, vermochte ihren Mann Herodes dazu zu bringen, Johannes den Täufer zu töten als dieser gegen das lasterhate Leben des Hofes predigte.

Ilian, s. Ägidius

Jakobus d.Ä., bekehrte viele, u.a. den Zauberer Hermogenes. Als Pilger wanderte er nach Spanien, weshalb er mit Pilgerkleidung, breitkrempigem Hut und Muschel dargestellt wird.

Jakobus d.J., Vorsteher der christlichen Gemeinde in Jerusalem. Er wurde gesteinigt und mit einem Prügelstab zu Tode geschlagen, der dann sein Attribut wurde.

Joachim, Annas Mann, Vater der Jungfrau Maria.

Johannes d. Evangelist, Jünger Jesu, Bruder Jakobus' d.Ä.

Johannes der Täufer, wird meist im Zusammenhang mit der Taufe Jesu dargestellt, jedoch auch als Bußprediger oder mit dem Lamm als Attribut.

Judas Thaddäus, einer der zwölf Apostel. Er wurde während seiner Missionstätigkeit in Persien mit einer Keule geschlagen, die neben dem Beil sein Attribut geworden ist.

Katharina v. Alexandria, gelehrte Fürstentochter, die unter der Herrschaft Kaiser Maxentios' (305-312) den Märtyrertod erlitt. Sie gewann auf Gotland große Popularität, in den künstlerischen Darstellungen trägt sie meist ein Rad und ein Schwert.

Klara, Adelsfrau aus Assisi, die auf Franziskus' Anraten dem Weltlichen entsagte und einen Klosterorden gründete.

Knut IV., Dänischer König, gest. 1086.

Krönung Mariens, Maria auf einem Thron sitzend an der Seite Christi dargestellt, während sie die Krone des Himmelreiches entgegennimmt.

Lazarus, Bruder der Schwestern Maria und Martha aus Bethanien. Jesus erweckte ihn von den Toten, obwohl er bereits vier Tage begraben war.

Luxuria, Unkeuschheit, eine der sieben Todsünden. Luxuria wird als von Schlangen und Kröten gepeinigte Frau dargestellt.

Majestas Domini, s. Christus als Majestas.

Margareta, zusammen mit Barbara, Dorothea und Katharina eine der vier "Virgines principales" (vornehmste Jungfrauen). Fürstentochter, die die Aufwartungen eines heidnischen Staatsmannes abwies und dafür gefangen genommen, gefoltert und hingerichtet wurde.

Maria Magdalena, Sünderin, die durch die Predigten Christi zu einem besseren Leben bekehrt wurde. Sie wusch die Füße Jesu mit ihren Tränen und trocknete sie mit ihrem Haar.

Martin, Bischof von Tours und Apostel Frankreichs, 4. Jh. Dargestellt als Ritter, der als christlicher Katechumene (Taufbewerber) seinen Mantel mit einem Bettler teilt.

Martyrium der Thebaischen Legion, christliche Legion aus Theben in Ägypten, die einberufen wurde, um Christen in Gallien zu bekämpfen. Die Soldaten verweigerten, für heidnische Götter zu opfern und wurden teils niedergeschlagen, teils in ein Dornengestrüpp gestürzt.

Michael, Erzengel, der laut der Offenbarung des Johannes einen Drachen, der eine Frau und ihren Sohn zu verschlingen drohte, mit seiner Lanze durchbohrte. Wird ebenfalls als Seelenwäger dargestellt.

Nikolaus, laut Legende war er zu Beginn des 4. Jh. Bischof von Myra in Kleinasien. U.a. war er Schutzpatron der Seefahrer, weshalb ihm in Gotland eine intensive Verehrung entgegengebracht wurde.

Petrus, Apostel, in der Kunst mit den Attributen Buch und Schlüssel, manchmal auch mit einem Kreuzstab dargestellt.

Philippus, Apostel, wurde gekreuzigt und gesteinigt und besitzt als Attribut meist ein (liegendes) Kreuz.

Sacharja, Vater von Johannes dem Täufer, Priester im Tempel zu Jerusalem.

Salomo, König von Israel, Sohn Davids. Baute in Jerusalem einen im Buch der Könige ausführlich beschriebenen Tempel.

Seelenwägung. Kaiser Heinrich II. (973-1024) schenkte der Behauptung, seine Frau wäre ihm untreu gewesen, Glauben und ließ sie zum Beweis ihrer Unschuld barfuß über glühende Pflugscharen gehen. Um seine Schuld zu sühnen, schenkte Heinrich dem Laurentiuskloster in Merseburg einen großen Goldkelch. Als St. Michael nach dem Tod des Kaisers dessen Seele wägen soll und der Teufel droht, die Waagschale des Bösen zu beschweren, kommt St. Laurentius und legt den Goldkelch in die Waagschale des Guten und hindert damit die Teufel, sich der Seele Heinrichs zu bemächtigen.

Stephanus, der erste der sieben von den Aposteln gewählten Diakone Jerusalems. Stephanus wurde vom Hohen Rat zum Tod durch Steinigung verurteilt. Sein Attribut sind daher Steine. In Schweden wird er mit Staffan, dem Stallknecht und Bediensteten von Herodes, verwechselt. Als dieser einmal an König Herodes' Tisch serviert, erzählt er von der Geburt Christi. Herodes ruft daraufhin: "Erst soll dieser gebratene Hahn wieder krähen, bevor Christus geboren ist." Der Hahn flattert von dem Teller und ruft: "Christus natus est." (Christus ist geboren.), woraufhin Staffan gesteinigt wird.

Synagoge, Personifikation des Judentums.

Thomas, einer der zwölf Apostel. Zweifelte an der Botschaft der Auferstehung. Abgebildet wird er oft mit einem Finger in der Wunde Christi. Von einem indischen König wurde ihm der Bau eines Palastes befohlen. Statt diesen durchzuführen verteilte er das Geld unter den Armen, woraufhin er mit Lanzen zu Tode gestochen wurde. Abbildungen zeigen ihn daher oft mit einer solchen oder einem Winkelmaß.

Trinitatis, Dreieinigkeit: Vater, Sohn und Der Heilige Geist.

Ursula, englische Königstochter, die, von einer Pilgerfahrt nach Rom zurückkehrend, zusammen mit einer großen Schar Jungfrauen von hunnischen Bogenschützen umgebracht wurde. Sie wird mit Krone und einem oder mehreren Pfeilen in der Hand dargestellt; mit ihrem Mantel schützt sie die anderen Jungfrauen.

Vociferus, apokryphischer Heiliger.

Weltenrichter, s. Christus als Majestas.

Zacharias, s. Sacharja.

ReiseHandbücher aus dem Conrad Stein Verlag

Ägypten-Handbuch / Haag	DM 29,80
Alle Wale der Welt / Hoyt	DM 24,80
Argentinien-Handbuch / Junghans	DM 24,80
Australien per Bahn / Taylor	DM 22,00
Australien-Handbuch / Stein	DM 29,80
Azoren-Handbuch / Jessel & von Bremen	DM 22,00
Chile-Handbuch / Junghans	DM 24,80
Ein Käfer fährt durch Afrika / Schöttler	DM 22,00
Fahr Rad um Kiel / Müller	DM 10,00
Finnland auf eigene Faust / Tegethof	DM 22,00
Florida auf eigene Faust / Lindblad & Westby	DM 19,80
Galapagos-Handbuch / Stephenson	DM 19,80
Gomera-Handbuch / Reifenberger	DM 19,80
Gotland-Handbuch / Bohn	DM 19,80
Gran Canaria-Handbuch / Reifenberger	DM 24,80
Griechenland-Wanderhandbuch / Dubin	DM 24,80
Indien per Bahn / Ellis	DM 24,80
Irland auf eigene Faust / Elvert	DM 22,00
Island-Handbuch / Richter	DM 24,80
Israel auf eigene Faust / Kautz	DM 19,80
Italien-Wanderhandbuch / Ardito	DM 22,00
Jugoslawien - Natur und Kultur / Letcher	DM 22,00
Kanada-Alaska Angeln & Kanu / Barth	DM 24,80
Kanada-Alaska-Highways / Richter	DM 24,80
Kanadas Westen / Stein & Richter	DM 24,80
Kanadische Nationalparks / Stephenson	DM 39,80
Kanarische Inseln auf eigene Faust / Fründt	DM 22,00
Kanarische Wanderungen / Reifenberger	DM 22,00
Korsika auf eigene Faust / Richter	DM 24,80
Kreta auf eigene Faust / Amort & Annuß	DM 19,80
La Palma-Handbuch / Reifenberger	DM 19,80
Lanzarote-Handbuch / Reifenberger	DM 22,00
Madagaskar-Handbuch / Bradt	DM 26,80
Madeira-Handbuch / Jessel & von Bremen	DM 19,80
Malawi / Hülsbömer & Belker	DM 22,00
Malta-Handbuch / Müller & Wöbcke	DM 19,80
Mauritius-Handbuch / Ellis	DM 22,00
Mexiko auf eigene Faust / Fründt & Muxfeldt	DM 19,80
Nepal 1 - Trekkingrouten / Bezruchka	DM 24,80
Nepal 2 - Trekkinghandbuch / Bezruchka	DM 24,80
Neuseeland-Handbuch / Stein	DM 24,80
Ontario-Handbuch / Stein	DM 22,00
Peru - Inka Region Cuzco / Frost	DM 19,80
Phuket & Ko Samui / Bolik	DM 19,80
Portugal auf eigene Faust / Richter	DM 19,80
Rocky Mountain Nationalparks / Patton	DM 39,80

Spanien auf eigene Faust / Fründt & Muxfeldt	DM 26,80
Spitzbergen / Umbreit	DM 19,80
Sri Lanka-Handbuch / Müller & Wöbcke	DM 24,80
Südschweden auf eigene Faust / Bohn & Gehrke	DM 19,80
Südsee-Trauminsel / Neale	DM 19,80
Tausend Tips für Trotter, Tramper, Traveller	DM 22,00
Teneriffa-Handbuch / Reifenberger	DM 22,00
Thailands Süden / Bolik	DM 22,00
Transsib / Strauss	DM 19,80
Tschechoslowakei auf eigene Faust / Hayman	DM 26,80
Türkei auf eigene Faust / Wilde & Heller	DM 22,00
Ungarn auf eigene Faust / Ohlberg & Jochimsen	DM 22,00
USA - Der Nordwesten / Richter	DM 24,80
USA - Der Südwesten / Richter	DM 24,80
Venezuela auf eigene Faust / Travelot	DM 22,00
Vietnam-Handbuch / Jones	DM 24,80
Wandern in Australien / Thomas	DM 22,00
Wandern in den Kanadischen Rockies 1	DM 19,80
Wandern in den Kanadischen Rockies 2	DM 24,80
Wandern um Kiel / Müller	DM 5,00
Wüsten-Survival / Nelson	DM 12,80
Zaire-Handbuch / Mang	DM 19,80
Zypern auf eigene Faust / Grandt	DM 24,80

edition schwarzweiß

Auf nach Down Under - Auswanderergeschichten	DM 14,80
Costa Brava - Barcelona / Fründt & Muxfeldt	DM 14,80
El Hierro / Faust-Lichtenberger	DM 16,80
Elfenbeinküste / Fuchs	DM 14,80
Irak / Kleuser	DM 14,80
Islands Geologie / Hug-Fleck	DM 14,80
Italiens Vulkane / Hug-Fleck	DM 12,80
Jordanien / Kleuser	DM 16,80
Komoren / Thorpe	DM 14,80
Leben in der Wildnis / Berglund	DM 14,80
Libyen / Steinke	DM 22,00
Lofoten und Vesterålen / Knoche	DM 19,80
Manitoba und Saskatchewan / Stein	DM 19,80
Nordamerika per Motorrad / Reitberger	DM 19,80
Quebec / Hansjosten	DM 19,80
Senegal / Mang	DM 14,80
Shetland und Orkney / Krüger-Hoge	DM 16,80
Sand und Seide / Wilmsen-Tromnau	DM 14,80
Tausendundein Tag in Pakistan / Kühl	DM 19,80
Wandern in Neuseeland / Stein	DM 14,80
Wandern in Tasmanien / Thomas	DM 14,80
Zimbabwe und Botswana / Else	DM 14,80

Buchempfehlung

Bohn, Robert
<u>Gotland-Handbuch</u>
Conrad Stein Verlag
DM 19,80
ReiseHandbuch
172 S, 12 Abb, 17 Ktn
Format 16,5 x 11,5 cm
3. Auflage 1989
ISBN 3-922965-86-5

Wer Ruhe sucht und wandern, radfahren oder Wassersport treiben möchte, dem bietet Gotland ideale Bedingungen. Wie ein flacher Teller liegt die zur Hälfte mit Wald bedeckte Insel im Meer. Schon bei der Anreise helfen die Tips aus dem *Gotland-Handbuch* Zeit und Geld sparen. Handhabungsfreundlich sind die bedeutendsten Sehenswürdigkeiten alphabetisch verzeichnet. Spezielle Kapitel (Überblicksskizzen) wenden sich den vor- und frühgeschichtlichen Stätten sowie den Landkirchen zu. Von besonderem Nutzen für den Individualreisenden sind die geballten praktischen Hinweise, Adressen und umfassenden Beschreibungen von Campingplätzen und Ferienhäusern sowie die zahlreichen Tips für Radler, Angler, Wanderer und Wassersportler.

Bohn, Robert & Gehrke, Rainer
<u>Südschweden auf eigene Faust</u>
(mit Öland)
Conrad Stein Verlag
DM 19,80
ReiseHandbuch
203 S, 11 Abb, 20 Ktn
3. Auflage 1989
ISBN 3-922965-16-4

Für Aktivurlauber haben Robert Bohn und Rainer Gehrke ihr ReiseHandbuch *Südschweden auf eigene Faust* zusammengestellt. Es wendet sich vor allem an Individualreisende wie Camper, Kanuten, Radfahrer, Wanderer und Segler, denen eine Fülle von wichtigen Informationen und nützlichen Tips geboten werden, die das Erleben und Erkunden des Landes auf eigene Faust erleichtern. Eine detaillierte Beschreibung der großen Kanäle Südschwedens, des Göta-, Trollhättan- und des Kinda-Kanals, wird allen Wassersportlern von praktischem Nutzen sein. Spezielle Kapitel für Kanu- und Radfahrer verstehen sich von selbst; genaue Routenbeschreibungen bringen beide auf den richtigen Weg. Zur Einstimmung für zu Hause gibt es anschauliche Erfahrungsberichte von Campern, Kanuten, Wanderern und Segler über ihren Aufenthalt im Norden.